KB241879

텝스 청해 중급편

How to 텝스 청해 중급편

지은이 양준희
펴낸이 안용백
펴낸곳 (주)넥서스

초판 1쇄 발행 2012년 6월 25일
초판 2쇄 발행 2012년 6월 30일

2판 1쇄 발행 2013년 9월 25일
2판 4쇄 발행 2015년 1월 10일

출판신고 1992년 4월 3일 제311-2002-2호
121-893 서울시 마포구 양화로 8길 24
Tel (02)330-5500 Fax (02)330-5555

ISBN 978-89-6790-533-0 18740

본책은 〈How to TEPS 청해력 중급편〉의 개정판입니다.

www.nexusbook.com

TEPS

텝스 레벨업을 위한 청해 매뉴얼

텝스 청해

양준희 지음

중급편

Listening

넥서스

Preface

넥서스에서 이번에 출간하게 된 〈How to 텝스 청해 중급편〉으로 전국의 TEPS 수험생과 영어 학습자들을 다시 만나 뵙게 되어 반갑습니다.

TEPS 시험이 시행된 지 오랜 시간이 흐르면서 대표적인 대한민국 영어 능력 검정 시험으로 자리매김하는 것을 지켜봤습니다. TEPS는 다른 공인 영어시험에 비해 특히 요령이 통하지 않기 때문에 수험생의 실질적인 영어 실력을 파악할 수 있는 시험이라고 해도 무리가 아닐 것입니다. 따라서 수험생 입장에서는 여타의 다른 영어 능력 시험에 비해 훨씬 광범위한 콘텐츠와 어휘들이 제시되기 때문에 부담감을 더 많이 느낄지도 모릅니다. 이런 TEPS 시험의 청해 영역에서 고득점을 획득하기 위해서는 단순히 시험 유형을 숙지하고 요령을 익히는 것만으로는 충분하지 않다는 것을 수험생들이 더 잘 인식하고 있을 것입니다.

본서는 이와 같은 TEPS의 특징을 고려하면서 학습자들이 영양소를 골고루 섭취할 수 있도록 다양한 토픽별 접근으로 기존 교재들에서 부족한 점을 보완했습니다. 대화 중심의 Part 1~3을 묶어서 상황별 · 토픽별로 자주 쓰이는 청해 표현을 학습하고 해당 실전 문제를 통해 연습할 수 있도록 구성하였고, Part 4 역시 담화 토픽별로 세분화하여 최신기출 주제와 함께 필수 어휘들을 제시했습니다. 이러한 책의 구조가 TEPS 청해 영역 상급자로 도약하고자 하는 수험생들이 꼭 마스터해야 할 지문에 대한 이해와 질문에 대한 논리적 접근이라는 두 가지 필수 요소를 획득하는 데 도움이 됐으면 합니다.

영어 강사로서, 또 그 이전에 TEPS 고득점자로서 학습자들에게 무수히 들어온 질문은 바로, '어떻게 하면 영어, 특히 듣기를 잘할 수 있는가' 또는 'TEPS 성적을 단기간에 올릴 수 있을까' 하는 것이었습니다. '영어 공부에는 편법이 없다'라는 뻔한 답밖에 드릴 수 없었던 그 질문에, 이 책이 또 하나의 대답이 될 수 있기를 기원해 봅니다.

이 책이 나오기까지 도움을 주신 모든 분들께 감사드립니다. 특히, 기획 단계에서부터 최종 교정 단계에 이르기까지 귀중한 조언과 꼼꼼한 지원 작업을 해주신 넥서스 TEPS연구소 연구원들과 인내심을 가지고 지켜봐 준 가족들에게 고마움을 전하고 싶습니다.

양준희

Contents

Part 4

How to 텝스 청해 중급편에 대하여

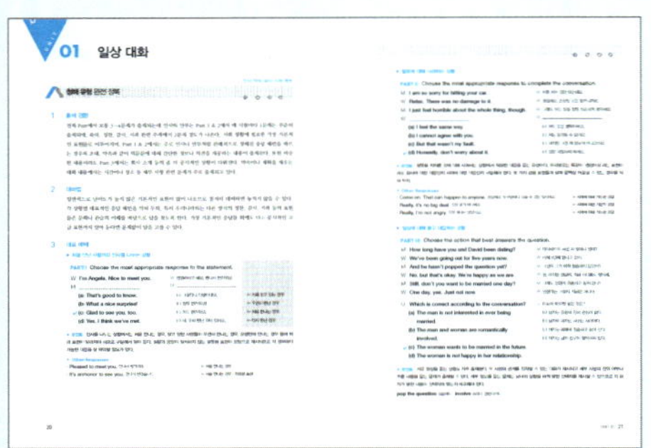

1. 빈출 토픽으로만 Unit 구성

서울대 TEPS 최신 기출문제 데이터 분석 후 Part 1~3 대화형 문제를 한번에 묶어서 출제 가능한 빈출 상황별로 Unit 단원들을 구성했다.

2. TEPS 청해 핵심정보

오랜 TEPS 청해 강의 현장에서 터득한 저자의 시험 대비 노하우를 일목요연하게 정리했다.

3. 청해 표현 완전 정복

Part 1 & 2 대비를 위한 대화 상황별 관용 표현들을 암기하기 쉽도록 세부 카테고리별로 리스트화했다.

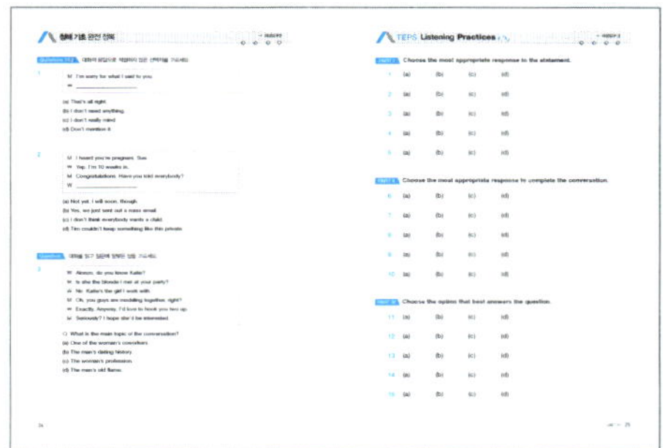

4. 청해 기초 완전 정복

매 단원마다 청해 실전문제 전 학습 내용 확인을 위해 읽고 푸는 연습문제를 배치했다.

5. 청해 보카 완전 정복

Part 4 고득점을 위해 반드시 암기해야 할 기출 어휘들을 작은 테마별로 분류해서 선별했다.

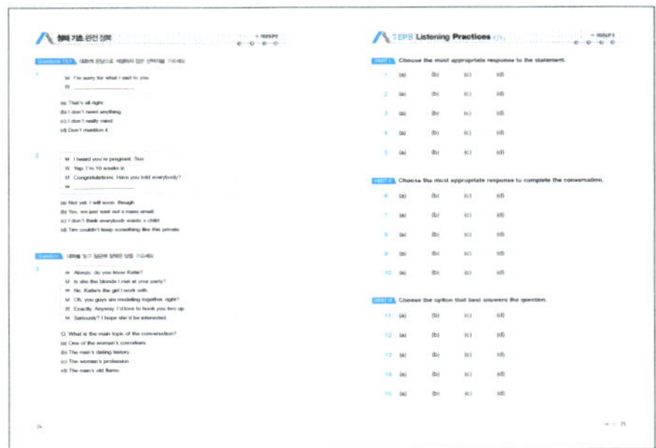

6. TEPS Listening Practices

최신 기출문제 데이터를 철저하게 분석해 출제 가능한 유형만 실었다.

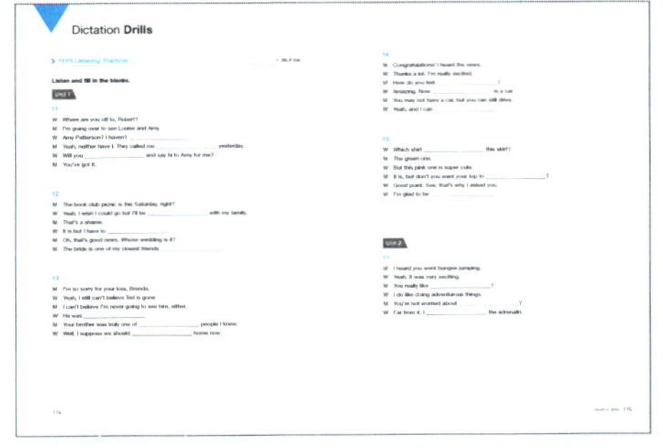

7. Dictation Drills

Part 3 & 4에 나오는 긴 대화-장문 듣기 스킬 강화를 위해 별도의 MP3와 함께 받아쓰기 훈련이 가능하도록 했다.

TEPS 핵심정보

1 TEPS란?

❶ Test of English Proficiency developed by Seoul National University의 약자로 서울대학교 언어교육원에서 개발하고, TEPS관리위원회에서 주관하는 국가공인 영어시험
❷ 1999년 1월 처음 시행 이후 연 12~16회 실시
❸ 정부기관 및 기업의 직원 채용, 인사고과, 해외 파견 근무자 선발과 더불어 대학과 특목고 입학 및 졸업 자격 요건, 국가고시 및 자격 시험의 영어 대체 시험으로 활용
❹ 100여 명의 국내외 유수 대학의 최고 수준 영어 전문가들이 출제하고, 언어 테스팅 분야의 세계적인 권위자인 Bachman 교수(미국 UCLA)와 Oller 교수(미국 뉴멕시코대)로부터 타당성을 검증받음
❺ 말하기 – 쓰기 시험인 TEPS Speaking & Writing도 별도 실시 중이며, 2009년 10월부터 이를 통합한 *i*-TEPS 실시

2 TEPS 시험 구성

영역	Part별 내용	문항수	시간/배점
청해 Listening Comprehension	Part I: 문장 하나를 듣고 이어질 대화 고르기 Part II: 3문장의 대화를 듣고 이어질 대화 고르기 Part III: 6~8문장의 대화를 듣고 질문에 해당하는 답 고르기 Part IV: 담화문의 내용을 듣고 질문에 해당하는 답 고르기	15 15 15 15	55분 400점
문법 Grammar	Part I: 대화문의 빈칸에 적절한 표현 고르기 Part II: 문장의 빈칸에 적절한 표현 고르기 Part III: 대화에서 어법상 틀리거나 어색한 부분 고르기 Part IV: 단문에서 문법상 틀리거나 어색한 부분 고르기	20 20 5 5	25분 100점
어휘 Vocabulary	Part I: 대화문의 빈칸에 적절한 단어 고르기 Part II: 단문의 빈칸에 적절한 단어 고르기	25 25	15분 100점
독해 Reading Comprehension	Part I: 지문을 읽고 빈칸에 들어갈 내용 고르기 Part II: 지문을 읽고 질문에 가장 적절한 내용 고르기 Part III: 지문을 읽고 문맥상 어색한 내용 고르기	16 21 3	45분 400점
총계	13개 Parts	200	140분 990점

3 TEPS 시험 응시 정보

현장 접수

❶ www.teps.or.kr에서 인근 접수처 및 준비물(응시료, 사진) 확인

❷ 접수처 방문: 해당 접수기간 평일 오후 12시 ~ 5시

인터넷 접수

❶ TEPS관리위원회 홈페이지 접속 www.teps.or.kr

❷ 준비물: 스캔한 사진 파일, 응시료 결제를 위한 신용 카드 및 은행 계좌

4 TEPS 시험 당일 정보

❶ 고사장 입실 완료: 9시 30분(일요일) / 3시(토요일)

❷ 준비물: 신분증, 컴퓨터용 사인펜, 수정테이프, 수험표, 시계

❸ 유효한 신분증

성인: 주민등록증, 운전면허증, 여권, 공무원증, 현역간부 신분증, 군무원증, 주민등록증 발급 신청 확인서, 외국인 등록증

초·중고생: 학생증, 여권, 청소년증, 주민등록증, 주민등록증 발급 신청 확인서, TEPS 신분확인 증명서

❹ 시험 시간: 2시간 20분 (중간에 쉬는 시간 없음, 각 영역별 제한시간 엄수)

❺ 성적 확인: 약 2주 후 인터넷에서 조회 가능

TEPS 청해 핵심정보

Part I

문항수 : 15문항 (1~15번)

문제 풀이법 :

A-B의 대화에서 A의 말만 듣고, 4개의 선택지 중 가장 자연스럽게 이어지는 B의 응답을 고르는 문제이다. 한 번밖에 들려 주지 않으며 3초 내에 적절한 응답을 선택해야 한다.

기출 예제

M: Thank you for inviting me.

W: ______________________

(a) No problem. It's on me.

(b) We can come anytime.

(c) Glad you could come.

(d) We'd love to, Thanks.

M : 초대해 주셔서 감사합니다.

W : ______________________

(a) 천만에요. 내가 살게요.

(b) 우린 언제든지 갈 수 있어요.

(c) 와주셔서 기뻐요.

(d) 그럴게요. 고맙습니다.

해결법

출제유형 : 평서문/ 감사에 대한 대응

초대해 준 것에 대한 감사에 적절한 대답을 골라야 한다. 오히려 와줘서 기쁘다는 (c)가 정답이다. (a)의 No problem은 감사의 표현에 대한 일반적인 대응이지만 뒷부분이 문맥에 어울리지 않아 오답이 된다.

출제 포인트

⇨ 기본적인 의문문 유형들이 모두 출제되는데, 의문사가 없는 일반 의문문(Do, Be, Have 의문문)과 의문사가 있는 의문문이 고르게 출제된다. 특히 듣고 내용을 이해해야 정답을 고를 수 있는 평서문과 부가 의문문의 출제 비율이 높아져 Part 1~2의 절반 가량을 차지한다.

⇨ 구어의 활용 능력을 평가하는 파트이므로 단순한 단어의 뜻을 뛰어넘어 발화의 사회적 기능까지 파악해야 풀 수 있는 문제들이 주로 출제된다.

⇨ 표현 자체를 알지 못하면 풀 수 없는 문제도 출제되며, 의미를 추측하기 어려운 관용 표현이나 구어 표현 등이 지속적으로 출제된다.

만점 전략

⇨ 대화의 첫 부분을 놓치지 않도록 한다. 의문사나 조동사 표현 등 발화의 기능을 짐작할 수 있는 핵심 정보가 문장 첫 부분에 다 들어 있다.

⇨ 각 문제 사이에 주어지는 시간이 매우 짧으므로 지나간 문제에 연연하여 다음 문제의 첫머리를 놓치는 일이 없도록 주의한다.

⇨ A에 대해 전형적인 대응 외에 여러 가지 대응이 있을 수 있다. 가능한 응답 예를 몇 가지 미리 예측해 보는 식으로 학습하는 것이 효과적이다. 한 가지 대응에만 익숙해져 있으면 오답 함정에 쉽게 빠질 수 있다.

⇨ 단어보다는 구, 덩어리(chunk)로 공부하고 듣도록 한다. 특히 구어 중심으로 출제되는 Part 1에서는 덩어리 표현의 소리를 기억할 수 있도록 대비해야 한다.

⇨ 질문에 나왔던 어휘나 발음이 유사한 어구를 사용한 선택지는 오답일 가능성이 많다. 특히 다의어인 경우 다른 뜻을 이용한 오답이 제시된다.

⇨ 상황에서 연상되는 오답을 제시하는 경우가 많으므로 A와 맥락이 적절히 연결되는지를 반드시 확인해야 한다.

Part II

문항수 : 15문항 (16~30번)

문제 풀이법 :

A-B-A-B의 대화에서 두 번째 A까지의 말만 주어지고, 4개의 선택지 중 가장 자연스럽게 이어지는 B의 응답을 고르는 문제이다. 한 번밖에 들려 주지 않으며 3초 내에 적절한 응답을 선택해야 한다.

기출 예제

W: Why such a long face, Stephen?

M: I failed Economics 101.

W: You studied hard for it, didn't you?

M: ______________________

(a) I'll study more before the exam.

(b) Yes, I did better than my friend.

(c) It's not as difficult as it may seem.

(d) That's why it's so hard to accept the outcome.

W : 왜 그렇게 얼굴이 어두워, 스티븐?

M : 경제학 개론 과목을 낙제했어.

W : 그 과목 열심히 공부하지 않았니?

M : ______________________

(a) 시험 전에 더 공부할 거야.

(b) 응, 내 친구보다 더 잘 봤어.

(c) 보기만큼 어렵지는 않았어.

(d) 그래서 결과를 받아들이기가 너무 힘들어.

해결법

출제유형 : 부가의문문/ 이유 제공

대화의 전반적인 상황을 바탕으로 세 번째 말에 대한 직접적인 대응을 선택해야 하는 Part 2의 특성이 잘 나타난 문제이다. 앞에서 경제학 개론에 낙제했다는 정보가 제공되었으므로 열심히 공부했기 때문에 낙제라는 사실을 더욱 받아들이기 힘들다는 (d)가 적절하다. 나머지 선택지들은 시험이라는 유사 상황에서 연상되는 오답이다.

출제 포인트

⇒ Part 1과 마찬가지로 상황 파악을 통해 적절한 응답을 선택하는 능력을 평가하는 파트이므로 다양한 영어 구문과 표현들이 출제된다.

⇒ 마지막으로 말한 사람의 질문에도 적절해야 하지만 전체적인 대화 상황이나 흐름을 파악하고 있는지를 묻는 문제도 출제된다.

만점 전략

⇒ 세 번째 발화를 주의 깊게 들어야 한다. 전체 대화 내용을 이해해야 풀 수 있는 고난도 문제도 출제되지만 대개 정답과 직결되는 것은 역시 마지막 화자의 말이다.

⇒ Part 1 & 2는 대화의 요점을 빨리 파악하는 능력이 매우 중요하므로 실전 문제를 많이 접해 보는 것이 좋다.

⇒ Part 1과 마찬가지로 본문에 나왔던 핵심어와 발음이 비슷한 어구를 사용한 선택지는 오답일 가능성이 많다. 반대로, 주제나 내용은 어울리는데 새로운 어휘가 나왔다면 일단 정답일 가능성이 높다.

⇒ 남녀 화자의 역할 구분에 신경 써서 들어야 한다. 특히 마지막 화자의 말에 이어져 같은 화자가 할 만한 말이 오답으로 제시되는 경우가 많다.

⇒ 선택지 앞 부분은 그럴듯한데 엉뚱하게 끝나는 오답이 종종 있으므로 끝까지 주의 깊게 듣는다.

Part III

문항수 : 15문항 (31~45번)
문제 풀이법 :
남녀가 3~4번 대화를 주고받은 다음 질문이 따라 나오고 네 개의 선택지 중 정답을 고르게 된다. 대화와 질문은 두 번, 선택지는 한 번 들려 준다.

기출 예제

M: Please, sit down.
W: Thanks. So, are my results in?
M: Yes, it looks like your cholesterol level is too high.
W: Really? What should I do then?
M: For starters, you should change your diet and exercise regularly.
W: OK. I'll do my best.

Q. Which is correct according to the conversation?
(a) The woman needs to change her lifestyle.
(b) The woman is currently exercising every day.
(c) The man eats too much and does not exercise.
(d) The man is trying to cope with his cholesterol level.

M : 앉으세요.
W : 고맙습니다. 그래서 결과가 나왔나요?
M : 네, 콜레스테롤 수치가 너무 높은 것 같군요.
W : 정말요? 그러면 어떻게 해야 하나요?
M : 우선, 식단을 바꾸고 규칙적으로 운동을 하셔야 합니다.
W : 알겠어요. 최선을 다할게요.

Q. 대화에 따르면 옳은 것은?
(a) 여자는 생활 습관을 바꿔야 한다.
(b) 여자는 현재 매일 운동을 하고 있다.
(c) 남자는 너무 많이 먹고 운동을 하지 않는다.
(d) 남자는 콜레스테롤 수치를 조절하려 하고 있다.

해결법

문제 유형 : 세부 내용 파악/ 진위

대화에 제시된 내용과 세부 사항 일치 여부를 묻는 문제이다. 여자의 콜레스테롤 수치가 높게 나와 해결법을 조언하는 대화 내용이다. 따라서 생활 습관을 바꿔야 한다는 (a)가 정답이다. 이미 운동을 하고 있다는 (b)는 언급되지 않았으며, (c)와 (d)는 남녀가 바뀐 응답이다.

출제 포인트

⇨ 세 가지 문제 유형이 순서대로 출제된다. 먼저 대화 전체의 대의를 묻는 문제가 7문항, 세부 사항을 묻는 문제가 5문항, 마지막으로 추론 문제가 3문항 정도 출제된다.

⇨ 여행, 전화 통화, 예약, 쇼핑, 비즈니스, 학교, 병원, 은행이나 우체국 등 다양한 상황에서 일어날 수 있는 일상 대화들이 제시된다.

⇨ Part 1 & 2보다 더욱 자세하고 깊이 있는 내용 파악을 묻는 문제들이 출제되므로 폭넓은 어휘 용례의 이해를 바탕으로, 대화 흐름을 따라갈 수 있는 청취력이 요구된다.

만점 전략

⇨ Part 3 빈출 대화 토픽과 각 토픽별 세부 상황에 따른 대화의 구성이나 문제 유형을 연결시켜 알아 둔다.

⇨ 대화와 문제는 두 번 들려 주므로 처음 들려 줄 때 키워드 중심으로 전체 흐름을 파악하고, 두 번째 들을 때 필요한 내용을 선별적으로 청취하도록 한다. 대의 파악 문제는 물론이고 세부 내용이나 추론 문제도 전체 주제와 관련된 내용이 나오므로 전체 내용을 파악하는 듣기가 매우 중요하다.

⇨ 다양한 토픽별 빈출 표현을 암기해 두어야 핵심어를 빠르게 파악할 수 있다.

⇨ Part 3부터는 내용이 길어지므로 적절한 노트테이킹이 필요하다. 내용어 중심으로 들으면서 메모하는 연습을 해 둔다.

⇨ 주제는 대화 전체를, 그리고 대화 내용만을 포함해야 한다. 흔히 대화 내용의 일부만 제시하거나, 대화 내용보다 지나치게 넓은 범위의 주제가 오답으로 제시된다.

⇨ 대화 상황과 관련은 있지만 전체 주제에서 벗어나는 내용이 오답이 되는 경우가 많다. 이런 유형의 오답 역시 전체 주제를 잘 파악하고 있으면 피해갈 수 있다.

⇨ Part 3에서도 남녀의 역할이 바뀌는 오답이 자주 제시된다. 남녀의 역할을 잘 구분해서 듣도록 한다.

Part IV

문항수 : 15문항 (46~60번)

문제 풀이법 :

80단어 내외의 담화문(monologue)이 제시되고 질문을 들은 다음 네 개의 선택지 중 정답을 고르게 된다. 담화와 질문은 두 번, 선택지는 한 번 들려 준다. 다른 파트에 비해 많은 정보가 빠르게 제시되고, 더 전문적인 내용을 다루므로 어렵게 느껴진다.

기출 예제

You use it every day, but what do you really know about your tap water? Do you know where it comes from? Or what's in it? Now you can. Your water supplier can send you a short scientific report about drinking water. Don't let this chance to learn about your drinking water go down the drain. Register by calling your water supplier or 1-877-EPA-WATER.

Q. What is the purpose of this announcement?

(a) Water conservation alert.

(b) Water quality mail-out.

(c) Water usage restrictions.

(d) Water costs increase notice.

여러분은 매일 사용하는 수돗물에 대해 실제로 얼마나 알고 계십니까? 어디서 오는지 혹은 무엇이 함유되어 있는지 아십니까? 이제 아실 수 있습니다. 여러분의 물 공급업체에서 음용수에 관한 짧은 과학적 보고서를 보내드립니다. 음용수에 대해 알 수 있는 이 기회를 저버리지 마시기 바랍니다. 여러분의 물 공급업체나 1-877-EPA-WATER로 전화해서 등록하시면 됩니다.

Q. 이 안내 방송의 목적은?

(a) 물 절약 경보.

(b) 수질 관련 우편 발송.

(c) 물 사용 제한.

(d) 물 비용 증진 통지 .

해결법

문제 유형 : 대의 파악/ 공지 사항

공지 담화의 목적을 묻는 문제는 결국 전체 대의를 파악해야 해결할 수 있다. 이 안내 방송에서는 먼저 흥미를 끌기 위한 도입부가 제시된 후 '물 공급업체에서 음용수에 관한 짧은 과학적 보고서를 보내드린다'라는 주제문이 나왔고, 그 앞에 무엇이 함유되어 있는지 알 수 있게 된다는 말이 있으므로 (b)가 담화문의 요지이자 정답이다.

출제 포인트

⇒ Part 3과 마찬가지로 세 가지 문제 유형이 순서대로 출제된다. 먼저 담화 전체 내용을 묻는 문제가 7문항, 세부 사항을 묻는 문제가 5문항, 마지막으로 추론 문제가 3문항 정도 출제된다.

⇒ 안내 방송, 공지 사항, 뉴스 보도, 연구 결과 발표, 강의 등 학술적인 내용과 실용적인 내용이 다양하게 제시된다.

⇒ 긴 담화문의 내용 파악 능력을 묻는 수준 높은 문제들로 구성되며, 단순 듣기 능력보다는 고난도 어휘를 바탕으로 한 논리적인 흐름 이해력까지도 요구된다.

만점 전략

⇒ 처음 들을 때 담화문 도입부에서 주로 제시되는 주제문과 키워드를 중심으로 들으면서 대략적인 내용을 파악한다. 담화 유형에 따라 키워드를 제시할 때 쓰이는 정형화된 표현들도 알아 둔다.

⇒ 토픽별 빈출 어휘를 따로 정리해서 암기한다. 특히 Part 4는 독해 영역과도 유사하면서 상급자로 갈수록 어휘력 싸움이다.

⇒ 내용이 길고 복잡해지므로 적절한 노트테이킹이 필요하다. 내용어 중심으로 들으면서 메모하는 연습을 해둔다.

⇒ 주제는 담화 전체를, 그리고 담화에서 다뤄진 내용만을 포함해야 한다. Part 3에서와 마찬가지로 담화 내용의 일부만 제시하거나, 담화보다 지나치게 넓은 범위의 주제가 오답으로 제시된다.

⇒ 담화에서 언급된 표현을 반복해서 인용하면서 문제와 직접적인 관련이 없는 내용이나 불일치하는 오답을 제시하는 경우가 많다. 정답은 주로 바꿔 말하기(paraphrasing)로 제시된다.

UNIT 01

일상 대화

인사/ 약속/ 감사/ 사과/ 축하

청해 유형 완전 정복

1 출제 경향

전체 Part에서 보통 3~4문제가 출제되는데 인사와 안부는 Part 1 & 2에서 매 시험마다 1문제는 꾸준히 출제되며, 축하, 칭찬, 감사, 사과 관련 주제에서 2문제 정도가 나온다. 사회 생활에 필요한 가장 기본적인 표현들로 이루어지며, Part 1 & 2에서는 주로 인사나 안부처럼 관례적으로 정해진 응답 패턴을 따르는 경우와 초대, 약속과 같이 의문문에 대해 간단한 정보나 의견을 제공하는 내용이 출제된다. 또한 비슷한 내용이라도 Part 3에서는 회사 소개 등의 좀 더 공식적인 상황이 다뤄진다. 약속이나 계획을 세우는 대화 내용에서는 시간이나 장소 등 세부 사항 관련 문제가 주로 출제되고 있다.

2 대비법

일반적으로 난이도가 높지 않은 기본적인 표현이 많이 나오므로 철저히 대비하면 놓치지 않을 수 있다. 각 상황별 대표적인 응답 패턴을 익혀 두되, 특히 우리나라와는 다른 방식의 칭찬, 감사, 사과 등의 표현들은 문화나 관습의 이해를 바탕으로 답을 찾도록 한다. 가장 기본적인 응답들 외에도 다소 공식적인 고급 표현까지 알아 둔다면 문제없이 답을 고를 수 있다.

3 대표 예제

▶ 처음 만난 사람끼리 인사를 나누는 상황

PART I Choose the most appropriate response to the statement.

W I'm Angela. Nice to meet you.	W 앤젤라라고 해요. 만나서 반가워요.	
M ____________________	M ____________________	
(a) That's good to know.	(a) 그렇다니 다행이네요.	⇦ 서로 알고 있는 경우
(b) What a nice surprise!	(b) 정말 반가워요!	⇦ 우연히 만난 경우
✔ (c) Glad to see you, too.	(c) 저도 반가워요.	⇦ 처음 만나는 경우
(d) Yes, I think we've met.	(d) 네, 우리 만난 적이 있어요.	⇦ 다시 만난 경우

◆ **포인트** 인사를 나누는 상황에서는 처음 만나는 경우, 알고 있던 사람들이 우연히 만나는 경우, 오랜만에 만나는 경우 등에 따라 표현이 달라져야 하므로 구분해서 알아 둔다. 질문과 응답이 일치하지 않는 잘못된 표현이 오답으로 제시되므로 각 경우마다 가능한 대응을 잘 파악할 필요가 있다.

◆ **Other Responses**

· Pleased to meet you. 만나서 반가워요. ⇦ 처음 만나는 경우

· It's an honor to see you. 만나서 반갑습니다. ⇦ 처음 만나는 경우 - 정중한 표현

▶ 잘못에 대해 사과하는 상황

PART II Choose the most appropriate response to complete the conversation.

M I am so sorry for hitting your car.
W Relax. There was no damage to it.
M I just feel horrible about the whole thing, though.
W ________________

(a) I feel the same way.
(b) I cannot agree with you.
(c) But that wasn't my fault.
✔(d) Honestly, don't worry about it.

M 차를 쳐서 정말 미안해요.
W 괜찮아요. 손상된 곳은 없으니까요.
M 그래도 모든 일을 정말 죄송하게 생각해요.
W ________________

(a) 저도 같은 생각이에요.
(b) 저는 동의할 수 없어요.
(c) 하지만 그건 제 잘못이 아니었어요.
(d) 정말 걱정하지 마세요.

◆ **포인트** 잘못을 저지른 것에 대해 사과하는 상황에서 적절한 대응을 묻는 유형이다. 우리말로는 똑같이 '괜찮아요'라는 표현이라도 감사에 대한 대응인지 사과에 대한 대응인지 구분해야 한다. 몇 가지 관용 표현들과 함께 문맥상 어울릴 수 있는 경우를 익혀 두자.

◆ **Other Responses**

· Come on. That can happen to anyone. 괜찮아요. 누구한테나 있을 수 있는 일이에요. ⇐ 사과에 대해 가능한 응답
· Really, it's no big deal. 정말 별거 아니에요. ⇐ 사과에 대한 기본적 응답
· Really, I'm not angry. 정말 화나지 않았어요. ⇐ 사과에 대해 가능한 응답

▶ 일상에 대해 묻고 대답하는 상황

PART III Choose the option that best answers the question.

M How long have you and David been dating?
W We've been going out for five years now.
M And he hasn't popped the question yet?
W No, but that's okay. We're happy as we are.
M Still, don't you want to be married one day?
W One day, yes. Just not now.

Q Which is correct according to the conversation?
(a) The man is not interested in ever being married.
(b) The man and woman are romantically involved.
✔(c) The woman wants to be married in the future.
(d) The woman is not happy in her relationship.

M 데이비드와 사귄 지 얼마나 됐어?
W 이제 5년째 만나고 있어.
M 그런데 그가 아직 청혼하지 않았어?
W 응, 하지만 괜찮아. 지금 이대로도 행복해.
M 그래도 언젠가 결혼하고 싶지 않니?
W 언젠가는 그렇지. 지금은 아니야.

Q 대화에 따르면 옳은 것은?
(a) 남자는 결혼에 전혀 관심이 없다.
(b) 남자와 여자는 사귀는 사이이다.
(c) 여자는 미래에 결혼하고 싶어 한다.
(d) 여자는 남자 친구와 행복하지 않다.

◆ **포인트** 서로 일상을 묻는 상황도 자주 출제된다. 두 사람의 관계를 짐작할 수 있는 대화가 제시되고 세부 사항의 진위 여부나 추론 내용을 묻는 문제가 출제될 수 있다. 세부 정보를 묻는 문제는 남녀의 상황을 바꿔 말한 선택지를 제시할 수 있으므로 각 화자가 말한 내용이 선택지와 맞는지 비교해야 한다.

pop the question 청혼하다 **involve** 속하다, 관련시키다

약속이나 계획을 할 때

❶ **제안하는 표현**

Do you have any plan for this weekend? 이번 주말에 계획 있어요?
Let's try out a new restaurant tonight. 오늘 밤 새로 생긴 레스토랑에 한번 가봐요.
Would you like to come over to my house? 저희 집에 오실래요?

❷ **제안에 대한 일차적 대응**

Nothing much. Why? 별일 없어요. 왜요?
Why? Do you have something in mind? 왜요? 뭐 생각해 놓은 것 있어요?
That sounds like a great idea. 아주 좋은 생각입니다.

❸ **초대에 대한 거절**

I'd love to, but I have to work. 저도 그러고 싶지만 일을 해야 해요.
I'm afraid I have a previous appointment. 미안하지만 선약이 있어요.
I'm sorry I can't make it. 미안하지만 못 갈 것 같아요.

❹ **계획을 연기하거나 수정**

Something urgent came up at work. 직장에서 급한 일이 생겼어요.
Let's make it another time then. 그럼 다음에 하도록 하죠.
I'll take a rain check./ Can I have a rain check? 다음 번에 갈게요.

❺ **구체적인 시간과 장소를 제시**

When would it be convenient for you? 언제가 편해요?
Would three o'clock be all right? 3시 어때요?
Where will I find you? 어디서 만날까요?

오랜만에 친구를 만났을 때

❶ **반가움을 표현**

Fancy running into you here. 여기서 너를 만나다니 정말 기뻐.
What a pleasant surprise meeting you! 너를 만나다니 뜻밖이야!
What brings you here? 무슨 일로 왔니?

❷ **맞장구를 치며 대응**

I haven't seen you for ages. 정말 오랜만이야.
Yes, it's been a while. 응, 오랫동안 못 봤네.
I'm here to buy some potted plants. 여기 화분을 사러 왔어.

축하나 칭찬을 주고받을 때

❶ 축하나 칭찬하는 표현

That's wonderful. Congratulations. 대단하네요. 축하해요.

Oh, I envy you. 와, 부러워요.

You must be very proud. 정말 자랑스럽겠어요.

❷ 축하나 칭찬에 대한 감사

I'm honored[flattered]. 영광이에요[과찬이세요].

It is sweet[nice] of you to say so. 그렇게 말씀해 주시다니 정말 친절하시네요.

I couldn't have done it without your help. 당신의 도움이 없었다면 할 수 없었을 거예요.

❸ 감사에 대한 사양

It's my pleasure. 천만에요.

Don't mention it. 그런 말씀 마세요.

It was no sweat. 별거 아니었어요.

What are friends for? 친구 좋다는 게 뭐니?

It was the least I could do. 보잘것없어요.

사과를 주고받을 때

❶ 사과하는 표현

I didn't mean to hurt you. 상처를 주려던 것은 아니었어요.

Accept my apologies for being late. 늦은 것에 대한 사과를 받아 주세요.

I'm sorry, I couldn't help it. 미안해요. 어쩔 수 없었어요.

I owe you an apology. 사과드립니다.

❷ 사과에 대한 사양

It's no big deal. 별거 아닙니다.

Forget it./ Think nothing of it. 괜찮아요.

Don't take it so hard. 너무 신경 쓰지 마세요.

It doesn't really matter. 정말 상관없어요.

⇒ 해설집 P2

Questions 1&2 대화의 응답으로 적절하지 않은 선택지를 고르세요.

1

M I'm sorry for what I said to you.
W ____________________

(a) That's all right.
(b) I don't need anything.
(c) I don't really mind.
(d) Don't mention it.

2

M I heard you're pregnant, Sue.
W Yep. I'm 10 weeks in.
M Congratulations. Have you told everybody?
W ____________________

(a) Not yet. I will soon, though.
(b) Yes, we just sent out a mass email.
(c) I don't think everybody wants a child.
(d) Tim couldn't keep something like this private.

Question 대화를 읽고 질문에 알맞은 답을 고르세요.

3

W Alonzo, do you know Katie?
M Is she the blonde I met at your party?
W No. Katie's the girl I work with.
M Oh, you guys are modeling together, right?
W Exactly. Anyway, I'd love to hook you two up.
M Seriously? I hope she'd be interested.

Q What is the main topic of the conversation?
(a) One of the woman's coworkers.
(b) The man's dating history.
(c) The woman's profession.
(d) The man's old flame.

⇨ 해설집 P 3

PART I Choose the most appropriate response to the statement.

1 (a) (b) (c) (d)

2 (a) (b) (c) (d)

3 (a) (b) (c) (d)

4 (a) (b) (c) (d)

5 (a) (b) (c) (d)

PART II Choose the most appropriate response to complete the conversation.

6 (a) (b) (c) (d)

7 (a) (b) (c) (d)

8 (a) (b) (c) (d)

9 (a) (b) (c) (d)

10 (a) (b) (c) (d)

PART III Choose the option that best answers the question.

11 (a) (b) (c) (d)

12 (a) (b) (c) (d)

13 (a) (b) (c) (d)

14 (a) (b) (c) (d)

15 (a) (b) (c) (d)

UNIT 02 여가 활동

청해 유형 완전 정복

1 출제 경향

여가 활동에 관한 문제는 매 시험에서 2~3문제 정도가 출제되며, 영화나 공연 관람을 비롯하여 전시회, TV 시청, 요리, 각종 수집 등 다양한 종류의 취미 생활이 다루어지고, 수영, 스키, 등산, 낚시, 스케이트보드, 자전거와 같은 스포츠 종목들이 언급된다. 최근 2~3년간 Part 3에서 2문제씩 출제되고 있으므로 관련 표현들을 숙지할 필요가 있다. Part 1 & 2에서는 일반적으로 여가를 어떻게 보내는지, 주말에 무엇을 할 예정인지를 묻고 난 후 그에 대한 응답이 나오거나 함께 어떤 활동을 계획하는 대화 등이 주로 나오고, Part 3에서는 공연 관람 후 의견을 교환하는 내용, 새로 열중하고 있는 취미를 소개하는 내용 등이 자주 출제된다.

2 대비법

다양한 취미나 여가 활동을 나타내는 단어와 함께 해당 활동에 대한 평가 및 의견 교환을 할 수 있는 기본적인 표현들을 알아야 한다. 예를 들어, 음악회에 대한 이야기를 나눈다면 공연과 관련된 기본 표현뿐만 아니라 다양한 음악 장르나 음악가, 공연장 분위기 등에 대한 평가가 함께 나올 수 있다. 물론, 지나치게 전문적인 내용은 나오지 않으므로 일상 대화에서 주로 다루는 기본적인 표현을 중심으로 익히면 된다.

3 대표 예제

▶ 주말에 함께 할 것을 제안하는 상황

PART I Choose the most appropriate response to the statement.

W Would you like to play golf this weekend?

M ______________________

(a) I like playing golf, too.
(b) Yes, I'm pretty busy lately.
✔(c) I think I'd rather go hunting.
(d) We'll meet another time, then.

W 이번 주말에 골프 치러 갈래요?

M ______________________

(a) 저도 골프 치는 걸 좋아해요. ⇐ 취미에 대한 의견
(b) 네, 요즘 좀 바빠요. ⇐ 안부에 대한 응답
(c) 그냥 사냥을 가는 게 낫겠어요. ⇐ 제안에 대한 거절
(d) 그럼, 다음에 만나죠. ⇐ 다음에 만날 것을 제안

◆ **포인트** 취미나 여가 활동을 함께 할 것을 제안하고 이에 대답하는 상황은 자주 출제되는 유형이다. 다른 계획이 있다고 거절하는 응답이나 제안을 기꺼이 수락하는 표현, 또 다른 제안을 하는 표현 등을 예상할 수 있다.

◆ **Other Responses**

· Sorry, but I have plans. 미안하지만 다른 계획이 있어요. ⇐ 제안에 대한 거절
· That sounds like a great idea. 좋은 생각이에요. ⇐ 제안을 수락
· OK, let's try a new golf course outside the city. 좋아요. 교외에 있는 새로운 골프 코스로 가요. ⇐ 수락과 함께 덧붙여 제안

▶ 취미 활동에 대해 의견을 나누는 상황

PART II Choose the most appropriate response to complete the conversation.

M What do you like doing in your free time?
W I'm teaching myself how to cook these days.
M That must be challenging.
W ____________________

(a) I enjoy teaching other people.
✔(b) It is not easy but a lot of fun.
(c) There are free classes available.
(d) I want to learn how to cook myself.

M 여가 시간에는 무엇을 즐겨 하시나요?
W 요즘 혼자 요리하는 법을 배우고 있어요.
M 어렵겠네요.
W ____________________

(a) 저는 다른 사람을 가르치는 일이 즐거워요.
(b) 쉽지는 않지만 무척 재미있어요.
(c) 무료 강좌들이 있어요.
(d) 저도 혼자 요리하는 법을 배우고 싶어요.

◆ **포인트** 여자의 여가 활동인 요리에 대해 의견을 나누는 일반적인 유형이다. 요리가 어려울 것 같다는 남자의 의견에 대해 여자가 동조하거나, 반대 의견을 제시하면서 새로운 정보를 주는 것이 자연스럽다. 개인적 의견에 대한 다양한 대응 표현을 익혀 가장 자연스러운 맥락을 만드는 것이 중요하다.

◆ **Other Responses**

· No, it's easier than you might think. 아니에요, 생각보다 쉬워요. ⇦ 반대하면서 의견 제시
· A little, but I enjoy it. 조금요, 하지만 재미있어요. ⇦ 동조하면서 의견 제시
· Still, I'm learning a lot. 그래도 배우는 것이 많아요. ⇦ 반대하면서 의견 제시

▶ 특정 주제에 대해 조언을 주는 상황

PART III Choose the option that best answers the question.

W Jack, you should be careful when doing bicep curls.
M Why? I thought this is the way everybody does it.
W You're using your back to help lift the weight.
M What do you mean by that?
W When you lift the bar you should only use your arm muscles.
M Thanks for the tip. I hadn't even noticed.

Q What is the woman mainly doing?
(a) Treating the man for his back pain.
✔(b) Giving the man some exercise advice.
(c) Scolding the man for a mistake at work.
(d) Selling the man some fitness equipment.

W 잭, 이두박근 운동을 할 때는 주의해야 해.
M 왜? 모두들 이렇게 하는 줄 알았는데.
W 역기를 드는 데 등을 사용하고 있잖아.
M 그게 무슨 말이야?
W 봉을 들 때는 팔 근육만 써야 해.
M 조언해 줘서 고마워. 전혀 몰랐어.

Q 여자가 주로 하고 있는 것은?
(a) 남자의 허리 통증 치료.
(b) 남자에게 운동에 대해 조언.
(c) 업무 실수에 대해 남자를 비난.
(d) 남자에게 운동 장비 판매.

◆ **포인트** 취미 활동이나 특정 스포츠 등을 소재로 한 대화에서 주제를 찾는 문제나 추론 문제가 나올 수 있다. 헬스클럽에서 운동을 하면서 여자가 남자의 특정 동작에 대해 주의를 주고 있으므로 여자가 하고 있는 일은 남자에게 운동에 대해 조언하는 것이 된다.

bicep curls 이두박근 **weight** 역기 **muscle** 근육 **back pain** 허리 통증 **scold** 혼내다 **fitness** 신체 단련, 건강 **equipment** 장비

공연이나 영화를 보러 갈 때

❶ 공연 시간 및 장소 확인

What time is the show? 공연이 몇 시예요?

When exactly are they performing? 정확히 언제 공연하나요?

Where is the concert being held? 콘서트가 어디서 열려요?

❷ 티켓 구매

When do the tickets go on sale for the concert? 콘서트 표는 언제 판매되나요?

There will be plenty available. 많이 남아 있을 거예요.

They are sold out. 매진입니다.

❸ 시작 시간 및 변경

The film festival kicks off this Friday. 영화제는 이번 주 금요일에 시작해요.

Is the new concert series already starting? 새 음악회가 벌써 시작해요?

The time has been moved up to 3. 시간이 3시로 앞당겨졌어요.

Isn't it scheduled for Saturday? 토요일로 예정되어 있지 않아요?

❹ 전반적인 감상을 묻거나 말하기

Did you enjoy the concert? 음악회는 재미있었나요?

Is it worth watching? 볼 만한가요?

I didn't care for the opera. 오페라가 마음에 안 들었어요.

❺ 공연에 대한 평가

I thought it dragged on. 질질 끈다고 생각했어요.

It was noticeably overpriced. 지나치게 비쌌어요.

I wouldn't miss it for the world. 절대 놓칠 수 없어요.

구체적으로 감상을 묻고 답할 때

❶ 구체적으로 묻기

Which part was your favorite? 어느 부분이 가장 좋았어요?

What did you think of the actors? 배우들은 어땠어요?

Was it really that bad? 그렇게 형편없었어요?

❷ 감상평 말하기

The ending seemed too predictable. 결말이 너무 뻔했어요.

That actress was underrated[overrated]. 그 여배우는 과소평가[과대평가]되었어요.

I expected more action and less drama. 좀 더 액션이 많고 덜 극적인 것을 예상했어요.

취미를 묻고 답할 때

❶ 취미를 묻는 표현

What do you usually do in your free time? 여가 시간에 주로 뭘 하세요?

What sort of hobbies do you have? 어떤 취미를 가졌나요?

Do you like to work out at a gym? 헬스클럽에서 운동하는 것을 좋아하나요?

❷ 자신의 취미를 말하는 표현

I relax by watching football. 축구를 보면서 휴식을 취해요.

When I have free time, I play tennis. 시간이 날 때는 테니스를 쳐요.

Recently, I'm into rollerblading. 요즘 저는 롤러블레이드 타는 것에 빠져 있어요.

I enjoy being physically active, and spend a lot of time playing sports.
저는 활동적인 것을 좋아해서 운동하는 데 많은 시간을 보내요.

스포츠 경기를 관람할 때

❶ 승패에 대해 말하기

Our team was defeated in the final. 우리 팀이 결승전에서 졌어요.

The series is tied 3 to 3. 그 시리즈는 3대 3 무승부로 끝났어요.

The game resulted in a draw. 경기가 무승부로 끝났어요.

China scored a winning point to make it to the final. 중국이 승부점을 얻어 결승에 진출했어요.

We defeated them after a close game. 우리가 접전 끝에 이겼어요.

My favorite team beat them 2 to 0. 제가 좋아하는 팀이 그들을 2대 0으로 이겼어요.

❷ 경기 결과에 대해 말하기

He's on a winning streak. 그는 연승 행진을 하고 있어요.

Korea dominated the game from the beginning. 한국이 처음부터 경기를 주도했어요.

She won the gold at the Olympics. 그녀는 올림픽에서 금메달을 땄어요.

Questions 1&2 대화의 응답으로 적절하지 않은 선택지를 고르세요.

1

M The fish won't bite today.
W ____________________

(a) We better just call it a day.
(b) It's like a fish out of water.
(c) Let's try another type of bait.
(d) Maybe we should go somewhere else.

2

W What are you doing this weekend?
M I don't have any plans. What about you?
W Do you want to go out with Laura and me then?
M ____________________

(a) Yeah, that sounds fun.
(b) Sure, let's go to see a movie.
(c) Well, I have plans this weekend.
(d) Thanks, but I just want to take it easy.

Question 대화를 읽고 질문에 알맞은 답을 고르세요.

3

M Do you want to see a musical next weekend?
W Sure. What's playing these days?
M There are two big shows in town, *We Will Rock You* and *Rock of Ages*.
W Have you heard anything about them?
M People are saying *We Will Rock You* is better, but it is more expensive.
W I don't mind. I just want to see the best one.

Q What can be inferred about the woman?
(a) She sings in the band.
(b) She does not like the arts.
(c) She prefers to watch movies.
(d) She has not seen either of the two.

⇒ 해설집 P 9

PART I Choose the most appropriate response to the statement.

1 (a) (b) (c) (d)

2 (a) (b) (c) (d)

3 (a) (b) (c) (d)

4 (a) (b) (c) (d)

5 (a) (b) (c) (d)

PART II Choose the most appropriate response to complete the conversation.

6 (a) (b) (c) (d)

7 (a) (b) (c) (d)

8 (a) (b) (c) (d)

9 (a) (b) (c) (d)

10 (a) (b) (c) (d)

PART III Choose the option that best answers the question.

11 (a) (b) (c) (d)

12 (a) (b) (c) (d)

13 (a) (b) (c) (d)

14 (a) (b) (c) (d)

15 (a) (b) (c) (d)

UNIT 03 쇼핑 · 식당

교환 • 환불/ 물건 찾기 • 주문/ 음식 주문

청해 유형 완전 정복

1 출제 경향

쇼핑할 때나 서비스를 받을 때, 식당에 갔을 때 일어날 수 있는 상황은 일상 생활에서 흔히 접하는 일이므로 매 시험에서 3~4문제 정도 출제된다. 문제 유형별로 보면 1~2문제씩 고루 출제되고 있다. 쇼핑의 경우 물건을 사거나 파는 상황, 교환이나 환불, 지불 방법에 관한 대화가 많이 나오는 편이며 때때로 배송 관련 문제도 나온다. 특히 옷 가게가 단골 메뉴인데, 사이즈나 색상 등을 선택하는 상황이 출제된다. 식당 관련 문제는 테이블을 예약하거나 음식을 주문하는 상황에서 친구들 또는 식당 종업원과 나누는 대화가 주로 출제된다. 특히 Part 3에서는 다소 복잡한 상황을 전개하고 주로 이야기하고 있는 중심 소재를 찾는 문제가 자주 출제된다.

2 대비법

거의 매 시험에서 다루는 내용이므로 기본 표현을 반드시 숙지할 필요가 있다. 상점에 갔을 때, 식당에 갔을 때 일어나는 상황들을 흐름에 따라 정리해 두도록 하자. Part 1 & 2에서는 전형적인 오답 패턴으로 대화하는 남자와 여자의 입장을 바꿔 놓는 경우가 많으므로 대화하는 사람들의 관계를 파악하는 것이 중요하다. 예를 들면, 점원과 손님, 웨이터와 손님 등으로 구별하여 각 입장에서 쓸 수 있는 표현을 익혀 두면 효과적으로 문제를 풀 수 있다.

3 대표 예제

▶ 식당에서 주문하는 상황

PART I Choose the most appropriate response to the statement.

M May I take your order? — M 주문하시겠습니까?

W ______________________ — W ______________________

(a) I recommend today's special. — (a) 오늘의 스페셜을 추천합니다. ⇐ 웨이터의 추천

(b) Please, let me have the bill. — (b) 계산서를 갖다 주세요. ⇐ 식사 후 요청

(c) I'll have to pass this time. — (c) 이번에는 넘어갈게요. ⇐ 주문 거절

✔(d) Sure, I'd like this course. — (d) 네, 이 코스로 주세요. ⇐ 주문 결정

◆ **포인트** 식당에서 웨이터가 주문을 하겠냐고 묻자 손님이 응답하는 상황이다. 주문할 요리를 바로 말하는 것이 전형적인 응답이지만 주문할 준비가 되었는지, 또는 무엇을 주문할 것인지, 웨이터에게 추천을 요청하는 등 상황에 따라 다양한 응답이 나올 수 있다.

◆ **Other Responses**

· No, I need more time. 아뇨, 조금 더 있다가요. ⇐ 아직 결정하지 못한 경우

· Thanks, but I'm already being waited on. 고맙지만 이미 주문했습니다. ⇐ 이미 주문한 경우

· I'm expecting company. 일행을 기다리고 있어요. ⇐ 주문을 미루는 경우

▶ 물건을 교환하는 상황

PART II Choose the most appropriate response to complete the conversation.

W I'd like to exchange this skirt for something else.
M Sure thing. Do you have the receipt with you?
W Yes, I do. Here you go.
M ____________________

(a) Well, I'd like to try something smaller.
(b) Sorry, you gave me the wrong change.
(c) We will refund as soon as you return the goods.
✔(d) Remember the exchanged item must be of equal or lesser value.

W 이 스커트를 다른 것으로 바꾸고 싶어요.
M 그러세요. 영수증을 가지고 계신가요?
W 네. 여기 있어요.
M ____________________

(a) 음, 더 작은 것으로 입어 보고 싶어요.
(b) 미안하지만 잔돈을 잘못 주셨어요.
(c) 물건을 돌려주시면 환불해 드리겠습니다.
(d) 교환하는 상품은 같은 가격이나 그 이하여야 합니다.

◆ **포인트** 물건을 교환하거나 반품하는 상황에서 영수증을 확인한 후 점원이 할 수 있는 말을 묻는 문제이다. 영수증의 내용에 따라 교환 방법을 안내하거나, 교환이 되지 않는다면 그 이유를 설명하는 등의 내용이 응답으로 적절하다.

◆ **Other Responses**

· Sorry, but this is the wrong receipt. 죄송하지만 잘못된 영수증입니다. ⇐ 교환 불가 이유
· All right. Feel free to exchange it with any other clothing item. ⇐ 교환 내용 부연설명
맞습니다. 의류 항목은 어떤 것으로든 교환 가능합니다.
· Just keep in mind it's not refundable, though. 하지만 환불은 되지 않음을 명심하세요. ⇐ 교환 내용 부연설명

▶ 식당을 선택하는 상황

PART III Choose the option that best answers the question.

W Let's go for lunch.
M A1 Department Store has a food court in the basement.
W No, I don't feel like fast food.
M What do you want then?
W Something that is good for us. How about the Big Carrot?
M Fine, but next time let me choose.

Q What does the woman suggest they do?
(a) Go for fast food.
(b) Eat something cheap.
(c) Visit a department store.
✔(d) Go to a healthy restaurant.

W 점심 먹으러 가자.
M A1 백화점 지하에 푸드코트가 있어.
W 아니, 패스트푸드는 먹고 싶지 않아.
M 그럼 뭘 먹고 싶어?
W 몸에 좋은 것. 빅캐럿 어때?
M 좋아. 하지만 다음 번에는 내가 고를게.

Q 여자가 제안하는 것은?
(a) 패스트푸드를 먹자.
(b) 싼 것을 먹자.
(c) 백화점을 가자.
(d) 건강에 좋은 식당에 가자.

◆ **포인트** 밥 먹을 식당을 결정하기 위해 음식의 맛, 가격, 위치 등에 따른 몇 가지 선택을 비교하는 대화가 제시되고 대화의 목적이나 세부 사항을 묻는 문제가 자주 출제된다. 세부 사항 문제는 특히 질문을 정확히 파악하고 문제를 풀어야 한다. 여자가 무엇을 제안하는지 물었으므로 Something that is good for us(건강에 좋은 것)에서 확인할 수 있다.

식당에서 식사할 때

❶ **식사 초대**

Would you like to come out for dinner tonight? 오늘 밤 저녁 식사하러 올래요?

Dinner will be on me. 제가 저녁 식사 대접할게요.

Why don't we go grab a bite? 뭐 좀 간단히 먹지 않을래요?

❷ **식당에 들어가서**

How many in your party? 일행이 몇 분이십니까?

A table for two, please. 두 사람 자리 부탁합니다.

Do you have a reservation? 예약하셨습니까?

❸ **메뉴 선택**

I've been craving beef steak. 비프스테이크가 정말 먹고 싶어요.

Aren't you in the mood for fresh salad? 신선한 샐러드 먹고 싶지 않아요?

I feel like eating something hot and spicy. 뭔가 매콤한 것을 먹고 싶어요.

❹ **음식 주문**

Are you being waited on? 주문하셨어요?

What would you like, tea or coffee? 차와 커피 중 무엇으로 하시겠습니까?

I'll have the same./ Make that two for me. 같은 것으로 할게요.

❺ **주문 세부 사항**

Will this be for here or to go? 여기서 드실 건가요, 포장이세요?

Can I have the spaghetti without garlic? 스파게티에 마늘을 빼주실 수 있나요?

I'll settle for sushi. 스시로 할게요.

❻ **음식에 대한 의견**

The fish doesn't taste right./ It smells funny. 생선요리 맛이 이상한데요./ 냄새가 이상해요.

Their food is delicious but too high in calories. 거기 음식은 맛있지만 칼로리가 너무 높아요.

It's too bland for me. 저한테는 너무 싱거워요.

의류 매장에서 쇼핑할 때

❶ 손님이 점원에게 질문

Do you have it in a different color? 다른 색상으로 있나요?

Where is the fitting room? 탈의실이 어디죠?

Excuse me. On what floor do you have women's underwear? 실례지만 여자 속옷은 몇 층에 있나요?

❷ 점원의 응대

I don't think red suits you. 빨간색은 어울리지 않는 것 같아요.

This looks great on you. 이건 아주 잘 어울려요.

In what size would you like it? 어떤 사이즈로 드릴까요?

It's on the 5th floor, right next to the elevator. 5층 엘리베이터 바로 옆에 있습니다.

❸ 교환이나 환불을 요청할 때

I'd like to exchange this skirt for shorts. 이 스커트를 반바지로 바꾸고 싶어요.

I would like a refund on this. 이것을 환불받고 싶어요.

Can I exchange this for a new one? 새것으로 교환할 수 있을까요?

재고 및 가격 관련

❶ 재고 및 선택하기

Let me check our inventory. 재고를 확인해 보겠습니다.

They are currently out of stock. 그 제품은 현재 재고가 없습니다.

There are a few items to choose from. 몇 가지 품목 중에서 선택할 수 있습니다.

We have a wide range of printers to select from. 다양한 프린터 제품들을 갖추고 있습니다.

❷ 흥정하기

Will you come down a little? 조금 할인해 주시겠어요?

This is out of my price range. 제가 생각한 가격 범위를 벗어나요.

Can you lower your price? 가격을 좀 깎아 주시겠어요?

❸ 물건 값 말하기

It cost me a fortune. 그것을 사는 데 큰 돈이 들었어요.

It's a bargain./ It's a steal. 싼 값에 샀어요.

I was ripped off. 바가지 썼어요.

해설집 P 14

Questions 1&2 대화의 응답으로 적절하지 않은 선택지를 고르세요.

1

W I'm in the mood for a roast beef sandwich.
M ____________________

(a) That sounds delicious.
(b) Not me. I don't eat red meat.
(c) Let's try a new sandwich place.
(d) I don't feel like cooking, either.

2

M Can I get two orders of chicken fried rice to go, please?
W Sure. Do you want anything to drink with that?
M Nope. Just the food, thanks.
W ____________________

(a) Two Cokes it is, then.
(b) Okay. Just wait five minutes, please.
(c) All right. Your total comes to $14.50.
(d) So, your order is two chicken fried rice.

Question 대화를 읽고 질문에 알맞은 답을 고르세요.

3

M Do you offer refunds at your store?
W Only when the purchase was made within the last two months.
M And do you require the receipt?
W Yes. You need a receipt for a refund or an exchange.
M I see. I guess I'm out of luck, then.
W Sorry about that.

Q What can be inferred about the man from the conversation?
(a) He does not have the receipt.
(b) He got a gift he doesn't like recently.
(c) He would prefer an exchange of the item.
(d) He has never bought anything at the store.

PART I Choose the most appropriate response to the statement.

1 (a) (b) (c) (d)

2 (a) (b) (c) (d)

3 (a) (b) (c) (d)

4 (a) (b) (c) (d)

5 (a) (b) (c) (d)

PART II Choose the most appropriate response to complete the conversation.

6 (a) (b) (c) (d)

7 (a) (b) (c) (d)

8 (a) (b) (c) (d)

9 (a) (b) (c) (d)

10 (a) (b) (c) (d)

PART III Choose the option that best answers the question.

11 (a) (b) (c) (d)

12 (a) (b) (c) (d)

13 (a) (b) (c) (d)

14 (a) (b) (c) (d)

15 (a) (b) (c) (d)

UNIT 04 주거 생활

청해 유형 완전 정복

1 출제 경향

일상 생활에서 가장 기본이 되는 의식주의 하나인 주거 생활은 거의 빠지지 않고 출제되는 주제이다. 크게 이사와 관련된 상황과 집안일로 구분할 수 있다. 이사에는 주택 임대 및 매매 중에 벌어질 수 있는 상황들이 출제된다. 집안일은 청소, 세탁 등의 가사일과 가전 제품 고장과 수리에 관련된 내용들이 나온다. Part 1~3에 걸쳐 고루 출제되며, 특히 Part 3에서는 부동산 업자와 이사 갈 집의 조건이나 가격을 협상하는 대화, 또는 새집을 보고 서로 의견을 나누는 대화, 집안일을 서로 나누거나 지시하는 내용의 대화가 제시되고 주제나 세부 사항을 묻는 문제가 출제된다.

2 대비법

출제되는 비중이 높은 편이므로 기본 표현을 반드시 알아 두어야 한다. 특히, 자주 출제되는 임대 관련 상황, 가사 배분 상황 등은 전형적인 대화 패턴을 통해 대화의 흐름과 빈출 어휘를 익혀 두도록 하자. 또한 세부 정보가 많이 제시될 수 있는 내용이므로 상황에 따라 정확하게 내용을 파악하는 것이 우선이다.

3 대표 예제

▶ 새로 구한 집에 대해 이야기하는 상황

PART I Choose the most appropriate response to the statement.

W I love your new apartment!	W 당신의 새 아파트가 마음에 들어요!	
M ____________	M ____________	
✔(a) Thanks, I just moved in.	(a) 고마워, 막 이사 왔어.	⇦ 맞장구치는 경우
(b) I'd prefer a furnished one.	(b) 가구 딸린 아파트가 더 좋아요.	⇦ 아파트를 구할 때
(c) I'm looking for an apartment.	(c) 아파트를 찾고 있어요.	⇦ 아파트를 구할 때
(d) I haven't asked about it yet.	(d) 아직 그것에 대해 묻지 않았어요.	⇦ 계약 조건을 물었을 때

◆ **포인트** 새로 구한 집에 대해 이야기하는 내용이 나오고 표현에 따라 상대방이 감사해하거나, 맞장구를 치거나, 추가 정보를 제공하는 대답이 나올 수 있다. 다양한 응답이 가능하므로 여러 상황별 패턴을 익혀 둔다.

◆ **Other Responses**

- Thank you for the compliment. 칭찬해 줘서 고마워요. ⇦ 칭찬에 대한 감사
- It was not easy to find it, though. 그렇지만 찾기가 쉽지 않았어요. ⇦ 추가 정보 제공
- It is really a great location. 정말 위치가 좋아요. ⇦ 맞장구치는 경우

▶ 임대 조건을 협상하는 상황

PART II Choose the most appropriate response to complete the conversation.

W How much is the rent for this place?
M It's $1,500 a month.
W Are utilities included?
M ____________________

✔(a) Everything except the Internet.
(b) You have to pay the deposit.
(c) I think the price is too high.
(d) It barely covers my rent.

W 이 집 임대료가 얼마입니까?
M 한 달에 천 5백 달러입니다.
W 공과금 포함인가요?
M ____________________

(a) 인터넷만 빼고요.
(b) 보증금을 내야 합니다.
(c) 가격이 너무 높은 것 같아요.
(d) 그것으로 임대료를 겨우 해결할 수 있어요.

◆ **포인트** 이사 갈 집을 찾으면서 부동산 중개인과 임대 조건에 대해 이야기하는 상황이 제시되고, 그에 대한 적절한 응답을 찾는 문제이다. 제시한 조건에 대해 단순히 긍정 또는 부정하거나 구체적인 내용을 추가하는 등의 답변이 가능하다.

◆ **Other Responses**

· Yes, they are all included in the monthly rent. 네, 모두 월세에 포함됩니다. ⇦ 단순 긍정
· Heat and gas are included, but you have to pay for electricity. ⇦ 긍정과 함께 추가 정보 제공
난방과 가스는 포함이지만 전기 요금은 내셔야 합니다.
· Right, you don't have to pay anything. 맞아요, 전혀 낼 필요가 없습니다. ⇦ 긍정과 함께 재확인

▶ 집안일을 분담하는 상황

PART III Choose the option that best answers the question.

M Time to do the spring cleaning.
W Okay, how are we going to divide up the chores?
M I'll take care of everything on the first floor.
W Should I take care of the second floor?
M Yeah. And when you're done we can work on the basement together.
W Sounds like a plan!

Q What can be inferred about the two speakers?
(a) They just moved in.
(b) They rarely clean their place.
✔(c) They live in a two story house.
(d) They don't like their accommodation.

M 봄맞이 대청소를 할 때야.
W 좋아, 일을 어떻게 분담할까?
M 나는 1층을 다 맡을게.
W 내가 2층을 맡을까?
M 그래. 다 되면 함께 지하실을 청소하자.
W 좋은 방안이야!

Q 두 화자들에 대해 추론할 수 있는 것은?
(a) 막 이사를 왔다.
(b) 집을 거의 청소하지 않는다.
(c) 이층집에서 산다.
(d) 숙소가 마음에 들지 않는다.

◆ **포인트** 남자와 여자가 서로 집안일을 분담하기 위해 의논하고 있는 상황이다. 두 사람이 결국 무엇을 하고 있는지 묻는 주제 문제와 누가 무엇을 할 것인지 등을 구체적으로 묻는 세부 사항 문제, 추론 문제 등이 출제된다.

divide up ~를 나누다 **chores** 집안일 **take care of** ~을 처리하다, 돌보다 **basement** 지하실 **story** (건물의) 층 **accommodation** 숙소

이사를 갈 때

❶ 이사를 가려는 의사

Were you looking for a new place to live? 새집을 찾고 있나요?

I'm looking for a furnished studio in downtown Seoul. 서울 시내의 가구 딸린 원룸을 찾고 있어요.

I heard you're looking for an apartment. 아파트를 찾고 있다고 들었어요.

❷ 이사를 가려는 이유

It's time for us to get a bigger home. 이제 더 큰 집을 구해야 할 시기예요.

I finally decided to buy my own house. 마침내 제 집을 마련하기로 결심했어요.

I've had trouble with the landlord. 집주인과 문제가 있어요.

❸ 집 찾기

Recently, I've been apartment hunting. 저는 요즘 아파트를 보러 다녀요.

She looked around the house. 그녀는 집을 여기저기 둘러보았다.

❹ 임대 조건 협상 – 크기, 임대료 및 기간

I wonder how much the rent is. 임대료가 얼마인지 궁금합니다.

The rent for this apartment is $1,200 a month. 이 아파트의 임대료는 월 천 2백 달러입니다.

The lease is for 24 months. 임대 기간은 24개월입니다.

Is this a one bedroom or two bedroom? 침실이 하나인가요, 두 개인가요?

❺ 임대 조건 협상 – 기타

This building allows pets, too. 이 건물에서도 애완동물을 기를 수 있습니다.

Are utilities included or is there a separate charge? 공과금이 포함되나요, 아니면 요금이 따로 부과되나요?

The apartment is in a great location. 아파트는 좋은 위치에 있습니다.

❻ 새집에 대한 의견

Your new house looks luxurious. 새집이 정말 고급스러워 보이는데요.

It's spacious and bright. 넓고 밝아요.

It faces the river and has a great view. 강을 바라보고 있어 전망이 좋아요.

임대차 계약 관련

He wants to sign a lease for the house. 그가 그 집을 임대 계약하고 싶어 해요.

I paid a $1,000 security deposit with the previous landlord. 예전 주인에게는 보증금을 천 달러 냈습니다.

The landlord wants to raise the rent. 집주인이 임대료를 올리고 싶어 해요.

주거 보수 및 관리를 논의할 때

❶ 문제 제시

I just discovered a crack in our toilet. 변기에 금이 간 것을 방금 발견했어요.

I don't have enough closet space. 옷을 수납할 공간이 부족해요.

We should refurbish our kitchen. 우리 부엌을 새단장해야겠어요.

❷ 대처 방안 모색

We'd better get it repaired right away. 즉시 수리하는 게 좋겠어요.

I think we should replace the tub. 욕조를 바꿔야 할 것 같아요.

It can wait for a couple of years. 2년 더 있어도 될 것 같아요.

가사일을 할 때

❶ 도움 요청

Can I help you with dinner? 저녁 준비하는 것을 도와줄까요?

I could use a hand changing this light. 전등을 교체하는 데 도움이 필요해요.

Why don't you fold the laundry first? 먼저 빨래를 개는 게 어때요?

❷ 가사 분담

Sure, you can peel onions. 좋아요, 양파를 까주세요.

Let me just finish doing the dishes. 먼저 설거지부터 마칠게요.

OK, I'll make the bed and take out the garbage. 알겠어요, 제가 침대를 정리하고 쓰레기를 치울게요.

해설집 P 20

Questions 1&2 대화의 응답으로 적절하지 않은 선택지를 고르세요.

1

W Can you fix the bath tub right now?
M ______________________

(a) We'd better call a plumber.
(b) Yeah, I guess I can do that.
(c) I hope it's not too expensive.
(d) No, but I'll take care of it after dinner.

2

M We should clean the house today.
W OK. I'll vacuum the floors and clean the kitchen.
M What do you want me to do?
W ______________________

(a) We need to dust the living room.
(b) You can clean out the garage.
(c) Wash the windows first.
(d) That would be perfect.

Question 대화를 읽고 질문에 알맞은 답을 고르세요.

3

W The lease is for 12 months, right?
M That's right. Everything is included except the cable.
W So that means you're responsible for the Internet?
M Exactly. Everything else is explained in detail in the rental agreement.
W Perfect. Well, I think I'll take it!
M Excellent. Welcome to your new home!

Q Which is correct according to the conversation?
(a) The man is a tenant.
(b) The woman likes the place.
(c) The place is the woman's office.
(d) The man and woman are living together.

TEPS Listening Practices

⇨ 해설집 P 21

PART I Choose the most appropriate response to the statement.

1 (a) (b) (c) (d)

2 (a) (b) (c) (d)

3 (a) (b) (c) (d)

4 (a) (b) (c) (d)

5 (a) (b) (c) (d)

PART II Choose the most appropriate response to complete the conversation.

6 (a) (b) (c) (d)

7 (a) (b) (c) (d)

8 (a) (b) (c) (d)

9 (a) (b) (c) (d)

10 (a) (b) (c) (d)

PART III Choose the option that best answers the question.

11 (a) (b) (c) (d)

12 (a) (b) (c) (d)

13 (a) (b) (c) (d)

14 (a) (b) (c) (d)

15 (a) (b) (c) (d)

UNIT **05** 전화 대화

청해 유형 완전 정복

1 출제 경향

전화 통화할 때 사용하는 기본적인 표현들은 Part 1 & 2에서 주로 제시된다. 전화를 건 사람이 누구인지 밝히는 표현, 통화 상대를 찾거나 전화번호를 묻는 표현, 상대방이 통화 중이거나 다른 일로 전화를 받을 수 없을 때 메시지를 남기는 표현 등이 자주 출제된다. Part 3에서는 보다 자세한 내용의 전화 용건이 소개되고 구체적인 내용을 묻거나 대화 내용으로부터 추론할 수 있는 상황이 출제된다. 기본적인 표현 외에 병원 등에 전화를 걸어 예약을 확인, 변경, 취소하거나 특정 서비스 등에 대해 문의하는 내용이 많이 나온다.

2 대비법

전화 관련 표현은 대화 형식의 Part 1~3에서 매회 한두 문제씩 반드시 출제되므로 기본 표현을 알아 두어야 한다. 자주 출제되는 부재중, 통화 중, 전화 연결, 잘못 걸린 전화 등 상황별로 정리하여 대비하는 것이 좋다. 또한 같은 대화에 대해서도 상황에 따라 여러 가지 대응 방식이 있을 수 있으므로, 그에 따른 다양한 표현을 익혀 두어야 한다. 특히 최근에는 전형적인 응답 외에 대화의 문맥에 따른 비전형적인 응답이 나오는 문제도 늘고 있으므로 기본 표현을 숙지하는 것뿐만 아니라 유연하게 답을 선택하는 자세가 필요하다.

3 대표 예제

▶ 전화를 걸어 상대방을 찾는 상황

PART I Choose the most appropriate response to the statement.

M Hi, this is Mike. Can I talk to Alice?	M 여보세요. 마이크인데요. 앨리스 좀 바꿔 주시겠어요?	
W ______________	W ______________	
(a) She didn't leave any message.	(a) 그녀는 메시지를 남기지 않았어요.	⇦ 찾는 사람이 없을 때
(b) Sure, give me your number.	(b) 물론이죠. 전화 번호를 알려 주세요.	⇦ 메시지를 전해줄 때
(c) Thank you for calling me.	(c) 전화해 주셔서 감사합니다.	⇦ 마무리 인사
✔(d) This is she speaking.	(d) 전데요.	⇦ 본인이 받았을 때

◆ **포인트** 통화할 상대를 찾는 내용은 본인이 받은 경우, 찾는 사람이 있는 경우, 없는 경우, 전화를 잘못 건 경우까지 다양한 응답이 가능하다는 것에 주의하여 그 유형을 익혀 둔다.

◆ **Other Responses**

- Please stay on the line. 끊지 말고 기다리세요. ⇦ 전화를 바꿔 주는 경우
- She's not available now. 지금 자리에 없는데요. ⇦ 찾는 사람이 없는 경우
- Sorry, I can hardly hear you. 미안하지만 잘 안 들려요. ⇦ 전화 연결 상태가 좋지 않은 경우

▶ 찾는 사람이 없을 때 대처하는 상황

PART II Choose the most appropriate response to complete the conversation.

W Could you put me through to Brian Taylor?
M I'm sorry, but he is in a meeting now.
W I need to talk to him as soon as possible.
M ____________________

✔(a) I'll have him give you a call.
(b) He is on another line now.
(c) Please, don't hang up.
(d) It is an emergency.

W 브라이언 테일러를 바꿔 주시겠어요?
M 죄송하지만, 지금 회의 중입니다.
W 가능한 한 빨리 그와 이야기해야 해요.
M ____________________

(a) 그에게 전화하라고 하겠습니다.
(b) 그는 지금 통화 중이에요.
(c) 끊지 마세요.
(d) 긴급상황입니다.

◆ **포인트** 전화 상황에서 상대가 통화할 수 없을 때 그에 대한 대응을 묻는 표현이 출제되기도 한다. 예를 들면 메시지를 받아 놓거나, 다시 전화를 걸라고 하거나, 찾는 사람이 전화 걸도록 하겠다는 응답을 할 수 있다. 찾는 사람이 회의 중이라 통화를 할 수 없다고 했으므로 전화 왔다고 전해 주겠다는 (a)가 응답으로 적절하다.

◆ **Other Responses**
· May I take a message?/ Would you like to leave a message? 메시지를 남기시겠어요? ⇦ 메시지 남기기
· I'll tell him to return your call soon. 그에게 곧 전화하라고 하겠습니다. ⇦ 전화 걸도록 전하기
· Would you please call back in 30 minutes? 30분 후 다시 전화해 주시겠어요? ⇦ 다시 걸도록 하기

▶ 특정 서비스 등에 대해 문의하는 상황

PART III Choose the option that best answers the question.

W Hello, Amy's Catering. How can I help you?
M I need some food and drinks for an office party.
W OK. How big is this party going to be?
M We're expecting about 150 people.
W And where is this event being held?
M In our cafeteria on the basement floor.

Q Which is correct according to the conversation?
✔(a) The woman is working for Amy's Catering.
(b) The woman will order food for 150 people.
(c) The man is thinking about opening a cafeteria.
(d) The man is undecided about how many guests to invite.

W 여보세요, 에이미 출장 요리입니다. 무엇을 도와드릴까요?
M 사무실 파티를 하는 데 요리와 음료가 필요해요.
W 네, 파티의 규모는 얼마나 되나요?
M 150명 정도 예상하고 있어요.
W 행사는 어디서 열리게 되나요?
M 회사 지하의 구내 식당에서요.

Q 대화에 따르면 옳은 것은?
(a) 여자는 에이미 출장 요리에서 일하고 있다.
(b) 여자는 150명 분의 음식을 주문할 것이다.
(c) 남자는 구내 식당을 개업할 생각을 하고 있다.
(d) 남자는 손님을 몇 명이나 초대할지 결정하지 않았다.

◆ **포인트** 전화로 예약을 확인 · 변경 · 취소하거나 특정 서비스 등에 대해 문의하는 대화에서 대화의 목적이나 주제를 묻는 문제가 자주 나온다. 이때, 전화를 한 사람과 받은 사람의 역할을 잘 구분하여 누가 한 말로 적절한지 파악하는 것이 중요하다. 또한 세부적인 예약 사항을 묻는 경우가 많으므로 정확히 듣고 메모하는 것이 도움이 된다.

catering (행사 · 연회의) 음식 출장 서비스 **expect** 예상하다 **undecided** 결정하지 못한

전화해서 다른 사람을 찾을 때

❶ 통화를 시작

Hello, Home Deco. How may I help you? 여보세요, 홈 데코입니다. 무엇을 도와드릴까요?

Hello, can I speak to Alex? 여보세요, 앨릭스와 통화할 수 있을까요?

This is Kim from Kim's Nail Shop. 킴스 네일숍의 킴입니다.

❷ 상대를 확인

May I ask who's calling? 실례지만 누구시죠?

Who is speaking, please? 누구십니까?

What number did you dial? 몇 번으로 전화하셨어요?

❸ 통화의 목적

I'm calling to confirm my reservation. 예약을 확인하기 위해 전화했습니다.

I just wanted to say thank you for your invitation. 초청해 주신 것에 대해 감사드리고 싶어요.

I'd like some information about your language lessons. 어학 수업에 대한 정보를 얻고자 합니다.

❹ 찾는 사람을 연결

Hold the line, please. 잠시만 기다리세요.

I'll put you through. 연결해 드리겠습니다.

Please stay on the line. 끊지 말고 기다려 주세요.

Don't hang up. 끊지 마세요.

전화를 했는데 찾는 사람이 없을 때

❶ 찾는 사람이 없음을 알림

He's not in./ She is away from her desk. 지금 안 계십니다.

She is not available. 지금 통화하실 수 없습니다.

He's with a client at the moment. 지금 그는 고객을 만나고 있어요.

I'm sorry, but he's on another line. 죄송하지만 그는 지금 통화 중이세요.

I'm afraid there's no Mr. Johns here. 죄송하지만 존스라는 분은 여기 없어요.

❷ 통화 가능 시간 묻기

Do you know when he will be back? 그가 언제쯤 들어올까요?

When can I get in touch with him? 언제 그와 연락할 수 있을까요?

Is she coming back to the office tonight? 그녀가 오늘 저녁에 사무실로 돌아오나요?

❸ 해결책 제시

Why don't you just try calling back in an hour? 1시간 후에 다시 전화해 주시겠어요?

May[could] I take a message? 메시지를 남기시겠습니까?

Could I have someone call you? 누군가 전화하라고 할까요?

❹ 전화를 다시 걸겠다고 전함

Could you tell him I'll call back this evening? 오늘 저녁에 다시 전화하겠다고 그에게 전해 주시겠어요?

I'll get back to her later. 나중에 제가 그녀에게 다시 전화하겠습니다.

Please tell him I'll try again after the meeting. 회의 후에 다시 전화하겠다고 그에게 전해 주세요.

❺ 전화해 달라고 메시지 남김

Will you tell him to call me back? 그에게 전화해 달라고 전해 주시겠어요?

Would you ask her to call me as soon as she gets back?
그녀가 돌아오는 대로 제게 전화해 달라고 전해 주시겠어요?

Please have him return my call at 3456-7809. 그에게 3456-7809로 전화해 달라고 전해 주세요.

통화 상태가 좋지 않을 때

Can you speak up[louder]? 좀 더 큰 소리로 말해 주시겠어요?

The phone lines were crossed. 전화가 혼선되었습니다.

We seem to have a poor connection. 연결 상태가 좋지 않은 것 같습니다.

⇨ 해설집 P 26

Questions 1&2 대화의 응답으로 적절하지 않은 선택지를 고르세요.

1

W May I speak to Mr. Jack McCormick?
M ______________________

(a) This is he speaking.
(b) He just stepped out.
(c) I'd like to leave a message.
(d) Hold on. I'll put you through.

2

W Hi, I just got a message to call this number.
M Do you know who left the message?
W The note says Jake.
M ______________________

(a) Sorry, but he is in a meeting.
(b) Oh, we have two Jakes here.
(c) OK, don't hang up please.
(d) Yes, I'll call him later.

Question 대화를 읽고 질문에 알맞은 답을 고르세요.

3

W Thank you for calling NewStyle.com. How may I help you?
M Hi, I ordered a blue sweater, but a grey one arrived.
W Sorry. Do you have your order number?
M Yes. It's 3470.
W Was it sent out on the 18th?
M Yes. I got it on the 20th, but it was the wrong color.

Q Which is correct according to the conversation?
(a) The woman checked the order date.
(b) The woman bought something online.
(c) The man feels sorry about the mistake.
(d) The man is complaining about a late delivery.

⇨ 해설집 P 27

PART I Choose the most appropriate response to the statement.

1 (a) (b) (c) (d)

2 (a) (b) (c) (d)

3 (a) (b) (c) (d)

4 (a) (b) (c) (d)

5 (a) (b) (c) (d)

PART II Choose the most appropriate response to complete the conversation.

6 (a) (b) (c) (d)

7 (a) (b) (c) (d)

8 (a) (b) (c) (d)

9 (a) (b) (c) (d)

10 (a) (b) (c) (d)

PART III Choose the option that best answers the question.

11 (a) (b) (c) (d)

12 (a) (b) (c) (d)

13 (a) (b) (c) (d)

14 (a) (b) (c) (d)

15 (a) (b) (c) (d)

UNIT

06 은행 · 우체국 · 공항

환전/ 예금 인출/ 우편 발송/ 비행기 탑승/ 입출국

청해 유형 완전 정복

1 출제 경향

TEPS는 실제 생활에서 사용할 수 있는 영어 능력을 테스트하는 시험이므로 실생활에서 흔히 접하게 되는 은행 및 우체국, 공항 업무 등의 소재가 빈번하게 다뤄진다. 따라서 매회 2~3문제가 출제되는 꽤 높은 비중을 차지하고 있으며, Part 3에서도 꾸준히 한 문제 정도는 다뤄지고 있다. 은행 관련 내용으로는 환전, 계좌 개설, 예금 인출 상황이 자주 출제되고, 우체국에서는 우편물 발송 접수 상황이, 공항에서는 수하물 관련, 탑승 수속, 세관 신고 등이 주로 출제되고 있다.

2 대비법

대화의 분위기나 화자들의 의견보다는 사실이나 정보가 문제의 초점이 되는 편이다. 환전 시 환율이나 환전 수수료, 소포를 보낼 때 중량과 요금, 배송 시간, 비행기를 탈 때 수하물 신고 과정에서의 중량 제한, 탑승 시간, 탑승 장소 등의 세부 정보가 많이 제시되므로 주의해서 들어야 한다. 상황별로 자주 쓰이는 표현을 미리 숙지하여 대화를 들었을 때 어떤 상황인지 바로 파악할 수 있다면 자세한 내용까지 신경 쓸 여유가 생긴다. 세부 정보 문제는 숫자 표현도 많이 나오므로 평소 연습을 통해 대비하도록 하자.

3 대표 예제

▶ 잔돈 교환을 요청하는 상황

PART I Choose the most appropriate response to the statement.

M Could you change a 50-dollar bill?

W ____________________

(a) I haven't changed my mind.

✔(b) No problem. Here you go.

(c) Well, it's not enough.

(d) I didn't have one.

M 50달러를 잔돈으로 바꿔 줄 수 있어요?

W ____________________

(a) 저는 마음을 바꾸지 않았어요.

(b) 그럼요. 여기 있습니다. ⇦ 바꿔 주는 경우

(c) 글쎄요. 그건 충분하지 않아요.

(d) 저는 그걸 가지고 있지 않아요.

◆ **포인트** 단위가 큰 돈을 작은 단위로 바꿔 달라는 말에 가장 먼저 떠올릴 수 있는 상황은 (b)처럼 잔돈을 바꿔 건네는 경우이다. 이 외에도 바꿔 줄 수 없는 상황에서 그 이유를 설명하고 다른 방법을 제시하거나, 잔돈이 필요한 이유를 묻는 등 다양한 응답이 가능하다.

◆ **Other Responses**

· Sorry, we do not carry change over $20. 죄송하지만 20달러 이상의 거스름돈은 없는데요. ⇦ 바꿔 줄 수 없는 이유 제시

· I can't, but maybe you could ask the cashier. 저는 없지만 계산원에게 한 번 물어보세요. ⇦ 거절하며 다른 대안 제시

· No, but there's a change machine by the door. 아뇨, 하지만 문 옆에 잔돈교환기가 있어요. ⇦ 거절하며 다른 대안 제시

▶ 우체국에서 소포 발송 상황

PART II Choose the most appropriate response to complete the conversation.

M I'd like to send this package to France.
W Put it up on the scale, please.
M Also, I need to get it there as fast as possible.
W ______________________

(a) Show me your receipt, please.
(b) You should have sent it yesterday.
(c) It arrived within 3 business days.
✔(d) If that's the case, it'll cost you $34.68.

M 이 소포를 프랑스로 보내고 싶어요.
W 소포를 저울에 올려 주세요.
M 그리고 가능한 한 빨리 보내야 해요.
W ______________________

(a) 영수증을 보여 주세요.
(b) 어제 보냈어야 했어요.
(c) 영업일 기준으로 3일 내에 도착했어요.
(d) 그렇다면 요금은 34달러 68센트입니다.

◆ **포인트** 우체국이 배경일 때는 흔히 소포나 편지 등 우편물을 접수하는 상황이 나온다. 손님과 직원이 배송 방법이나 비용, 시간 등에 대해 대화를 주고받는데, 대화와 같이 손님이 최대한 빨리 보내 달라고 요청했을 때 점원이 그에 대한 내용을 재확인하거나, 요금 등의 추가 정보를 알려 주는 것을 예상할 수 있다.

◆ **Other Responses**

· OK, you have two options, then. 네, 그러시다면 두 가지 방법이 있습니다. ⇐ 추가 정보 제공
· The fastest it can get to Europe is two days. 유럽으로 보내는 가장 빠른 우편은 이틀 걸립니다. ⇐ 추가 정보 제공
· Priority mail is faster but more expensive. 빠른 우편이 더 빠르지만 더 비쌉니다. ⇐ 추가 정보 제공

▶ 은행 업무 상황

PART III Choose the option that best answers the question.

W How much do you charge for a currency exchange?
M We charge 1% of the transaction amount.
W No matter how much I'm exchanging?
M Exactly. The bank takes a percentage based on the total amount.
W Okay. Can I get $2,000 changed into Korean won?
M Of course. Give me just one minute.

Q What is the woman mainly doing?
✔(a) Going over the costs of a service.
(b) Getting a refund for a prior transaction.
(c) Exchanging some money over the Internet.
(d) Seeking some advice on a financial product.

W 환전 수수료가 얼마인가요?
M 환전 금액의 1%입니다.
W 얼마를 환전하는지는 상관없나요?
M 네. 은행에서는 전체 금액을 기준으로 비율을 적용합니다.
W 알겠습니다. 2천 달러를 한국 원화로 바꿀 수 있을까요?
M 물론이죠. 1분만 기다려 주세요.

Q 여자가 주로 하고 있는 것은?
(a) 서비스 비용 검토하기.
(b) 이전 거래에 대한 환불받기.
(c) 인터넷으로 환전하기.
(d) 금융 상품에 대한 조언 구하기.

◆ **포인트** 은행에서 흔히 발생하는 환전 업무, 계좌 개설, 송금 등의 업무 상황을 토대로 대화의 목적이나 주제를 묻거나, 제시된 사실을 바탕으로 세부 사항이나 추론 내용을 묻는 문제가 출제된다. 은행을 배경으로 하는 만큼 금액이나 비율과 같은 숫자 정보를 제시할 수 있으므로 특히 주의해서 들어야 한다.

currency exchange 환전 수수료 **transaction** 거래, 매매 **based on** ~를 기준으로 **go over** ~를 검토하다 **refund** 환불하다 **seek** 찾다, 구하다

은행이나 우체국에서 업무를 볼 때

❶ 고객이 용무를 밝힘

I'd like to open a savings account. 저축 예금 계좌를 개설하고 싶어요.

I want to draw 10 dollars out from my account please. 제 계좌에서 10달러를 찾고 싶습니다.

Can you tell me the cost of sending this package to Oklahoma?
이 소포를 오클라호마로 부치는 비용이 어떻게 되나요?

❷ 직원이 서비스 제공에 필요한 사항을 확인

Certainly, could I see some ID, please? 물론이죠. 신분증을 보여 주시겠어요?

Do you want to send it express or regular mail? 특급입니까, 아니면 일반입니까?

Would you like insurance? (소포 접수 시) 보험에 들어드릴까요?

❸ 고객의 대응과 질문

Sure, I have my driver's license. 네, 여기 제 운전면허증이 있습니다.

Could you check how much it would cost for express? 특급으로 보내는 비용을 확인해 주시겠어요?

No, it's not really worth anything. I don't need insurance.
아뇨, 값나가는 물건이 아닙니다. 보험은 필요 없어요.

❹ 고객이 서비스에 관해 질문

What's the fastest way to ship packages abroad? 소포를 해외로 보내는 가장 빠른 방법은 무엇입니까?

Can this package be delivered by the weekend? 이 소포가 주말까지 배송될 수 있나요?

Is there a less expensive way to send it? 좀 더 저렴하게 보내는 방법이 있을까요?

❺ 고객의 질문에 응답 및 추가 정보 제공

If your package does not arrive on time, you'll get your money back.
소포가 제시간에 도착하지 않으면 환불해 드립니다.

Express mail guarantees next-day delivery. 특급 우편으로 보내시면 익일 배송이 보장됩니다.

It will arrive within 7 business days by regular mail. 일반 우편은 영업일을 기준으로 7일 이내에 도착합니다.

공항에서 출입국 수속할 때

❶ 짐을 부치거나 찾기

What should I do with my checked baggage? 제가 부친 짐은 어떻게 해야 하나요?

Where do I pick up my baggage from KX flight 079? KX 079항공편에 보낸 제 짐은 어디서 찾나요?

My suitcase didn't come out. 제 가방이 나오지 않았습니다.

❷ 짐을 찾을 수 있도록 안내

May I see your baggage claim ticket? 수하물표를 보여 주시겠어요?

Your bag was left behind in Beijing. 고객님의 가방은 북경에 남겨졌습니다.

We'll have your bag delivered there in the afternoon. 가방을 오후에 그곳으로 보내 드리겠습니다.

❸ 입국 심사

Your passport and disembarkation card, please. 여권과 입국 신고서를 보여 주세요.

What's the purpose of your visit? 방문 목적이 무엇입니까?

I have 50 dollars in cash and 300 dollars in traveler's checks.
현금 50달러와 여행자수표 300달러가 있습니다.

❹ 통관

You need to fill out the arrival card. 입국 신고서를 작성해야 합니다.

Do you have anything to declare? 신고할 것이 있습니까?

Show me your customs declaration form, please. 세관 신고서를 보여 주세요.

I have nothing to declare. 신고할 것이 없습니다.

They are all my personal effects. 모두 제 개인용품입니다.

환전할 때

❶ 환전 요청

Where can I exchange my money? 어디서 환전을 할 수 있나요?

I'd like to change the U.S. dollars into pounds, please. 미국 달러를 파운드로 바꿔 주세요.

Could you cash this traveler's check? 이 여행자수표를 현금으로 바꿔 주시겠어요?

❷ 환율 문의

What's a dollar worth in won? 1달러가 원화로 어떻게 되죠?

Can you tell me the exchange rate today? 오늘 환율은 얼마인가요?

What is the won's exchange rate to the U.S. dollar? 미 달러 대비 원화 환율은 얼마입니까?

해설집 P 32

Questions 1&2 대화의 응답으로 적절하지 않은 선택지를 고르세요.

1

M What time do I have to board the plane?
W ____________________

(a) It's been delayed by 40 minutes.
(b) Please check your boarding pass.
(c) The boarding process won't begin until 9:55.
(d) Boarding passes are available at the booth.

2

M What's the exchange rate at for the euro today?
W From what currency?
M Oh, sorry. I've got Canadian dollars.
W ____________________

(a) In that case, you have to go to the counter over there.
(b) Well, we only accept pounds and American dollars.
(c) Sorry, we don't change foreign currency.
(d) One euro is $1.31 Canadian today.

Question 대화를 읽고 질문에 알맞은 답을 고르세요.

3

M When is the flight boarding?
W Actually, the plane's engine is still being fixed right now.
M Oh no. I have a connecting flight in Dallas.
W It's going to be at least 30 minutes before boarding starts.
M Then I might have to start making other arrangements.
W I can help you do that.

Q Which is correct according to the conversation?
(a) The man has to change planes.
(b) The woman is a passenger.
(c) The man missed his flight.
(d) The woman is a pilot.

TEPS Listening Practices

➾ 해설집 P 33

PART I Choose the most appropriate response to the statement.

1 (a) (b) (c) (d)

2 (a) (b) (c) (d)

3 (a) (b) (c) (d)

4 (a) (b) (c) (d)

5 (a) (b) (c) (d)

PART II Choose the most appropriate response to complete the conversation.

6 (a) (b) (c) (d)

7 (a) (b) (c) (d)

8 (a) (b) (c) (d)

9 (a) (b) (c) (d)

10 (a) (b) (c) (d)

PART III Choose the option that best answers the question.

11 (a) (b) (c) (d)

12 (a) (b) (c) (d)

13 (a) (b) (c) (d)

14 (a) (b) (c) (d)

15 (a) (b) (c) (d)

UNIT **07** # 교통 · 여행

자동차 · 도로 상황/ 비행기/ 길 안내/ 여행

청해 유형 완전 정복

1 출제 경향

교통 및 길을 묻는 상황과 여행 관련 문제는 Part 1 & 2에서 1~2문제, Part 3에서 1~2문제 정도 출제되고 있다. Part 1 & 2는 주로 여행 준비 단계에서 짐 싸기, 항공권이나 호텔 예약, 호텔 체크인 · 체크아웃 등 기본적인 표현과 함께 적절한 대응을 묻고, Part 3에서는 여행사 직원과의 일정 조정, 룸 서비스나 모닝콜 요청, 여행을 다녀온 후 여행지에 대한 평가 등 다소 많은 정보를 함축한 대화 내용이 제시된다. 교통 관련 문제도 비슷한 패턴으로 교통 사고나 교통 체증 등으로 시간에 늦은 사람이 변명을 하거나 불평을 하는 대화, 목적지에 가는 교통 수단을 제시하면서 장단점을 비교하고 선택하는 내용, 또는 대중 교통 수단에 대해 운행 일정이나 이용 방법 등을 묻고 알려 주는 상황이 고르게 출제되고 있다.

2 대비법

주제와 관련된 전형적인 상황들을 이해하고, 각 상황별 빈출 표현을 충분히 숙지해야 한다. 더불어 기출 문제를 비롯한 다양한 문제를 통해 응용력을 기르는 것이 필요하다. 예를 들어, 여행과 관련해서는 여행 준비 단계에서부터 여행이 끝나고 난 후 감상이나 의견을 나누는 대화까지 고루 다뤄지드로 그 흐름에 따른 기본 패턴과 표현을 숙지해야 한다. 교통 분야라면 교통체증, 사고, 고장, 대중교통 이용 등의 주제별로 나누어 접근해 보자.

3 대표 예제

▶ 티켓 구매 상황

PART I Choose the most appropriate response to the statement.

M One ticket to London, please.	M 런던행 한 장 주세요.
W ______________________	W ______________________
(a) You'd better drive there.	(a) 운전해서 가시는 게 좋을 거예요.
(b) Let's go with the 2:30.	(b) 2시 30분편으로 할게요.
(c) Sorry, it's not for sale.	(c) 죄송하지만 판매용이 아닙니다.
✔ (d) Yes, it's 60 pounds.	(d) 네, 60파운드입니다. ⇐ 표를 판매

◆ **포인트** 교통이나 여행 관련 대화에서는 차량 티켓 구매 상황이 자주 출제된다. 손님이 원하는 티켓을 말하면 직원이 그 티켓을 주면서 가격을 말하는 응답뿐만 아니라 구매에 필요한 내용을 확인하는 경우 또는 표를 판매할 수 없는 상황을 설명하는 경우도 답이 될 수 있다.

◆ **Other Responses**

· Single or return, sir? 편도입니까, 왕복입니까? ⇐ 세부 내용을 확인
· The tickets are all sold out. 표가 모두 매진입니다. ⇐ 판매할 수 없는 이유 설명
· There are several departures, sir. 출발 시간이 다양합니다. ⇐ 추가 정보 제공

▶ 길 안내 상황

PART II Choose the most appropriate response to complete the conversation.

M Do you know where the closest post office is?
W Yeah, there's one on John St.
M John and what?
W ______________________

✔(a) It's just John Street.
(b) You're sure to find it.
(c) Just keep going straight.
(d) There is no post office near here.

M 가장 가까운 우체국이 어딘지 아세요?
W 네, 존 가에 하나 있어요.
M 존 뭐라고요?
W ______________________

(a) 존 가요.
(b) 반드시 찾으실 거예요.
(c) 계속 직진하세요.
(d) 이 근처에는 우체국이 없어요.

◆ **포인트** 남자가 길을 묻는 상황에서 익숙하지 않은 길 이름을 듣지 못해 되묻고 있다. 응답으로는 대답한 말을 반복해 주거나 잘 알아듣도록 추가 정보를 주는 경우가 있을 수 있다.

◆ **Other Responses**
· At the corner of Kipling Ave. 키플링 가 모퉁이에 있는 거요. ⇦ 추가 정보 제공
· The exact address is 145 John St. 정확한 주소는 존 가 145번지예요. ⇦ 세부 정보 제공
· John and King St., I think. 존 가와 킹 가의 교차로인 것 같아요. ⇦ 추가 정보 제공

▶ 여행 후 소감을 나누는 상황

PART III Choose the option that best answers the question.

M What did you do last summer, Yuki?
W I went backpacking around Europe.
M How was it?
W Amazing! I spent two months in eight different countries.
M I'm so jealous!
W It was quite the experience. I'd love to do it again.

Q Which is correct about the woman in the conversation?
(a) She works with the man at the same company.
✔(b) She spent two months in Europe last summer.
(c) She has never been backpacking in Europe.
(d) She is not very close with the man.

M 유키, 지난 여름에 뭐 했어?
W 유럽으로 배낭 여행을 갔어.
M 어땠어?
W 근사했어! 2개월 동안 8개국을 여행했어.
M 정말 부러운걸!
W 굉장한 경험이었어. 다시 한번 해보고 싶어.

Q 여자에 대해 옳은 것은?
(a) 남자와 같은 회사에서 일한다.
(b) 지난 여름 유럽에서 2개월을 보냈다.
(c) 유럽 배낭 여행을 한 적이 없다.
(d) 남자와 별로 가깝지 않다.

◆ **포인트** 여행을 다녀온 사람이 친구에게 여행담을 이야기해 주면서 문답을 나누거나 여행을 가기 전에 서로 정보를 나누는 대화가 제시된다. 어떤 곳에 여행을 갔는지, 여행 간 곳이 마음에 들었는지 등 세부 내용에 주의하여 알맞은 응답을 고른다.

go backpacking 배낭 여행가다

교통편이나 호텔을 예약할 때

❶ 고객이 예약 또는 구매하려는 내용을 알림

I'm going to Denver for a seminar and need to book a flight.
덴버에 세미나를 가는데 항공편을 예약해야 해요.

I would like to make a room reservation for this Saturday, please.
이번 토요일로 객실 예약을 하려 합니다.

I'd like to buy a train ticket to Milan. 밀라노행 기차표를 사고 싶어요.

❷ 직원이 추가 정보를 확인

Will that be one way or round trip? 편도입니까, 왕복입니까?

Do you want to sort by price or fewest transfers? 가격별로 보시겠어요, 환승이 적은 것으로 보시겠어요?

How long are you going to stay? 얼마나 머무실 건가요?

When do you wish to travel? 언제 여행하고 싶으세요?

On what day do you want to leave? 며칠에 출발하고 싶으세요?

❸ 고객의 대응

Round trip, please. 왕복으로 주세요.

I'm in a hurry, so nonstop would be best. 제가 급해서요, 직항이 좋겠어요.

I'll stay for two nights. 이틀 밤을 묵을 거예요.

Let's go with the 9:30. 9시 30분편으로 하죠.

❹ 고객이 추가 질문을 함

Can I check out around 3? 3시 정도에 체크아웃해도 될까요?

Are there any that arrive in Washington before noon? 정오 전에 워싱턴에 도착하는 편이 있나요?

Do you have any window seats left? 창가 좌석이 남은 게 있나요?

Isn't there anything cheaper? 좀 더 싼 것은 없나요?

❺ 직원의 안내

In that case, there will be a late fee of $15. 그 경우에는 연체료가 15달러 있습니다.

Sorry, sir. We only have single rooms available. 죄송합니다만 1인실밖에 없습니다.

I'm afraid they're all taken on this flight. 죄송하지만 이 항공편은 예약이 모두 찼습니다.

If you're willing to make a stopover in Bangkok, there's a flight for $655.
방콕을 경유하는 게 괜찮으면 655달러짜리 티켓이 있습니다.

길을 물을 때

❶ 목적지로 가는 길 문의

Will you show me the way to the city hall? 시청으로 가는 길을 알려 주시겠어요?

Do you know where the opera house is? 오페라하우스가 어디에 있는지 아세요?

Excuse me, but is there a bookstore near here? 실례지만 근처에 서점이 있나요?

❷ 추가 질문

Does this road go to the bus terminal? 이 길이 버스 터미널로 가나요?

Am I on the right road for Mall Street? 제가 몰 가로 가고 있는 게 맞나요?

Is it a long drive? 차로 오래 가야 하나요?

길을 가르쳐 줄 때

❶ 방향을 안내하기

Go south for two blocks. 남쪽으로 두 블록을 가세요.

Carry on past the second corner. 두 번째 모퉁이를 지나 계속 가세요.

You'll come to a big intersection. 큰 교차로가 나올 거예요.

❷ 찾는 곳을 알려 주기

When you get off at the Central Station, head for the nearest exit.
중앙역에서 내리면 가장 가까운 출구로 나가세요.

It's across the street from the Star Hotel. 스타 호텔 건너편에 있습니다.

The building is in front of the tax office. 그 건물은 세무서 앞에 있습니다.

❸ 세부 정보 주기

It's five minutes' walk from the subway station. 지하철 역에서 5분 거리에 있습니다.

The building is within walking distance. 그 건물은 걸어갈 수 있는 거리에 있습니다.

❹ 감사 및 마무리

Thank you very much for your kindness. 친절에 감사드립니다.

You can't miss it. 쉽게 찾으실 수 있을 거예요.

⇨ 해설집 P 38

Questions 1&2 대화의 응답으로 적절하지 않은 선택지를 고르세요.

1

M Are you going to stay in Canada for a while?
W ____________________

(a) I'm not quite sure yet.
(b) I lived there two years ago.
(c) It depends on the situation.
(d) Probably for two or three weeks.

2

W Do you like driving this car?
M I love it. It handles really well.
W How long have you had it?
M ____________________

(a) Actually, it's not mine.
(b) I've just bought it.
(c) Three weeks now.
(d) It takes one hour.

Question 대화를 읽고 질문에 알맞은 답을 고르세요.

3

W Where exactly do you need to go?
M I need to get to 245 Bay Street.
W Well, the quickest way to get there is by subway.
M I'd rather take a taxi there. It's too hot to get on the subway today.
W Then cross the street and hail a taxi from there.
M Got it. Thanks for all your help.

Q What does the woman suggest the man do?
(a) Hitchhike to the next stop.
(b) Ask someone else for help.
(c) Turn on the air conditioner.
(d) Take public transportation.

⇨ 해설집 P 39

PART I Choose the most appropriate response to the statement.

1 (a) (b) (c) (d)

2 (a) (b) (c) (d)

3 (a) (b) (c) (d)

4 (a) (b) (c) (d)

5 (a) (b) (c) (d)

PART II Choose the most appropriate response to complete the conversation.

6 (a) (b) (c) (d)

7 (a) (b) (c) (d)

8 (a) (b) (c) (d)

9 (a) (b) (c) (d)

10 (a) (b) (c) (d)

PART III Choose the option that best answers the question.

11 (a) (b) (c) (d)

12 (a) (b) (c) (d)

13 (a) (b) (c) (d)

14 (a) (b) (c) (d)

15 (a) (b) (c) (d)

UNIT 08 회사 · 비즈니스

회사 생활/ 구직/ 회의/ 이벤트

청해 유형 완전 정복

1 출제 경향

회사와 비즈니스 관련 토픽은 전체 Part를 통틀어 매회마다 2~3문제가 출제되고 있으므로 비중이 크다고 할 수 있다. 크게 구직 및 이직, 업무, 회의 및 이벤트 등으로 나누어지는데, 구체적으로 보면 구직 활동을 위한 정보를 교환하는 상황, 면접을 앞두고 불안해 하는 사람을 격려하는 상황, 면접 후 결과를 묻는 상황, 이직 및 부서 이동 등이 다루어진다. Part 1 & 2에서는 직장을 배경으로 한 불평이나 승진 축하 등의 상황이 종종 제시되고, 동료 직원이나 상사와의 갈등, 업무 지시와 마감 일정, 행사 준비 등은 Part 3에서 주로 다루어진다. 회의 및 이벤트의 경우, 행사 절차와 관련된 일정 조정, 장소 확인, 참가 여부, 회의 자료 준비 등이 자주 대화의 소재가 된다.

2 대비법

직장은 일상 생활에서 큰 부분을 차지하는 곳으로, 불평이나 축하 등의 상황이 많이 등장한다. Part 1 & 2에서는 어떤 상황인지 빨리 파악하여 적절한 대응을 고르는 순발력이 필요하다. 상황별 기본적인 표현에 더해 회사 조직내 부서명이라든지 직위, 비즈니스 용어 등도 익혀 둘 필요가 있다. 또한 회사명 등의 고유명사에 집중하기보다는 끝까지 전체 내용의 흐름을 놓치지 말아야 한다.

3 대표 예제

▶ 지시한 업무 내용을 확인하는 상황

PART I Choose the most appropriate response to the statement.

M Haven't you reviewed the report I emailed you yet?
M 제가 이메일로 보낸 보고서를 아직 검토하지 않았나요?

W ____________

W ____________

(a) I need it by tomorrow morning.	(a) 내일 아침까지 필요합니다.	⇐ 업무 지시
(b) I really liked your presentation.	(b) 발표가 정말 마음에 들었어요.	⇐ 회의 후 평가
(c) I would appreciate your help.	(c) 도와주시면 감사하겠습니다.	⇐ 도움 요청
✔(d) Yes, I put it on your desk.	(d) 했습니다. 책상 위에 놓았어요.	⇐ 업무를 수행한 경우

◆ **포인트** 상사가 지시한 업무를 수행했는지 확인하거나 수행하지 않은 것에 대해 질책하는 상황이 흔히 출제되고 있다. 이에 대해 일을 수행한 경우와 수행하지 못하여 사과를 하거나 변명을 하는 경우 등의 응답 유형을 예상할 수 있다.

◆ **Other Responses**

· I'm working on it right now. 지금 작업 중입니다. ⇐ 수행 중인 경우
· Sorry, I didn't know you sent one. 죄송합니다. 보내셨는지 몰랐어요. ⇐ 수행하지 않고 변명
· But I've been swamped with other tasks. 하지만 다른 일로 정신없이 바빴습니다. ⇐ 수행하지 않고 변명

▶ 업무상 내용을 확인하는 상황

PART II Choose the most appropriate response to complete the conversation.

M Who's taking the minutes for this meeting?
W Cheryl volunteered to do so.
M Didn't she take the minutes last time?
W ______________________

(a) It took a few minutes to finish.
(b) I don't know exactly who will do it.
(c) Cheryl newly joined the department.
✔(d) Yes, she did but she wants to do it again.

M 이번 미팅은 누가 회의록을 쓰죠?
W 셰릴이 하겠다고 자원했어요.
M 지난번에도 그녀가 회의록을 쓰지 않았나요?
W ______________________

(a) 그걸 끝내는 데 몇 분 걸렸어요.
(b) 누가 할지 정확히 몰라요.
(c) 셰릴은 그 부서에 새로 들어갔어요.
(d) 네, 그녀가 했었는데 또 하고 싶다고 해요.

◆ **포인트** 업무상 세부 정보를 확인하는 문제인데 셰릴이 지난번에 회의록을 기록했는지 확인하므로 일단 긍정이나 부정의 대답을 예상할 수 있고, 여기에서 확장하여 확실히 모르는 경우의 대응도 생각해 볼 수 있다.

◆ **Other Responses**

· I did it myself. 제가 했어요. ⇦ 수정 정보를 제공함.
· No, it was Rita. 아뇨, 리타였어요. ⇦ 수정 정보를 제공함.
· Let me find out for you. 제가 알아볼게요. ⇦ 확실하지 않은 경우

▶ 구직 정보를 주고받는 상황

PART III Choose the option that best answers the question.

M Have you been on to that site bigjobs.com?
W No. Is it any good?
M Good is an understatement. There's a job on there for everyone.
W Really? Maybe I should take a look on there for a new job.
M I'm telling you, they have so many job postings.
W Great. Thanks for the suggestion.

Q What are the speakers mainly talking about?
(a) A new job opening.
(b) Someone who was recently fired.
✔(c) A website for finding employment.
(d) The difficult employment situation.

M bigjobs.com 사이트에 가봤어요?
W 아뇨, 괜찮나요?
M 괜찮다 정도로는 부족해요. 모든 사람을 위한 일자리가 있어요.
W 정말요? 거기서 새 일자리를 찾아봐야겠네요.
M 정말이에요. 채용 공고가 많이 올라와 있어요.
W 잘됐네요. 알려 줘서 고마워요.

Q 화자들이 주로 이야기하는 것은?
(a) 새 일자리.
(b) 최근 해고당한 사람.
(c) 채용 정보 웹사이트.
(d) 어려운 취업 상황.

◆ **포인트** 취업 관련 토픽에서는 흔히 구직 상황에서 서로 우려와 위로를 나누거나 조언과 정보를 주고받는 내용이 등장한다. 먼저 화자가 정확히 어떤 상황에 있는지 파악하고 필요한 정보를 확인한다면 중심 소재나 주제를 묻는 질문에 적절한 응답을 찾을 수 있다.

understatement 삼가는 표현 **posting** 공고 **employment** 취업, 고용

일상 업무 진행

❶ 업무 지시 · 수행 확인

Will you have that report finished by the end of the day? 오늘까지 보고서를 마칠 건가요?

Have you finished mailing out the invitations? 초대장 발송을 완료했나요?

Could you edit this report for me? 이 보고서를 정리해 주겠어요?

❷ 세부 내용 확인 · 재촉

When do you expect you'll be done? 언제 끝날 것 같아요?

When will all the employees submit their data? 언제 모든 직원들이 데이터를 제출할 건가요?

Is there any way to get them sooner? 더 빨리 받을 수 있는 방법은 없을까요?

Please hurry. It must be at the printer's office by noon. 서둘러 주세요. 정오까지 인쇄소에 보내야 해요.

I need to have it on my desk first thing in the morning. 아침에 제일 먼저 제 책상에 준비돼 있어야 해요.

❸ 마감일 연장 요청

When are the reports due? I think I need more time.
보고서를 언제까지 끝내야 하나요? 시간이 더 필요할 것 같아서요.

I still have a few things to add. 아직 몇 가지 덧붙일 것들이 있어요.

It looks like I'll need another couple of hours. 한두 시간은 더 필요할 것 같아요.

❹ 협상 또는 대안 제시

I'm sorry, but I'm loaded with work already. 죄송하지만 이미 일이 과중해요.

I'm working as fast as I can. 최대한 빨리 작업할게요.

I'll stay late tonight to get it done. 그것을 끝내기 위해 오늘 밤 늦게까지 할 거예요.

I think they really need a few more employees to help us keep up.
우리 업무가 뒤처지지 않도록 도울 수 있는 직원 몇 명이 더 필요한 것 같아요.

We could really use two more assistants. 보조 두 명이 정말 필요합니다.

회의 관련 표현

❶ 회의 준비

We have to reserve a meeting room. 회의실을 예약해야 합니다.

Did you get the email about next week's meeting? 다음 주 회의에 대한 이메일을 받았나요?

I'd like to put you in charge of reviewing the minutes from last meeting for us. 지난번 회의부터 회의록 검토를 맡아 주었으면 해요.

❷ 회의 후 결과 공유

Why couldn't you come to the meeting? 왜 회의에 오지 않았어요?

We just discussed changes to the company's security system. 우리는 회사의 보안 시스템 변경에 대해 의논했어요.

❸ 업무 스트레스와 대응

I work overtime at least twice a week. 저는 적어도 일주일에 두 번 야근을 해요.

Deadlines give me a lot of stress. 마감 기한은 엄청난 스트레스예요.

The paperwork is a real hassle. 서류 작업은 정말 골칫거리예요.

The workload has almost doubled. 업무량이 거의 두 배로 늘었어요.

It is a good idea to set priorities. 우선 순위를 정하는 것이 좋아요.

You can change how you allocate your time. 시간 배분하는 것을 바꿔 보세요.

기타 복지

❶ 연봉, 성과금

I recently got a pay raise. 최근에 급여가 인상됐어요.

She works for peanuts. 그녀는 아주 적은 액수를 받고 일하고 있어요.

What's the average starting salary for an architect? 건축가의 평균 초봉은 얼마인가요?

❷ 휴가 · 결근 및 조퇴

Would you fill in for me? 저 대신 업무 좀 맡아 주시겠어요?

He called in sick. 그가 아파서 결근한다고 전화 왔어요.

I'm currently on maternity leave. 저는 현재 출산 휴가 중입니다.

❸ 인사 이동 · 발령

She was promoted to a managerial position. 그녀는 관리직으로 승진했어요.

John will be transferred to the branch office next month. 존은 다음 달에 지점으로 발령날 거예요.

Karl has been working in sales for a year. 칼은 1년간 영업부에서 일했어요.

Questions 1&2 대화의 응답으로 적절하지 않은 선택지를 고르세요.

1

M Did you hear Dr. Perez's keynote speech at the conference?
W ______________________

(a) Yes, it was quite interesting, I think.
(b) No, but I heard it was controversial.
(c) I'd love to, but I won't be able to.
(d) Unfortunately, I missed it.

2

W I can't find a job for the life of me!
M How long have you been looking?
W For about two weeks.
M ______________________

(a) You have to give it more time than that.
(b) Maybe you should try different methods.
(c) I'm starting to lose confidence in myself.
(d) Finding a decent job is not easy.

Question 대화를 읽고 질문에 알맞은 답을 고르세요.

3

W When do you need this report?
M Before the end of today.
W But I'm already tied up with something else.
M I know, but I have to summarize it at tomorrow's meeting.
W Oh. Can you give me until 7 pm to do it, then?
M Sure. Thanks a lot.

Q Which is correct according to the conversation?
(a) The man has a meeting tomorrow.
(b) The man and woman are not on good terms.
(c) The man and woman work in different departments.
(d) The woman will give a presentation tomorrow.

TEPS Listening **Practices**

⇨ 해설집 P 45

PART I Choose the most appropriate response to the statement.

1 (a) (b) (c) (d)

2 (a) (b) (c) (d)

3 (a) (b) (c) (d)

4 (a) (b) (c) (d)

5 (a) (b) (c) (d)

PART II Choose the most appropriate response to complete the conversation.

6 (a) (b) (c) (d)

7 (a) (b) (c) (d)

8 (a) (b) (c) (d)

9 (a) (b) (c) (d)

10 (a) (b) (c) (d)

PART III Choose the option that best answers the question.

11 (a) (b) (c) (d)

12 (a) (b) (c) (d)

13 (a) (b) (c) (d)

14 (a) (b) (c) (d)

15 (a) (b) (c) (d)

09 학교 · 교육

청해 유형 완전 정복

1 출제 경향

학교나 교육 관련 문제는 많은 수험생들의 생활의 중심이 되는 부분이기도 하면서 출제 비중도 높은 편이다. 수강 신청, 수업 관련 내용은 자주 다루어지는데, 과제물이나 논문 관련 내용과 성적, 장학금에 대한 내용에서 각각 1~2문제 출제된다. 학교 생활에서는 학기 초에 상급 학교 진학을 축하, 수강 과목을 신청하거나 추가 및 취소, 특정 교수에 대한 수업 평가 등에 대한 내용이 나온다. 과제 부분에서는 과제물에 대해 걱정하거나 정보를 교환하는 상황, 도서관 이용법을 묻고 안내를 받는 상황, 페이퍼 주제에 대한 이야기 등이 자주 출제된다. 또한 시험 · 성적에 관련된 주제로는 중간고사나 기말고사에 대해 우려하거나 시험 결과를 묻고 대답하기, 장학금을 받게 되어 축하하는 상황 등이 등장한다. 그밖에 학교에서 받게 되는 징계에 관한 내용과 입학식, 졸업식에 관한 내용도 출제되고 있다.

2 대비법

학교에서 자주 일어날 수 있는 일들을 배경으로 축하, 위로, 또는 제안하는 상황이 많으므로 관련 표현을 숙지하여 어떤 상황인지 파악할 수 있도록 대비한다. 학교 생활은 크게 수강 신청, 과제나 보고서, 시험이나 성적, 징계 관련 등으로 구분하여 각 상황별 어휘와 기본 표현을 익혀 두면 효과적으로 문제를 공략할 수 있다. 더불어 도서관이나 기숙사 등 학교 시설 이용과 관련된 표현들도 알아 둔다.

3 대표 예제

▶ 장학금 수상을 축하하는 상황

PART I Choose the most appropriate response to the statement.

M I finally got a scholarship!	M 마침내 장학금을 받았어요!	
W ______________	W ______________	
✔ (a) I am happy for you.	(a) 정말 잘됐네요.	⇦ 전형적인 축하 표현
(b) The exam's finally over.	(b) 시험이 마침내 끝났어요.	⇦ 소식을 알림
(c) I'll have to pass this time.	(c) 이번에는 지나가야 할 것 같아요.	⇦ 제안을 사양하는 표현
(d) That could happen to anyone.	(d) 누구에게나 일어날 수 있는 일이에요.	⇦ 위로의 표현

◆ **포인트** 장학금을 받거나 상급 학교에 진학이 결정되어 축하하는 상황은 자주 출제되는 내용이다. 오답 유형으로는 축하의 의도와 어울리지 않는 응답들이 주로 제시된다.

◆ **Other Responses**

· I think you deserve it! 당신은 충분히 받을 만하다고 생각해요! ⇦ 전형적인 축하 표현
· You've earned it, my friend. 노력의 댓가야, 친구. ⇦ 전형적인 축하 표현
· I'm envious of you. 부러워요. ⇦ 축하의 다른 표현

▶ 과제물 주제에 대해 묻는 상황

PART II Choose the most appropriate response to complete the conversation.

M Have you decided what you're going to do your history paper on?

W Yeah. I'm going to write on the American Civil War.

M Why that subject?

W ______________________

✔(a) I've wanted to learn more about it.

(b) I haven't chosen my topic yet.

(c) That is subject to change.

(d) The paper is past due.

M 무엇에 대해 역사 보고서를 쓸 건지 결정했니?

W 응, 미국 남북전쟁에 대해 쓰려고.

M 왜 그 주제야?

W ______________________

(a) 그것에 대해 더 알아보고 싶었거든.

(b) 아직 주제를 정하지 못했어.

(c) 주제는 바뀔 수 있어.

(d) 보고서 제출 기한이 지났어.

◆ **포인트** 보고서를 쓰면서 특정 주제를 선택한 이유를 묻고 있다. 상황에 따라 다양한 이유가 대답으로 나올 수 있으므로 가능한 상황을 예상해 보고 패턴을 숙지해야 한다.

◆ **Other Responses**

· I read a lot about it last summer. 지난 여름에 그것에 관해 많이 읽었거든. ⇐ 간접적 이유 제시

· Mr. Samuelson chose the subject for me. 새뮤얼슨 씨가 그 주제를 골라 줬어. ⇐ 이유 제시

· War stories always fascinate me. 전쟁 이야기는 항상 나를 매료시켜. ⇐ 간접적 이유 제시

▶ 시험 성적에 대해 고민하는 상황

PART III Choose the option that best answers the question.

W What's the matter, Barrie?

M I am so embarrassed to say this, but I won't be graduating this June.

W What are you talking about?

M I'm three credits short of the required 120 credits.

W How did that happen?

M I ended up failing a political science class this past spring semester.

Q Which is correct according to the conversation?

(a) Graduation is in the spring.

✔(b) The man took a politics course.

(c) The woman is a liberal arts major.

(d) The man and woman do not have enough credits.

W 배리, 왜 그래?

M 이런 말 하기 정말 창피하지만 이번 6월에 졸업 못할 것 같아.

W 무슨 말이야?

M 필수로 이수해야 하는 120학점에서 3학점이 부족해.

W 어쩌다 그렇게 된 거야?

M 이번 봄 학기 정치학 과목에 낙제하고 말았어.

Q 대화에 따르면 옳은 것은?

(a) 졸업식은 봄에 있다.

(b) 남자는 정치학 과목을 들었다.

(c) 여자는 교양학부 전공이다.

(d) 남자와 여자는 이수 학점이 충분하지 않다.

◆ **포인트** 학교 생활의 입학, 시험, 졸업 등의 행사에 대한 내용이 제시되고, 주제를 묻거나 세부 사항의 진위를 묻는 문제가 자주 출제된다. 학점과 과목에 대해 세부 정보를 묻는 질문이 나올 수 있으므로 대화 내용과 선택지를 비교할 수 있어야 한다.

embarrassed 당황스러운 **credit** 학점 **short of** ~이 부족한 **political science** 정치학 **liberal arts** 교양과목

시험

❶ 시험 준비

What's the history test on next Tuesday? 다음 주 화요일 역사 시험은 무엇에 관한 거예요?

Four midterms are coming up at the same time. 동시에 중간고사가 네 과목 있어요.

I should go home and hit the books. 집에 가서 벼락치기로 공부해야 해요.

I need to cram for a final. 기말고사를 위해 벼락치기로 공부해야 해요.

❷ 시험 결과에 대해 질문

How did you do on the French test? 불어 시험은 어땠어요?

What was your exam like? 시험은 어땠어요?

How was your examination, Cynthia? 신시아, 시험은 어땠어요?

❸ 시험 후 세부 내용

The short answer section was fairly easy. 단답형 부분은 꽤 쉬웠어요.

I thought it was all too difficult. 전부 너무 어려웠던 것 같아요.

I didn't expect a question about the industrial revolution.
산업혁명에 관한 문제가 나올지는 전혀 예상하지 못했어요.

❹ 수험자의 반응

I don't think I did very well. 별로 잘한 것 같지 않아요.

I'm afraid to get my test back. 시험지 돌려받기가 겁나요.

I think I bombed the test. 시험을 망친 것 같아요.

Unfortunately, you need to take a make-up test. 유감스럽지만 재시험을 치러야 해요.

It went well. I scored 95%. 잘 봤어요. 95점을 받았거든요.

I aced my Biology exam. 생물 시험에서 A학점을 받았어요.

I got all A's. 전과목에서 A학점을 받았어요.

❺ 상대의 반응

Wow! You must be thrilled. 와! 신나겠어요.

I guess all that studying paid off. 공부했던 것들이 모두 보상을 받았네요.

Cheer up! That's not the end of the world. 힘내요! 세상이 끝난 건 아니잖아요.

학교 생활

❶ 수강 신청

I would like to sign up for Science 101. 과학개론 수업을 신청하고 싶어요.

You can add subjects on your program next week. 다음 주에 수강 신청 과목을 추가할 수 있어요.

I withdrew from three subjects. 저는 세 과목을 취소했어요.

How many credit hours do you need to graduate from college?
대학을 졸업하려면 몇 학점을 이수해야 하나요?

❷ 수업, 출결

I'm taking most of my courses online this semester.
이번 학기 대부분의 과목을 온라인으로 수강하고 있어요.

Should I do a double major? 복수 전공을 해야 할까요?

Why didn't you turn up for class yesterday? 어제 왜 수업에 빠졌어요?

❸ 과제, 보고서

You need to hand in the paper by Friday. 금요일까지 보고서를 제출해야 해요.

My class assignment is due in one week. 수업 과제는 일주일 후 제출 마감이에요.

Two term papers are required for the course. 이 과목은 학기말 보고서를 두 편 써야 해요.

❹ 졸업, 진학

Jason got accepted into Yale University. 제이슨이 예일 대학에 입학 허가를 받았어요.

He graduated from the university with honors. 그는 대학을 우등으로 졸업했어요.

She just got into grad school. 그녀는 막 대학원에 입학했어요.

I just got a $10,000 scholarship to Nelson University. 저는 넬슨 대학 장학금으로 만 달러를 받았어요.

⇨ 해설집 P 50

Questions 1&2 대화의 응답으로 적절하지 않은 선택지를 고르세요.

1

W This science assignment is a real pain to do.
M ______________________

(a) Let me help you out.
(b) It gives me a headache.
(c) I didn't study much, either.
(d) You probably should ask for an extension.

2

M How did you do on the test?
W I'm pretty happy with my mark.
M So what did you get?
W ______________________

(a) Let's just say I did better than everyone else.
(b) Actually, I'm keeping it a secret for now.
(c) I got 86 percent so I'm pretty happy.
(d) As you probably know, I took a test.

Question 대화를 읽고 질문에 알맞은 답을 고르세요.

3

M How can you study with that music on?
W Listening to classical music really helps me concentrate.
M I'm totally the opposite. I need total silence and lots of light.
W I kind of like it when it's dark all around me.
M And are you like me and prefer studying at the library?
W Nope. I love studying at home.

Q What can be inferred about the man and woman?
(a) They would not study well together.
(b) They are both excellent students.
(c) They go to different schools.
(d) They are closely related.

⇨ 해설집 P 51

PART I Choose the most appropriate response to the statement.

1 (a) (b) (c) (d)

2 (a) (b) (c) (d)

3 (a) (b) (c) (d)

4 (a) (b) (c) (d)

5 (a) (b) (c) (d)

PART II Choose the most appropriate response to complete the conversation.

6 (a) (b) (c) (d)

7 (a) (b) (c) (d)

8 (a) (b) (c) (d)

9 (a) (b) (c) (d)

10 (a) (b) (c) (d)

PART III Choose the option that best answers the question.

11 (a) (b) (c) (d)

12 (a) (b) (c) (d)

13 (a) (b) (c) (d)

14 (a) (b) (c) (d)

15 (a) (b) (c) (d)

UNIT 10 건강

청해 유형 완전 정복

1 출제 경향

건강 관련 문제는 병의 증상이나 부상, 진단이나 치료 또는 약의 조제, 전반적인 건강 관리 등의 분야에서 주로 출제된다. Part 1~3에서 1~2문제 정도 출제되는데, 그 중에서도 병원이나 약국을 배경으로 하는 문제는 주로 Part 2~3에서 나온다. 상대방이 증상에 대해 호소하면 병원에 갈 것을 권유하거나 주의를 주는 대화 패턴이 가장 기본이다. 또는 상대의 상태에 대해 '안색이 좋지 않다, 아파 보인다' 등을 말하면 그에 대해 설명을 하는 식으로 대화가 전개되기도 한다. 이 밖에 치과 진료 예약, 건강검진 후 상담, 약의 복용법 설명 등과 같은 대화도 종종 출제된다. 또한 건강 상태에 대한 우려를 하면 식사 조절이나, 체중 감량, 운동 등을 권유하는 패턴도 자주 등장하고 있다.

2 대비법

아픈 증상이나 병에 대한 우려를 나타내는 표현들을 별도로 정리해 보도록 한다. 하지만 지나치게 전문적인 의학 용어 등은 나오지 않으므로 기본 표현 위주로 익혀 두면 된다. 건강이나 병원 관련 어휘들은 청해 영역뿐만 아니라 다른 영역에서도 자주 출제되므로 철저히 대비한다.

3 대표 예제

▶ 건강 상태에 대해 우려하는 상황

PART I Choose the most appropriate response to the statement.

M Are you OK? You don't look well.	M 괜찮아요? 안색이 안 좋아 보이네요.	
W ______________________	W ______________________	
(a) You'd better take a day off.	(a) 하루 쉬는 게 좋겠어요.	⇦ 휴식을 권유
✔(b) I feel completely out of it.	(b) 몸이 정상이 아니에요.	⇦ 컨디션이 좋지 않음
(c) I see things differently.	(c) 저는 다르게 생각해요.	⇦ 연상 어휘 함정
(d) Don't worry. I won't.	(d) 걱정 마세요. 안 그럴게요.	⇦ 조언에 대한 응답

◆ **포인트** 안색이 창백하다거나, 어디가 안 좋아 보인다는 걱정을 하고 그에 대해 적절한 응답을 묻는 문제가 자주 출제된다. 단순히 컨디션이 좋지 않다든지, 아픈 부분을 구체적으로 대답하는 경우를 생각해 볼 수 있고, 증상에 따라 다양한 답변이 나올 수 있으므로 일반적인 증상 관련 표현을 알아 두도록 하자.

◆ **Other Responses**

· I've had a migraine since last night. 어젯밤부터 편두통이 있어요. ⇦ 구체적인 증상
· I seem to be coming down with a cold. 감기에 걸릴 것 같아요. ⇦ 구체적인 증상
· My throat feels blocked. 목이 막힌 것 같아요. ⇦ 구체적인 증상

▶ 식생활에 대해 조언하는 상황

PART II Choose the most appropriate response to complete the conversation.

W I think I have too much sodium in my diet.
M Why do you say that?
W I just had a physical and my blood pressure is way too high.
M ______________________

(a) You are too picky about what you eat.
✔(b) So just cut down on your salt intake.
(c) It is good to have regular checkups.
(d) Yeah, I should start working out.

W 식단에 염분이 너무 많은 것 같아.
M 왜 그런 말을 해?
W 방금 건강검진을 받았는데 혈압이 너무 높아.
M ______________________

(a) 너는 먹는 것에 너무 까다로워.
(b) 그러면 소금 섭취량을 줄여 봐.
(c) 정기검진을 받는 것이 좋아.
(d) 그래, 나는 운동을 시작해야 해.

◆ **포인트** 건강의 중요한 요소로서 식생활에 대한 내용이 많이 나온다. 잘못된 식생활에 대한 우려와 그에 대한 동조 또는 건강을 위한 식사 조절 방법이나 기타 해결책을 제시하는 패턴이 출제된다.

◆ **Other Responses**

· Oh, that's pretty dangerous. 아, 그건 꽤 위험한데. ⇐ 건강 상태에 대한 우려
· You need to eat more properly. 좀 더 건강하게 먹어야겠다. ⇐ 건강 상태에 대한 조언
· Actually, I have high blood pressure, too. 실은 나도 고혈압이야. ⇐ 건강 상태에 대한 동조

▶ 의사가 환자에게 처방전을 지어 주는 상황

PART III Choose the option that best answers the question.

W How often should I take the pills?
M Take one pill twice a day after breakfast and dinner.
W But I don't eat breakfast.
M In that case, just take them twice a day and only after eating something.
W OK. I should run down to the pharmacy now.
M Good Idea. They'll close in about 20 minutes.

Q What will the woman probably do next?
(a) Take a pill.
(b) Eat a meal.
(c) Consult with a doctor.
✔(d) Have a prescription filled.

W 약은 얼마나 자주 먹어야 하나요?
M 하루 두 번 아침과 저녁 식사 후 한 알씩 드세요.
W 하지만 저는 아침을 먹지 않는데요.
M 그럼 뭔가 드신 다음 하루에 두 번 드세요.
W 알겠어요. 지금 약국에 가야겠네요.
M 그러면 좋겠어요. 20분 후면 문을 닫을 겁니다.

Q 여자가 다음으로 할 일은?
(a) 약을 복용하기.
(b) 식사하기.
(c) 의사와 상담하기.
(d) 처방전 받기.

◆ **포인트** 의사와 환자의 대화는 진료, 진단 결과 통보, 치료 및 투약 방법 안내 등으로 요약된다. 대화의 상황에 따른 목적과 주제를 묻거나, 의사와의 대화를 바탕으로 추론을 묻는 문제도 자주 나온다.

pill 알약 **pharmacy** 약국 **consult** 상담하다 **prescription** 처방전

증상을 호소하거나 치료를 제안할 때

❶ 질문

How's your ankle, Jean? 발목이 어때요, 진?

What's wrong with you today? 오늘 어디가 안 좋으세요?

What seems to be the problem? 어디가 아프신가요?

How am I doing, Doctor? 제가 어떤가요, 선생님?

❷ 전반적 증상 호소

It's much better, but it's still giving me trouble. 훨씬 나아지긴 했지만 아직도 불편해요.

I've been really stressed lately. 요즘 스트레스를 많이 받았어요.

My back is bothering me these days. 요즘 허리가 계속 아파요.

❸ 구체적 증상 호소

I suffer from a splitting[pounding] headache. 머리가 깨질 것처럼[두드리는 것처럼] 아파요.

I got blisters on my toes. 발가락에 물집이 잡혔어요.

I am experiencing a burning pain in my lower abdomen. 아랫배가 따끔거리고 아파요.

❹ 증상에 대한 반응

You're getting it treated, right? 치료는 하고 있는 거죠?

Have you seen a doctor about it? 의사한테는 가봤어요?

You'd better make an appointment to see the dentist. 치과 진료를 예약하는 것이 좋겠어요.

❺ 치료 제안

Maybe you should try something more relaxing. 좀 더 긴장을 풀어 주는 걸 해보세요.

You should probably do some hand exercises. 손 운동을 좀 해보세요.

Then I'd consult a specialist about it. 그러면 저는 전문가의 상담을 받겠어요.

Why don't you get a second opinion? 다른 의사의 소견도 들어 보지 그래요?

❻ 건강 검진이나 진단 결과를 알림

My uncle is diagnosed with lung cancer. 제 삼촌은 폐암 진단을 받았어요.

You are in great shape[out of shape]. 건강 상태가 훌륭합니다[좋지 않습니다].

The doctor gave me a clean bill of health. 의사가 제 건강 상태는 양호하다고 했어요.

Mr. Lee is the picture of health. 이 씨는 완벽한 건강 체질입니다.

다이어트와 운동

❶ 체중 증감

You seem to have put on a few kilos. 체중이 몇 킬로 늘어난 것 같아요.

I am looking to shed some pounds. 체중을 줄이려고요.

He has lost some weight recently. 그는 요즘에 살이 좀 빠졌어요.

She is on a diet even though she is not necessarily overweight.
그녀는 비만도 아닌데 다이어트를 하고 있어요.

❷ 다이어트 권유나 경고

You need to go on a diet. 다이어트를 해야 합니다.

That's a little heavy on the carbs, isn't it? 탄수화물을 너무 많이 섭취하는 것 아니에요?

Don't you want to get rid of belly fat? 뱃살 빼고 싶지 않아요?

❸ 식생활

I can't stop late night snacking. 야식을 끊을 수가 없어요.

She tries not to eat between meals. 그녀는 간식을 먹지 않으려고 노력해요.

You should make sure you eat right. 올바른 식습관을 가지도록 노력해야 해요.

❹ 다이어트 방법

You'll have to try a crash diet. 거의 굶는 다이어트를 해야 할 거예요.

Should I stick to a vegetarian diet? 채식을 고수해야 하나요?

You can burn extra calories by doing dishes yourself.
설거지를 직접 하면 추가로 열량을 소모할 수 있어요.

❺ 운동

How much exercise do you perform a day? 하루에 얼마나 운동하세요?

I don't have enough time to hit the gym. 헬스 클럽에 갈 시간이 없어요.

It takes time and patience to get a six pack. 복근을 만들려면 시간과 인내가 필요해요.

I'm ready to get started with a daily exercise workout. 매일 운동을 할 마음의 준비가 됐어요.

해설집 P 56

Questions 1&2 대화의 응답으로 적절하지 않은 선택지를 고르세요.

1

M I'm feeling under the weather.
W ____________________

(a) The weather is beautiful, though.
(b) You'd better go to see a doctor.
(c) You seem to need some rest.
(d) Just call in sick today then.

2

M What do you do to stay in shape?
W I go jogging in the park three times a week.
M I work out five times a week.
W ____________________

(a) They'll probably work things out soon.
(b) No wonder you're in such great shape.
(c) I can't believe you exercise that much!
(d) That must be really hard to keep up with.

Question 대화를 읽고 질문에 알맞은 답을 고르세요.

3

W I've been having problems with my back lately.
M That's rough.
W Yeah. I've been exercising a lot but that hasn't helped.
M Have you tried doing yoga?
W Yep. It hasn't helped either.
M Let me give you the name of my chiropractor.

Q What does the man suggest the woman do?
(a) See a specialist.
(b) Stop doing yoga.
(c) Get lots more rest.
(d) Talk to a psychiatrist.

TEPS Listening Practices

⇒ 해설집 P 57

PART I Choose the most appropriate response to the statement.

1 (a) (b) (c) (d)

2 (a) (b) (c) (d)

3 (a) (b) (c) (d)

4 (a) (b) (c) (d)

5 (a) (b) (c) (d)

PART II Choose the most appropriate response to complete the conversation.

6 (a) (b) (c) (d)

7 (a) (b) (c) (d)

8 (a) (b) (c) (d)

9 (a) (b) (c) (d)

10 (a) (b) (c) (d)

PART III Choose the option that best answers the question.

11 (a) (b) (c) (d)

12 (a) (b) (c) (d)

13 (a) (b) (c) (d)

14 (a) (b) (c) (d)

15 (a) (b) (c) (d)

UNIT 11 안내 · 공지

청해 유형 완전 정복

1 출제 경향

공지 · 안내문의 경우 관광, 행사 안내, 공항 출입국 수속 관련 안내 등이 자주 출제되며, 무엇에 관한 안내인지 목적을 주로 묻고 그 외 세부 사항의 일치 여부를 묻는 문제가 나온다. Part 4 문제로서는 비교적 난이도가 낮은 편으로 매 시험에서 1~2문제 정도 출제된다. 그 중 뉴스의 경우 사건 사고, 사회문제, 일기 예보, 날씨 관련 주의사항 등이 1문제 정도 출제된다. 녹음 메시지 유형은 병원, 박물관, 영화관, 은행 등 각종 시설 이용 및 서비스와 관련된 다양한 상황에서 출제되고, 그밖에 직장 내부 연설, 발표, 소개 등의 담화도 출제 대상이다.

2 기출 토픽

공지 및 안내	회사의 행사 · 방침 · 규정 · 퇴임 소식 안내, 학교의 수업 소개 · 수업 방침 · 행사 · 시험 범위 안내, 놀이동산 · 북 클럽 · 병원 등의 시설 이용 안내, 제품 · 서비스 사용법과 요금 문의 안내
뉴스	시위, 파업 뉴스, 유전자 조작 식품, 환경, 의료 관련 새로운 발견, 인수합병 · 금리 등의 경제 관련 뉴스, 화재, 비행기 사고, 신종 동식물 발견
기상 예보	폭설로 인한 결항, 날씨 안내
녹음 메시지	개인의 전화 녹음, 고객 센터 · 항공사 · 공공기관 영업 시간 및 이용 방법 안내
주장 및 소개	학교 도서관 재건, 세금 관련 주장, 인물 소개

3 대표 예제

1) Here's an update to your five-day forecast, Cincinnati. 2) We're expecting Monday and Tuesday to be gorgeous and sunny. It will be a high of 82 on Monday and a high of 81 on Tuesday. Wednesday will be a bit cooler. Thursday and Friday could see rain at this point. Still, it's going to be hot and humid. Temperatures could reach the low 80s on both of those days. 3) Still, don't let that spoil your plans for the weekend. There's still hope for Saturday and Sunday.

Q Which is correct according to the weather report?

(a) Thursday will be chilly and windy.
(b) Cloudy skies are expected on Monday.
✔ (c) We could see rain sometime this week.
(d) It is raining somewhere in the city now.

[1] 신시내티 5일간 기상 예보 소식입니다. [2] 월요일과 화요일에는 화창하고 맑은 날씨가 예상됩니다. 월요일은 최고 82도, 화요일은 최고 81도가 되겠습니다. 수요일은 다소 선선해지겠습니다. 목요일과 금요일은 현재로서는 비가 올 수도 있습니다. 하지만 덥고 습할 것입니다. 이틀 모두 기온은 최저 80도에 이를 것입니다. [3] 그렇다고 주말 계획을 망치지는 마세요. 토요일과 일요일에는 아직 희망이 있습니다.

Q 기상 예보에 따르면 옳은 것은?
(a) 목요일은 쌀쌀하고 바람이 불 것이다.
(b) 월요일은 날이 흐릴 것으로 예상된다.
(c) 이번 주 중에 비가 올 것이다.
(d) 지금 시내 어딘가에 비가 오고 있다.

1) **도입:** 보도할 내용 소개
⇨ 주제 문제

2) **본문:** 보도 내용 나열
⇨ 세부 사항 문제

3) **결론:** 다음 보도로 연결
⇨ 세부 사항 및 추론 문제

◆ **포인트** 먼저 보도할 내용이 간략하게 소개되고 자세한 세부 내용이 이어서 나열된 후, 다음 방송으로 연결하는 멘트가 나온다. 특히 기상 예보는 그 성격상 구체적인 정보의 나열이 주를 이루므로 세부 사항 문제와 추론 문제가 많이 출제된다. 각 요일별로 소개되는 기상 예보를 주의 깊게 듣고 문제를 풀도록 한다. 세부 사항 문제는 다른 문제들에 비해 까다로우므로 평소에 메모하며 듣는 연습을 해두어야 정확히 풀 수 있다. 지문에서 목, 금 중 비가 올 수 있다고 했으므로 (c)가 정답이다.

update 업데이트, 갱신 **forecast** 예측, 예보 **gorgeous** 멋진, 아주 아름다운 **high** 최고 기온 **cool** 시원한, 선선한 **humid** 습한 **temperature** 기온, 온도 **spoil** 망치다 **chilly** 쌀쌀한

4 답이 보이는 단서 표현

❶ **담화의 목적 및 주제를 밝히는 표현:** 다음 표현들은 주로 담화의 서두에 나오며, 그 뒤에 나오는 말이 담화의 대주제가 된다.

This meeting has been called for the purpose of clarifying my decisions on the upcoming merger.
이 회의는 다가오는 합병에 관한 제 결정을 밝히기 위해 소집되었습니다.

We're here to discuss how the team could do things better.
우리는 팀이 어떻게 성과를 높일 수 있을지를 논의하기 위해 이 자리에 모였습니다.

I'm very pleased to introduce our next speaker, Dr. Nelson Lee.
다음 연사인 넬슨 리 박사를 소개하게 되어 기쁩니다.

We'll be sharing some tips about ways to stay fit.
건강을 유지하는 방법에 대해 조언을 나눠 보겠습니다.

❷ **주요 내용 제시:** 다음 구문은 주요 내용을 제시할 때 흔히 쓰이므로 특히 주의 깊게 들어야 한다.

Although the city continue to develop, the butterflies have lost more of their habitat.
도시는 계속 발전하지만 나비들은 더 많은 서식지를 잃었다.
⇨ **양보 구문** 양보절이 나오면 뒤의 주절에 화자의 주장이 제시된다.

Sometimes the problem seems so overwhelming that we cannot see a solution.
때로는 문제가 너무 압도적으로 보여 해결책을 찾을 수 없다.
⇨ **인과 관계** due to, so ... that 등 원인과 결과가 짝을 이루는 표현이 나오면 주제와 관련된 내용이다.

Wood furniture is not only gorgeous but also durable.
원목 가구는 아름다울 뿐만 아니라 견고하기까지 하다.
⇨ **비교, 나열** 두 가지 이상의 대상이 비교되거나 나열되면 주제와 관련된 내용이다.

ANNOUNCEMENTS : STATION & AIRPORT

clearance from air traffic control 관제소의 이륙 허가
carousel 회전식 수하물 컨베이어
customer response menu 고객 응답 메뉴
declaration form 신고서
descent 하강
fill out 기입하다, 작성하다
immigration office 출입국 관리소
intersection 교차로, 사거리
luggage 수하물
stopover 경유지
carry-on 기내 휴대 수하물
belongings 소지품
customs 세관
departure 출발
feature 상영하다
flight attendant 승무원
inconvenience 불편
lost and found 분실물 센터
overhead compartment 짐칸
transfer ticket 환승표

BUSINESS MEETINGS

agenda 협의 사항, 의제
associate 동료, 조합원
company secretary 총무 이사
convene 소집하다, 모이다
minutes 의사록
office hours 근무 시간
shareholder 주주
sign-up 등록
unanimous consent 만장일치
venue 장소, 개최지
archive 공문서, 파일 저장소
chief executive officer 최고경영자(CEO)
conference rates 회의 참가비
Limited (Ltd.) 유한 책임의 (회사)
non-transferable 양도 불가한
open to the public 일반 공개
sick leave 병가
transaction 거래, 매매
press the pound key 우물 정자(#) 버튼을 누르다
press the star key 별표(*) 버튼을 누르다

NEWS I : ACCIDENTS & CRIME

abduction 납치, 유괴
casualty 사상자
convict 죄수; 유죄 선고하다
ensnare 함정에 빠뜨리다
exonerate 무죄로 하다
felony 중죄
hit-and-run accident 뺑소니 사고
hospitalize 입원시키다
misdemeanor 경범죄
smuggler 밀수범
accomplice 공범
catastrophe 재난, 재해
embezzlement 횡령, 공금 유용
evacuate 피난시키다
fatality 사망자; 치사율
fraud 사기, 부정
homicide 살인
juvenile delinquency 청소년 비행
narcotics 마취제, 마약
unearth 발굴하다

NEWS II : LAW

accusation 고발, 고소
defendant 피고인
jurisdiction 관할권, 관할 구역
legitimacy 합법성
plaintiff 원고, 고소인
probation 집행 유예
reportedly 보도에 따르면
sue 고소하다
trial 재판, 공판
verdict 평결
allegedly 알려진 바에 따르면
impeach 탄핵하다
jury 배심원
petition 탄원하다; 탄원서
plead guilty 피고가 유죄를 인정하다
prosecute 기소하다, 고소하다
sentence (형을) 선고하다
suspect 용의자
unsuspected 의심받지 않은
vindicated 결백이 입증된

WEATHER FORECAST I

atmospheric pressure 기압
blizzard 눈보라
bundle up 따뜻하게 입다
chilly 쌀쌀한; 으슬으슬한
cold front 한랭전선
corona 코로나, 해무리, 달무리
downpour 폭우, 호우
Fahrenheit 화씨(의)
gust 돌풍, 세찬 바람
high/ low 최고 기온/ 최저 기온
avalanche 눈사태
breeze 미풍, 산들바람
centigrade 섭씨(의)
clear up 날씨가 개다
cold spell 한파
damp 습기가 있는, 축축한
drizzle 이슬비, 보슬비
flash flood 갑작스러운 홍수
hail 우박(이 내리다)
humidity 습기, 습도

WEATHER FORECAST II

intermittent 간헐적인, 간간이 일어나는
locally 국지적으로
meteorologist 기상학자, 기상 전문가
overcast (하늘이) 잔뜩 흐린, 우중충한
precipitation 강수량, 강설량
scatter 흩뿌리다
shower 소나기
statewide 주 전역에
temperature-humidity index 불쾌지수
top winds 최대 풍속
life-threatening 생명을 위협하는
low pressure 저기압
muggy 무더운, 후덥지근한
patches of cloud (드문드문 있는) 조각 구름
ridge (대기압의) 기압 마루
scorching 타는 듯이 더운
sleet 진눈깨비
sultry 무더운, 후덥지근한
thunderstorm 천둥을 수반한 폭우
turbulence 난기류; 동요, 소란

⇨ 해설집 P 62

Questions 1&2 다음 지문을 읽고 주제문을 찾으세요.

1

(a) The 8th Annual New York Kite Tournament will be held on June 19 at Central Park. Participants will have more space to fly their kites than ever before. (b) Organizers are also expecting more people to sign up than in the past, which is a sign that this could be the most competitive event in the past eight years. (c) People can register for the tournament by going to www.centralparkkite.com. The winner of the tournament will receive $1,000 in cash.

2

Hello, Mr. Mathers. This is Tim Gray phoning from Central Bank. (a) I got your message about the international transfer you wanted to make. (b) It's no problem to make the transfer, but you will have to come down to the bank to do it in person. (c) I'm sorry to say it cannot be done by phone or by Internet. Feel free to call me back at your earliest convenience. I look forward to hearing from you. Talk soon.

Question 다음 담화를 읽고 질문에 알맞은 답을 고르세요.

3

May I have your attention, please? The 3:25 train to Atlanta has been delayed due to maintenance work on the train tracks. It will now be leaving at 4:15 and still from Track 8. Also, please be aware that all of the restrooms on the track level are currently being serviced. Should you need to visit a restroom, please proceed to the second floor or to any of the restaurants located in front of the train station. Thank you.

Q What can be inferred from the announcement?

(a) The train station has more than three floors.

(b) Passengers are encouraged to use the dining car.

(c) There are only restrooms in one area of the train station.

(d) The train to Atlanta was supposed to leave from Track 8.

⇨ 해설집 P 63

PART IV Choose the option that best answers the question.

1 (a) (b) (c) (d)

2 (a) (b) (c) (d)

3 (a) (b) (c) (d)

4 (a) (b) (c) (d)

5 (a) (b) (c) (d)

6 (a) (b) (c) (d)

7 (a) (b) (c) (d)

8 (a) (b) (c) (d)

9 (a) (b) (c) (d)

10 (a) (b) (c) (d)

UNIT

12 광고

청해 유형 완전 정복

1 출제 경향

가장 일반적인 제품 광고에서부터 시설, 회사, 교육 및 금융 서비스, 구인 광고에 이르기까지 다양한 내용이 출제된다. 매 시험마다 1~2문제 정도 출제되며 주로 무엇에 관한 광고인지를 묻거나, 광고 대상이 되는 제품 및 서비스의 특징에 관한 세부 사항을 묻는다. 제품 광고는 첨단 기술, 컴퓨터, 건강 관련 신제품, 의약품, 친환경 제품 등이 자주 출제되고, 시설로는 음식점, 리조트, 호텔, 관광지 등이, 업체는 항공사, 컨설팅 회사, 기타 온라인 관련 상품 및 서비스도 많이 다뤄지고 있다. 그밖에 기관이나 협회의 회원 모집 광고, 캠페인 광고 등도 출제된다.

2 기출 토픽

건강	다이어트 차, 우울증과 스트레스 치료제, 건강 음료, 커피, 유기농 올리브 오일, 심장병 관련 의약품
첨단 기술	방수 MP3 플레이어 케이스, 자동 온도 조절 에어컨, 첨단 시계, 복합기, 공기청정기, 친환경 주거지
컴퓨터 & 인터넷	컴퓨터 할인 판매, 웹 서비스 공급업체, 온라인 DVD 대여
금융	은퇴 자금 운용 프로그램, 대출 서비스, 보험 상품, 자동차 구입 대출
회사 & 시설	동물원 무료 투어, 리조트, 할인점, 컨설팅 업체, 구인 구직
단체 & 기관	교육 센터 설립 기금 마련 행사, 천체 관측 협회 회원 모집
기타 서비스	이삿짐 센터, 정신과 상담 서비스, 의료 서비스, 자동차 정비 서비스

3 대표 예제

[1] Meet our all-new Columbus X-3 widescreen GPS! [2] It comes with an easy-to-read color touchscreen display. Its text-to-speech functionality announces all streets and buildings throughout Canada and the continental United States in English, French or Spanish. [3] Please note that this item may not be available or in stock at all stores. Pricing and selection may also vary by store so please visit the store closest to you for current information on pricing and availability.

Q What is being advertised?

✔(a) A multilingual GPS.
(b) A new car sharing service.
(c) A trilingual electronic dictionary.
(d) An American roadside assistance program.

[1] 새로운 콜럼버스 X-3 와이드스크린 GPS를 소개합니다! [2] 읽기 쉬운 컬러 터치스크린 디스플레이가 제공됩니다. 문자 음성 변환 기능을 통해 캐나다 전역과 미국에서 모든 거리와 건물을 영어, 프랑스어, 스페인어로 소리 내어 알려 드립니다. [3] 매장에 따라 판매하지 않거나 재고가 없을 수 있다는 점에 유의해 주세요. 가격과 구비 품목도 매장마다 다를 수 있으니 가격이나 판매 여부에 대한 최신 정보를 위해 가까운 매장을 방문해 주시기 바랍니다.

Q 광고되고 있는 대상은?
(a) 다국어 GPS.
(b) 새로운 차량 공유 서비스.
(c) 3개국어 전자사전.
(d) 미국의 도로 지원 프로그램.

1) **소개:** 광고 대상, 소비자의 흥미 유발
2) **본론:** 장점 제시
⇨ 주제 문제
특징 및 기능 나열
⇨ 세부 사항 문제
3) **결론:** 연락처 및 구입 방법
⇨ 세부 사항 및 추론 문제

◆ **포인트** 광고 담화는 소비자의 관심을 끌 수 있는 말로 서두를 시작한 다음 광고 대상을 소개하고, 구체적으로 제품이나 서비스의 특징, 기능을 이어서 제시한다. 마지막에는 자세한 정보를 얻을 수 있는 연락처나 구입 방법이 소개된다. 이 문제의 경우, 도입부에서 직접적으로 GPS 제품을 소개하고 있고 뒤이어 3개국어의 음성 변환 기능을 갖추고 있다고 했으므로 (a)가 정답이다.

GPS 위성 위치 확인 시스템(global positioning system) **easy-to-read** 읽기 쉬운, 판독이 쉬운 **text-to-speech** 문자 음성 전환 **continental** 대륙의 **stock** 재고 **multilingual** 다국어의 **trilingual** 3개국어의

4 답이 보이는 단서 표현

❶ **광고 대상 소개:** 광고하려는 제품이나 서비스가 어떤 것인지 제시하는 표현이다.

We have provided interpretation services to both the public and private sectors.
본사는 공공 분야와 민간 분야에 통역 서비스를 제공해 왔습니다.

MIKO offers a wide range of solutions for healthcare facilities.
MIKO는 다양한 보건 설비 솔루션을 제공합니다.

Our certified agents will help you find the home that you've dreamed of.
저희 공인 중개사에서는 고객 여러분이 꿈에 그리던 집을 찾는 것을 도와드릴 것입니다.

We have items that make life better for you and those around you.
당신과 당신 주변 사람들의 삶을 향상시켜 줄 아이템이 준비되어 있습니다.

The upgraded router will deliver the results you need at work as well as at home.
업그레이드된 라우터가 집이나 직장에서 고객 여러분이 필요로하는 결과를 가져다 드릴 것입니다.

❷ **이용 방법 안내:** 광고 대상 제품이나 서비스를 이용하려면 어떻게 해야 하는지 안내하는 표현이다.

For more information, visit www.OntheBorder.com.
자세한 내용을 알아보려면 www.OntheBorder.com을 방문하시기 바랍니다.

Visit our website today and learn more about the special event.
오늘 저희 웹사이트를 방문해서 특별 행사에 대해 자세히 알아 보세요.

Please feel free to drop by the store, and ask to meet the store manager.
부담 없이 저희 매장에 들러 매니저를 만나 보세요.

Schedule an appointment for our facial in the month of December and receive a discounted rate.
12월에 저희 얼굴 마사지를 예약하시고 할인 가격을 적용 받으세요.

ADS & MARKETING

auction 경매
cash register 금전 등록기
handbook 안내서, 입문서
Judge for yourself. 스스로 결정하세요.
marketing survey 시장 조사
must 필수품
newsstand 가판대
out-of-stock items 품절 상품
patron 단골, 고객
put an ad 광고를 내다
card reader 카드 판독기
catalogue 목록, 일람표
information packet 자료[정보] 묶음
launch (상품을) 출시하다
merchandise 상품, 매매품
new arrivals 신상품
outlet shop 할인 판매점
outperform ~보다 성능이 더 뛰어나다
public awareness 공공 인식
retailer 소매업자

SHOPPING & SALE

affordable 저렴한
be sold out 매진되다
close-out sale 폐점 세일
don't miss 놓치지 마세요
for a limited time 한정 기간 동안
have a sale 할인 판매를 하다
mark down 가격을 인하하다
overpriced 가격이 비싸게 매겨진
for free 무료로
sale item 세일 상품
bargain hunter 값싼 물건을 찾아다니는 사람
clearance sale 재고 정리 세일
discount items 할인 품목
flier 전단지
limited edition 한정판
on sale 세일 중인
offer a discount 할인 판매하다
overcharge 바가지를 씌우다, 과잉 청구하다
reduced price 인하된 가격
today's special feature sale 오늘의 특별 할인

PRODUCTS

all-wheel drive 4륜 구동
cosmetics 화장품
dining supplies 식기 용품
electricity usage 전기 사용
fancy 화려한
grocery 식품점, 잡화점
home appliance 가전 제품
ingredient 재료, 성분
malfunction 오작동
souvenir 기념품
bottled water 병에 든 생수
defective goods 불량품
drive 구동 장치
fabric 직물, 천
formula 혼합 조제식, 분유
handicraft 수공예품
household goods 가사 용품
living essentials 생활 필수품
shockproof 충격에 견디도록 만든
stationery 문구류

FINANCE

asset 자산
check-out counter 계산대
financing 자금 조달, 융자
interest term 이자 수수료; 금리 조건
package 일괄 거래; 꾸러미
policy 보험 증서
policyholder 보험 계약자
premium 보험료, 할부금
rebate 환불
supply 공급품, 물품

be good[valid] 유효한
earnings 이익, 수익
give one's money back 환불하다
overpayment 과다 지불
payment option 지불 방법
policy statements 보험 약관
price quote 견적서
proceeds 수익금
shipping and handling charges 발송 경비
warranty 품질 보증(서)

FACILITIES & SERVICES

accommodate 수용하다
circulation 보급; 발행 부수
company's visibility 회사의 가시성
facilitate 촉진하다
fill orders 주문대로 완수하다, 납품하다
inventory 재고 (목록)
organizer 서류꽂이, 서류철
see the difference 차이점을 알아보다
defining characteristic 뚜렷한 특징
specialize in ~을 전문으로 하다

affix 첨부하다, 붙이다
close for business 폐점하다
open for business 영업을 하다
feature 특징(으로 가지다)
flower arrangement 꽃 장식
door-to-door delivery 택배
refreshment 다과
selection 선별 품목
ship out 배로 보내다; 발송하다
subscription 구독

OTHERS

antique 고풍스러운
automatically 자동으로
brand new 아주 새로운
clothing 의류
come with ~이 딸려 있다
produce 농산물
handheld 손바닥 크기의
intricate 복잡한
scale 저울
SUV 레저용 차량(sport utility vehicle)

assortment 모음, 종합
back-to-school 신학기의
browse 훑어보다
collection 수집품, 소장품
computer application 컴퓨터 응용프로그램
crate 나무 상자
in bulk 대량으로
paperweight 문진, 종이 누르개
shop smart 현명하게 쇼핑하다
tech-savvy consumer 기술 지식이 많은 소비자

해설집 P 68

Questions 1&2 다음 지문을 읽고 주제문을 찾으세요.

1

(a) At Top Electronics, we understand that everyone has their own needs when it comes to technology. (b) For the past 12 years, we have provided technology solutions for small and large businesses across the country by offering a wide range of electronics products and special offers on electronics orders. (c) If you or your company needs any kind of electronics, call one of our sales representatives at 412-245-6666 or visit us online at topelectronics.com.

2

(a) Timing is everything in today's competitive real estate market. Many good homes, apartments and condominiums are sold before they are ever advertised. (b) Beat other homebuyers to the hottest new places for sale in White Plains by using Best Homes Real Estate Agency. (c) Our certified agents will find you the home you want—and at a price you can afford. Get in touch with one of our real estate agents today!

Question 다음 담화를 보고 질문에 알맞은 답을 고르세요.

3

Looking for a rewarding career in national security? Then join forces with the Canadian Security Intelligence Service (CSIS). The CSIS helps make Canada one of the safest and most enjoyable countries to reside in anywhere in the world. We offer a wide variety of exciting and challenging career opportunities at our headquarters, which is located in Ottawa. Visit our website today and learn more about some great career opportunities for Canadians.

Q What can be inferred from the advertisement?

(a) The CSIS only has offices in Canada.

(b) Applicants must be Canadian citizens.

(c) The job has already been given to someone else.

(d) People can get more information in person or by phone.

⇨ 해설집 P 69

PART IV Choose the option that best answers the question.

1 (a) (b) (c) (d)

2 (a) (b) (c) (d)

3 (a) (b) (c) (d)

4 (a) (b) (c) (d)

5 (a) (b) (c) (d)

6 (a) (b) (c) (d)

7 (a) (b) (c) (d)

8 (a) (b) (c) (d)

9 (a) (b) (c) (d)

10 (a) (b) (c) (d)

UNIT 13 인문과학

청해 유형 완전 정복

1 출제 경향

강의와 연구 조사의 결과 발표 등 학술적 성격의 담화는 실용 담화와 비슷한 비중으로 출제되며, 그 중에서 교육, 문화, 예술 등 인문 분야의 출제 비중이 높은 편이다. 빈출 주제로는 각 민족과 국가의 풍습, 종교, 역사, 언어, 다양한 문화 예술 사조 및 작가와 작품 소개 등이 있다. 학술적인 성격이 강하고 소재가 다양해서 어렵게 느껴질 수 있지만 전문적인 내용은 다뤄지지 않으므로 담화문의 구조와 기본 어휘를 익혀 두면 충분히 답을 고를 수 있다.

2 기출 토픽

인문학	신발의 역사, 수단 딩카족, 롤러코스터의 유래, 제스처 · 행동의 의미, 플라톤의 철학 학교, 복식 변천사, 이집트의 장례 문화, 인간의 의지에 대한 결정론적 시각
교육	외국어 학습, 교육 방법의 장단점, 영어 교육, 아동의 언어 습득
문학	유럽의 르네상스 문학, 방글라데시 작가, 진 리스 전기, 제임스 조이스, 아이슬란드 문학, 스파이 소설 작가 존 르 카레, 괴테의 작품, 범죄 소설, 로버트 브라우닝의 시
언어학	미국의 속어, 13세기 베트남 글자, 이집트 상형 문자, 청자에 따른 화자의 화법, 인디언의 언어, 영어의 어휘 변화
문화 & 예술	스페인 미술, 그라피티, 낭만주의 사조, 엘비스 프레슬리, 포스트 모더니즘, 고전 서부 영화, 페미니즘, 기타 영화 예술 작품의 비평과 예술가 소개
역사	연금술, 고대 이집트 왕들, 로마 검투사, 근대 올림픽의 창시자, 베트남 전쟁, 미국 역사, 유럽 중세 역사, 고대 문명, 고대 그리스의 미에 대한 인식, 일본 원자 폭탄 투하의 영향

3 대표 예제

[1] Many of you are probably aware that in the past, educators thought children became confused early in their lives if they learned more than one language at the same time. [2] That's because they believed it interfered with a child's ability to develop normal cognitive functions and do well in educational environments. [3] However, in the second half of the 20th century, study after study began to show children with two languages did better than kids with just one language on many intelligence tests and school examinations.

Q What is the main topic of the lecture?

(a) A study in support of monolingual education.

✔(b) A change in opinion concerning early bilingual education.

(c) The disadvantages of learning two languages at the same time.

(d) The difficulties children face learning more than one language.

[1] 여러분은 아마 과거에는 아이들이 어릴 때 동시에 두 개 이상의 언어를 배우면 혼란스러워한다고 교육학자들이 생각했다는 것을 아실 것입니다. [2] 왜냐하면 그것이 아이가 정상적인 인지 기능을 발달시켜 교육 환경에서 잘해 낼 수 있는 능력을 방해한다고 믿었기 때문입니다. [3] 하지만 20세기 후반, 수많은 연구 결과가 두 개 언어를 말하는 아이들이 한 언어만 하는 아이들보다 다양한 지능 검사나 학교 시험에서 더 잘한다는 것을 보여 주기 시작했습니다.

Q 강의의 중심 소재는 무엇인가?
(a) 단일 언어 교육을 뒷받침하는 연구.
(b) 조기 이중 언어 교육에 대한 의견 변화.
(c) 동시에 두 언어를 배우는 것의 단점.
(d) 아이들이 두 개 이상의 언어를 배우면서 직면하는 어려움.

1) **도입:** 일반적인 의견 제시
2) **부연:** 주장의 근거 제시
⇨ 세부 사항 및 추론 문제
3) **결론:** 강의의 주제 제시
⇨ 주제 문제

◆ **포인트** 학술 담화는 서두에 주제가 제시되는 경우가 많지만 여기서는 먼저 일반적 의견을 제시한 다음 반론 형식으로 화자의 주장을 밝히고 있다. 일반 의견이 제시된 후 However가 나오면 그 뒤에 이어지는 내용이 주제인 경우가 많으며, 그 다음에는 그 주제를 부연 설명하거나 요약하는 내용이 이어진다. 기존의 학설과 달리 어린이들이 두 개 이상의 언어를 동시에 배우는 것이 교육 효과가 더 높은 것으로 드러났다는 것이 주된 내용이므로 (b)가 정답이다.

confused 혼란스러운 **interfere** 방해하다 **develop** 발달시키다 **cognitive** 인지의 **function** 기능 **do well** 좋은 성과를 내다, 잘하다 **monolingual** 단일 언어의 **bilingual** 이중 언어의 **disadvantage** 단점

4 답이 보이는 단서 표현

강의 주제 찾기: 다음 표현들 뒤에 강의의 주제가 제시된다.

Let's learn about the philosophy of India.
인도 철학에 대해 배워 봅시다.

We are going to take a look at the outcome of the Korean War.
한국 전쟁의 결과에 대해 살펴볼 것입니다.

My lecture today will examine the judicial system of India.
오늘 강의는 인도의 사법제도를 살펴보겠습니다.

I'd like to explain the difference between fact and fiction in an epic drama.
역사극에서 사실과 허구의 차이점을 설명하겠습니다.

I'll introduce you to a new theory about evolution.
여러분에게 진화에 관한 새로운 이론을 소개하겠습니다.

In this class, we'll be dealing with picture symbols used in different cultures.
이 수업에서는 다양한 문화권에서 사용하는 회화적 상징 기호들을 다루겠습니다.

Today, I'll focus on crime rates and gun control.
오늘은 범죄율과 총기규제를 중점적으로 다루겠습니다.

I'll speak further on Aristotle's aesthetic ideal.
아리스토텔레스의 미적 이상에 대해 더 이야기해 보겠습니다.

Today's lecture concerns the relationship between animals and environment.
오늘 강의는 동물과 환경의 관계에 관한 것입니다.

ANTHROPOLOGY & ARCHAEOLOGY

aboriginal 원주민의, 토착의
anthropologist 인류학자
folklore 민간 전승, 민속(학)
artifact 유물
evolutionary 진화의
Bronze Age 청동기 시대
Neolithic Age 신석기 시대
Paleolithic Age 구석기 시대
primitive 원시의, 미개한
tribal 부족의
ancestral 조상 전래의, 선구의
anti-Semitism 반유대주의
biblical 성서의
ethnic ambiguity 애매한 민족성
excavation 발굴
liberal arts 교양 과목; (대학의) 인문과학
observation 관찰, 관측
prehistoric 선사 시대의
reconstruction 재건, 복원
unearth 발굴하다

EDUCATION

absentee 결석자
varsity (학교의) 대표팀
bachelor's degree 학사 학위
college fair 대학 설명회
discipline 규율, 훈련
earn a degree 학위를 받다
home schooling 자택 학습, 홈스쿨링
make the cut 목표를 달성하다, 최종 명단에 들다
morning session 아침 조회
the summer session 여름 학기
admission 입학 (허가)
authority figure 권위 있는 인물
bully 약자를 괴롭히다, 못살게 굴다
corporal punishment 체벌
distance learning 원격 교육
faculty (대학의) 학부 교수진
intermediate level 중급
Master/ Ph.D. 석사/ 박사
standardize 표준화하다
toddler 걸음마하는 유아

LITERATURE & LANGUAGE

anecdotal 일화의
coin 신조어를 만들다
controversy 논쟁, 논란
dialect 방언, 지방 사투리
elicit ~를 불러일으키다
excerpt 인용구, 발췌
fiction 허구; 소설
language acquisition 언어 습득
metaphor 은유
syllogism 3단 논법, 정교한 이론
cliché 상투적인 문구, 진부한 표현
colloquial 구어체의, 일상 회화의
conviction 신념, 확신
dispute 논란, 반박
empathy 감정이입, 공감
fantasy 공상, 환상 문학
illiterate 문맹의
literacy 읽고 쓰는 능력
neologism 신조어
unambiguous 모호하지 않은, 명료한

PHILOSOPHY & ETHICS

a priori 선험적으로
empiricism 경험론
humanitarian 인도주의의, 박애주의의
morality 도덕성
Protestant 개신교도, 프로테스탄트
rationalism 합리주의, 이성주의
self-sufficiency 자급자족
submissive 순종적인
Ten Commandments 10계명
virtue 덕목
deductive 연역적인
existentialism 실존주의
ideological dispute 이념 논쟁
prejudice 편견
racial discrimination 인종차별
segregate 차별하다, 분리하다
sophisticated 정교한, 복잡한
Taoism 도교
utilitarian 실용주의자; 실용적인
visualize 시각화하다, 떠올리다

HISTORY

absolute monarchy 절대군주제
Cabinet System 내각제
colonialism 식민주의, 식민 정책
dictatorship 독재 정치
enlightenment 계몽운동
fundamentalist 근본주의자
Great Depression 대공황
imperialism 제국주의
isolationism 고립주의
Pan Slavism 범슬라브주의, 슬라브 민족 통일주의
bubonic plague 흑사병
Civil War 미국 남북전쟁
constitutional monarchy 입헌군주제
emancipation 노예 해방
feudalism 봉건 제도
gerrymandering 게리맨더링, 선거구 조작
hunting and gathering 수렵과 채취
industrialization 산업화
Magna Carta 대헌장
self-determination (민족) 자결

ART

composition 작곡, 작문
cynicism 냉소주의
epic 서사시
heroine 여주인공
masterpiece 걸작
obscene 음란한
perspective 원근 화법
protagonist 주인공
spellbinding 매혹적인
trilogy 3부작
critic 비평가
decadence 타락, 퇴폐
feature 주역을 맡다; 대서특필하다
impressionist 인상주의자
novelist 소설가
penetrating 관통하는, 통찰력 있는
poignant 신랄한
quirk 버릇, 기행
star 주연을 맡다
virtuoso 거장

Questions 1&2 다음 지문을 읽고 주제문을 찾으세요.

1

(a) You might remember that in my last talk I touched on the land bridge which joined present-day Alaska and Russia about 70,000 years ago and lasted until approximately 14,500 years ago. (b) Today I'd like to go into more detail about this bridge that "rose" from the ocean as vast amounts of ocean water became locked in the massive glaciers of the last ice age, (c) exposing the broad continental shelves now covered by the Bering Strait.

2

(a) Today, we will examine what many consider to be the most influential work of English literature in the modern era: *Ulysses*. (b) Although Joyce started writing his magnum opus in 1914, he had been planning it since 1906. His intention was to create a fictional "Everyman," a modern-day Odysseus. (c) Joyce always thought Homer's epic story was the most well-rounded portrait of a human being in literature. This, along with *A Portrait of the Artist as a Young Man*, is the most popular work of his.

Question 다음 담화를 읽고 질문에 알맞은 답을 고르세요.

3

Now, I'd like to talk about the Man Booker Prize, or the Booker as it is commonly called, which is arguably the most prestigious literary award in the English-speaking world. First given out in 1968, the Booker is given to the best novel of the year by an author from the Commonwealth or the Republic of Ireland. The winner of the Booker Prize receives £50,000. Winners in the past have included Michael Ondaatje, Salman Rushdie, Margaret Atwood and Ian McEwan.

Q Which is correct according to the lecture?

(a) Winners of the award receive some money.

(b) Irish people are not eligible for the award.

(c) Michael Ondaatje is the world's most famous author.

(d) The Man Booker Prize and the Booker are different awards.

⇒ 해설집 P 75

PART IV Choose the option that best answers the question.

1 (a) (b) (c) (d)

2 (a) (b) (c) (d)

3 (a) (b) (c) (d)

4 (a) (b) (c) (d)

5 (a) (b) (c) (d)

6 (a) (b) (c) (d)

7 (a) (b) (c) (d)

8 (a) (b) (c) (d)

9 (a) (b) (c) (d)

10 (a) (b) (c) (d)

UNIT 14 사회과학

청해 유형 완전 정복

1 출제 경향

가장 비중이 높은 인문 분야에 이어 정치, 경제, 사회 등의 사회과학 분야에서도 상당 부분 출제된다. 시사와 관련 있는 사회 이슈들을 비롯하여 다양한 주제들이 다뤄진다. 주로 주제나 요지 · 제목을 묻는 질문이 출제되는데, 소재의 성격상 딱딱하고 폭넓은 범위의 내용을 다루므로 수험생 입장에서는 상당히 어렵게 느껴지는 부분이기도 하다. 하지만 모든 질문의 근거는 담화 내에 포함되어 있으므로 담화의 구조와 빈출 표현들을 잘 익혀 두면 큰 도움이 된다.

2 기출 토픽

정치	보호무역주의 정책 비판, 총기 규제, 베를린 장벽 붕괴 후 동유럽 국가의 정체성
경제	경기 침체, 실업률, 경기 부양, 개인 신용 파산 신고, 소득세 증액, 국방비 증액, NHK가 음악 산업에 끼친 영향, 직원들의 생산성과 임금 간의 불균형
심리학	꿈, 섭식 장애, 행복의 원인, 알코올 중독 치료, 감정 다루기
국제 문제 & 인권	미국 유태인들의 정체성 인식, 인도의 카스트제도, 재소자 교육, 기아 문제
여성	육아와 여성의 직업, 여성의 권리, 방송인의 남녀 비율
컴퓨터 & 인터넷	청소년의 컴퓨터 사용, 인터넷 중독, 불법 다운로드, 저작권 침해
기타 사회 현안	애완동물의 지위, 문화적 충격, 스웨덴의 인구 분포, 쇼핑 중독, 찰스 다윈 연구, 동료 간의 협력, 아동 관련 광고, 스프롤 현상

3 대표 예제

1) Today, we're going to examine China's economy, which has been growing at a hugely expansive rate over the last three decades. 2) In fact, the country is posting an average of 8 percent growth in gross domestic product (GDP) per annum. After the United States, China is today the world's second largest economy. Indeed, China's GDP is now well over 3.42 trillion U.S. dollars. 3) However, the country's per capita income is only about 2,000 U.S. dollars, putting it 107th out of 179 countries.

Q What is correct according to the lecture?

(a) Chinese citizens are among the richest in the world.

✔ (b) China is rich as a country but the average citizen is not wealthy.

(c) China will surpass the GDP of the United States within the next year.

(d) Chinese politicians are responsible for the slowdown in their country's economy.

[1] 오늘은 지난 30년간 무서운 속도로 성장하고 있는 중국 경제에 대해 고찰해 보겠습니다. [2] 사실 중국은 평균 연 GDP 성장률 8퍼센트를 기록하고 있습니다. 중국은 오늘날 미국 다음으로 경제 규모가 큰 나라입니다. 지금 중국의 GDP는 미화 3조 4천 2백 억 달러가 넘습니다. [3] 하지만 중국의 1인당 소득은 겨우 미화 2천 달러로, 179개국 중 107위밖에 되지 않습니다.

Q 강의에 따르면 옳은 것은?
(a) 중국 국민들은 세계에서 가장 부유한 축에 속한다.
(b) 중국은 국가는 부유하지만 일반 국민들은 그렇지 않다.
(c) 중국은 내년 안에 미국의 GDP를 능가할 것이다.
(d) 중국 정치인들은 국가 경기 침체에 책임이 있다.

1) **도입:** 강의의 주제 제시
⇒ 주제 문제
2~3) **본론:** 내용 설명 및 부연
⇒ 세부 사항 및 추론 문제

◆ **포인트** 일반적인 학술 담화와 같이 서두에 주제가 제시되고 그 뒤를 이어 구체적인 설명이 나오는 형식을 따르고 있다. 먼저 중국 경제라는 큰 주제를 제시한 다음 구체적인 내용을 몇 가지 나열하고 있는데, 전체적인 성장세에 비해 1인당 소득은 낮다는 것이 주된 내용이다. 담화문의 정보를 선택지와 비교하는 세부 사항 문제로, GDP는 높고 1인당 소득이 낮다는 (b)가 정답이다. 중국의 1인당 소득은 낮다고 했으므로 (a)는 맞지 않고, (c)는 언급되지 않았으며, (d)는 중국 경제의 빠른 성장세와 상반되는 내용이다.

hugely 엄청나게 **expansive** 방대한, 규모가 큰 **post** 기록하다 **gross domestic product** 총 국내생산(GDP)
per annum 연간 **trillion** 조 **per capita income** 1인당 소득 **surpass** 능가하다, 초과하다 **slowdown** 침체, 둔화

4 답이 보이는 단서 표현

세부 사항 관련 표현: 주제문 뒤에는 예시 등의 구체적인 정보가 나열되며 아래 표현들과 함께 쓰인다.

(a) To help inmates support themselves when released, various educational programs should be provided for prisoners. (b) For example, job-related programs should be created that focus on skills and career counseling.

(a) 수감자들이 석방 후 자립할 수 있도록 도와주려면 다양한 교육적 프로그램이 제공되어야 합니다. (b) 예를 들어, 기술과 직업 상담에 중점을 두는 직업 관련 프로그램이 만들어져야 합니다.

⇒ 주제문 + 예시 [For example/ For instance/ For one thing]
주제문 (a) 뒤에 나오는 예시 문장 (b)에서 For example은 세부 사항 문제에 많이 출제된다.

(a) Please allow me to talk about my experience. (b) First of all, I've worked for five years in this industry.

(a) 제 경력에 대해 이야기해 보겠습니다. (b) 우선, 저는 이 업계에서 5년간 일했습니다.

⇒ 주제문 + 나열 [First, Firstly, First of all/ Second, Secondly, Second of all/ Finally, Lastly, Last but not least]
주제문 (a) 뒤에 나오는 나열 문장 (b)에서 First of all은 세부 사항이나 추론 문제에 많이 출제된다.

As a matter of fact, (a) new customers signed a contract with our company even when our rival submitted a lower priced bid.

사실, 경쟁업체에서 더 낮은 가격에 입찰을 했는데도 (a) 신규 고객들이 우리 회사와 계약을 맺었습니다.

⇒ 주요 세부 사항 제시 [In fact/ Indeed/ However/ As a matter of fact/ More than anything else]
예시 문장 (a) 앞에 온 As a matter of fact는 세부 사항이나 추론 문제에 많이 출제된다. 특히 In fact나 However 뒤에는 앞부분과 상반되는 내용이 나오므로 유의한다.

POLITICS

advocate 지지자; 옹호하다
allegiance 충성
asylum 망명
autonomy 자치 (단체)
enforce 시행하다
legislation 입법, 법률
nomination 지명, 추천
sanction 제재
Senate 상원
totalitarianism 전체주의

aide 보좌관, 측근
anarchism 무정부주의
authority 권한; (*pl.*) 당국
bureaucracy 관료제
laissez-faire 자유 방임주의
municipal 자치 도시의, 시의
ratify 비준하다
security 치안
sovereignty 주권, 독립국
veto 거부권

ELECTION

bipartisan 양당의
cast a ballot 투표를 하다
coalition 제휴, 연합
corruption 부패, 타락
electorate 선거민, 유권자
rigged election 부정 선거
inauguration 취임식
ruling party 여당
pledge 서약, 공약
landslide 압도적 승리; 산사태

candidate 후보자
clout 영향력
constituent 선거구민
electoral district 선거구
exit poll 출구 조사
grass-roots 민중, 대중
incumbent 현직의
opposition party 야당
referendum 국민 투표
suffrage 투표권, 참정권

ECONOMY & TRADE

annual income 연소득
commodity 상품, 일용품
fiscal 재정의
inheritance tax 상속세
monetary 통화의
multilateral trade 다각 무역
protectionist 보호 무역주의자
subsidy 보조금
tax deduction 세금 공제
trade deficit 무역 적자

barter system 물물교환 시스템, 교환 무역제
embargo 통상 금지
gross income 총수입
invoice 송장
mortgage loan 담보 대출
niche market 틈새 시장
revenue 세입, 수입
tariff 관세
tax return 세금 신고
trade surplus 무역 흑자

ECONOMIC CYCLE & EMPLOYMENT

bear market 약세 시장, 하락 장세
bull market 강세 시장, 상승 장세
default 채무 불이행
exponentially 기하급수적으로
fluctuate 오르내리다, 변동을 거듭하다
intervention 개입, 간섭
layoff 일시해고, 일시휴직
recession 경기침체
sector 부문, 분야
speculation 투기
boost 경기를 부양하다
consumer price index 소비자 물가지수
early retirement 조기 퇴직
flex time 근무시간 자유선택제도
insolvent 지불 불능인, 파산인
jobless rate 실업률
pension plan 연금 제도
restructuring 구조 조정
slowdown 경기 후퇴, 침체
stagnation 정체, 불경기

SOCIOLOGY

bibliography 저서 목록, 참고문헌
civilized 문명화된, 세련된
district 구역
environs 환경, 교외
lobby 청원하다
outskirts 외곽, 변두리
piracy 불법 복제, 저작권 침해
radical 급진적인, 근본적인
regime 정권, 제도
urbanization 도시화
censorship 검열
cultural lag 문화 지체
doctrine 교의, 주의
infrastructure 기반시설
modernization 현대화
philanthropist 박애주의자, 자선가
plagiarize 표절하다
rally 집회, 대회
upward mobility (사회 · 경제적 상태의) 상향 이동성
workforce 노동력, 노동 인구

SOCIAL MINORITY

adolescent 청년, 젊은이
diversity 다양성
formative years 성장기, 형성기
household 가족, 가사
indigenous 토착의, 지역 고유의
minority 소수민족
overthrow 전복시키다
reverse discrimination 역차별
stereotype 상투적인 문구, 고정 관념
westernization 서구화
anomie 사회적 무질서
feminism 페미니즘
ghetto 빈민가; 유대인 강제 거주 지구
immigrant 이민, 이주민
infant 유아
national anthem 국가
rehabilitation 사회 복귀, 재활
segregation 분리, 격리
tolerance 관용
Zionism 시오니즘, 유대 민족운동

Questions 1&2 다음 지문을 읽고 주제문을 찾으세요.

1

(a) Now, I'd like to talk about Canada's new Tax-Free Savings Account, a general-purpose savings vehicle. The TFSA allows Canadian citizens to earn tax-free investment income. (b) The TFSA complements existing registered savings plans like the Registered Education Savings Plans. Any Canadian resident who is 18 or older can contribute up to $5,000 a year to a TFSA. (c) What's great about the TFSA is that investment income earned through it is tax-free, while withdrawals from a TFSA are tax-free as well.

2

(a) Many of you are probably aware that the Tea Party is gaining momentum in the United States. (b) But did you know that on the weekend of March 27 and 28, 2010 roughly 7,000 Tea Partyers met in Searchlight, Nevada to kick off the group's 42-city bus tour? (c) This was the start of an important event which came just days after President Obama's historic health care legislation was signed into law, a policy that the Tea Party strongly opposes.

Question 다음 담화를 읽고 질문에 알맞은 답을 고르세요.

3

While many of you are probably aware that helping others is a form of selflessness, there is little doubt that it benefits the person helping out as well. Over the years, social scientists have determined a number of ways that charitable behavior can lead to benefits for the giver, whether economically through tax breaks; whether socially through increasing one's social status; or whether psychologically through a feeling of euphoria that accompanies a supposed "selfless" act.

Q What can be inferred from the lecture?

(a) Charitable acts cannot make the givers happy at all.
(b) Satisfaction only comes from helping others.
(c) Selfless acts are not entirely selfless.
(d) Self-interests rarely motivate people.

⇒ 해설집 P 81

PART IV Choose the option that best answers the question.

1 (a) (b) (c) (d)

2 (a) (b) (c) (d)

3 (a) (b) (c) (d)

4 (a) (b) (c) (d)

5 (a) (b) (c) (d)

6 (a) (b) (c) (d)

7 (a) (b) (c) (d)

8 (a) (b) (c) (d)

9 (a) (b) (c) (d)

10 (a) (b) (c) (d)

UNIT 15 자연과학

의학/ 생물학/ 화학/ 물리학

청해 유형 완전 정복

1 출제 경향

강의 · 연구 결과 발표 등 학술적 성격의 담화의 경우 인문 분야 비중이 가장 높지만, 최근 들어 의학 및 과학 기술 분야 출제 비중도 높아지고 있다. 특히 새로운 발견이나 첨단 기술 등에 관한 내용이 자주 출제되고 있다. 자연과학 분야에서는 주제나 요지를 묻는 문제와 더불어 내용 이해를 묻는 세부 사항 문제와 추론 문제가 함께 출제된다. 일상에서 접하기 어려운 전문적인 내용의 소재도 자주 다뤄져 어렵게 느껴질 수 있으므로, 무엇보다도 분야별 기본 어휘를 충실히 익히고 담화의 주제와 내용을 정확히 파악하는 연습이 필요하다.

2 기출 토픽

건강 & 의학	중세 시대의 페스트, 스포츠 음료의 실체, 고양이 알레르기, 노인 사망의 원인, 체중 및 나이와 암의 상관 관계, 포도주의 항산화 효과, 외식과 비만, 멜라닌 색소, 식품 안전, 불면증, 골밀도 감소, 관절염, 난독증, 당뇨병, 신경 손실
동식물	해조류 분류, 피핀(바닷새)의 생태, 종과 진화의 역사, 사막 메뚜기, 불개미, 밤나무 마름병, 대머리독수리의 멸종 위기, 나노박테리아, 제왕나비, 몸에 이로운 세균, 생태 위기
화학 & 물리학	산화우라늄 처리, 원자와 분자, 자기장 종류, 중력 현상, 아인슈타인의 상대성 이론
환경	조류의 형성, 태양열 발전, 댐의 영향, 일회용품 사용 줄이기, 생물연료의 악영향, 지구 온난화, 허리케인, 해일
천문 & 우주	외계 생물의 존재 가능성, 국제 우주 정거장, 화성, 운석, 우주 비행
기술	전기 자동차, 군사용 선박제조 기술, 주물의 종류, 방수 신소재, 신 발명품

3 대표 예제

1) As I stated in a previous class, new experiments with oxytocin have shown that it has a huge influence on value judgments. 2) But oxytocin, which is also known as the love hormone because of its importance in bonding between romantic partners and mothers and children, plays a very important role in childbirth and breastfeeding, too. 3) Animal studies have shown that it is also important in monogamous social relationships. In addition, research has shown that oxytocin has an impact on human trust and empathy.

Q Which is correct about Oxytocin according to the lecture?

(a) It can be lethal in some cases.
✔(b) It affects humans and animals.
(c) It alone determines our judgments.
(d) It is more powerful than any emotion.

[1] 이전 시간에 말했던 것처럼 새로운 실험을 통해 옥시토신이 가치 판단에 큰 영향을 미친다는 것이 밝혀졌습니다. [2] 하지만 연인 사이 또는 어머니와 자녀 간의 유대에 미치는 중요성 때문에 애정 호르몬이라고도 알려진 옥시토신은 출산과 수유에도 중요한 역할을 합니다. [3] 동물 연구에 따르면 옥시토신은 일부일처제의 사회적 관계에도 중요하다고 합니다. 또한 옥시토신은 인간의 신뢰와 공감에도 영향을 끼치는 것으로 알려져 있습니다.

Q 강의에 따르면 옥시토신에 대해 옳은 것은?
(a) 어떤 경우에는 치명적일 수 있다.
(b) 인간과 동물에 영향을 미친다.
(c) 단독으로 우리의 판단을 결정한다.
(d) 어떤 감정보다도 더 강력하다.

1) **도입:** 강의의 주제 제시
⇨ 주제 문제

2~3) **본론:** 내용 설명 및 부연
⇨ 세부 사항 및 추론 문제

◆ **포인트** 일반적인 학술 담화로서 서두에 주제가 제시되고 그 뒤를 이어 구체적인 설명이 나오는 형식을 따르고 있다. 처음에 옥시토신이라는 호르몬을 언급한 다음, 그 호르몬에 대한 구체적인 내용을 몇 가지 나열하고 있는데, 가치 판단, 사회적 관계, 신뢰 등에 영향을 미친다는 점이 언급되었다. 구체적인 정보를 선택지와 비교하여 풀어야 하는 세부 사항 문제로, 옥시토신의 역할은 인간과 동물에 영향을 미치는 것이라고 볼 수 있으므로 정답은 (b)이다.

state 진술하다, 표명하다 **experiment** 실험 **hormone** 호르몬 **breastfeeding** 모유 수유 **monogamous** 일부일처의 **empathy** 공감 **lethal** 치명적인 **determine** 결정하다 **judgment** 판단

4 답이 보이는 단서 표현

연구 결과 요약: 자연과학 강의 담화에서는 다음 표현 뒤에 연구 결과나 새로운 발표의 요약이 제시되어 주제와 밀접한 관련을 갖는 경우가 많으므로 특별히 주의해서 듣는다. 주제 문제로 직접 출제되거나 세부 사항으로 선택지 중에 제시된다.

According to researchers, too much vitamin C can have negative effects on the body's immune system.
연구자들에 따르면, 비타민 C의 과다 섭취는 인체 면역체계에 부정적인 영향을 미칠 수 있다고 합니다.

Studies have found that over 5,000 Africans die each day of preventable diseases.
매일 5천 명 이상의 아프리카인들이 예방 가능한 질병으로 사망한다는 사실이 연구에서 밝혀졌습니다.

A recent study shows that fever is a defense mechanism that helps increase the production of antibodies.
최근의 한 연구는 열이 항체 생성을 증가시키는 방어 기제라는 사실을 보여 줍니다.

A report claims that nearly half those who earn teaching degrees in the nation are not able to land a teaching job.
한 보고서에 따르면 국내에서 교사 학위를 가진 사람의 거의 절반이 교사직을 결국 구하지 못한다고 합니다.

Scientists have revealed that there are more than two types of killer whale.
과학자들은 두 종류 이상의 범고래가 있다는 사실을 밝혀냈습니다.

GEOGRAPHY & PHYSICS

atmosphere 대기; 분위기
canal 운하
deposit 침적물, 퇴적층
estuary 하구, 만
hydrogen 수소
latitude 위도
momentum 힘, 추진력
refraction 굴절
swamp 늪, 습지대
ultraviolet 자외선
basin 분지, 유역
continental shelf 대륙붕
eruption (화산의) 분출
hemisphere 반구
inland 내륙, 오지
meteorite 운석, 유성체
ocean floor 해저
seismic center 진원
terrestrial 지구의, 육지의
volcanic 화산의; 폭발성의

BIOLOGY

amphibian 양서류
biochemical oxygen demand 생화학적 산소 요구량
deforestation 사막화, 벌채
endangered species 멸종 위기에 처한 종
extinction 멸종, 소멸
freshwater 담수
mammal 포유류
metabolism 신진대사
red tide 적조
tropical rain forest 열대 우림
avian 조류(의)
carbohydrate 탄수화물
ecosystem 생태계
enzyme 효소
fossilized 화석화된
habitat (동물의) 서식지, (식물의) 자생지
marine biology 해양 생물학
photosynthesis 광합성
reptile 파충류
wildlife 야생 동물

MEDICINE

anemia 빈혈증
antibiotic 항생 물질
artery 동맥
autism 자폐증
cataract 백내장
complication 합병증
dermatologist 피부과 의사
hypotension 저혈압
hepatitis 간염
malignant 악성의
anesthetic 마취제
antidote 해독제
arthritis 관절염
biopsy 생체 조직 검사
clinical test 임상 시험
coronary 관상 동맥의, 심장의
pediatrician 소아과 의사
hypertension 고혈압
immune 면역의, 면역성이 있는
euthanasia 안락사

ENVIRONMENT

alternative energy 대체 에너지
conservationist 자연보호론자
dump 쓰레기 하치장; 내버리다
exploitation 개발, 착취
food additive 식품 첨가물
fume 매연, (유독) 가스
glacier 빙하
hydropower 수력 전기
nuclear waste 핵 폐기물
radioactive waste 방사성 폐기물
carbon footprint 탄소 발자국, 온실가스 배출량
consumerism 소비지상주의
emission control 배기가스 규제
fallout 낙진
fossil fuel 화석 연료
garbage disposal 쓰레기 처리
groundwater 지하수
landfill 쓰레기 매립(지)
oil leak 원유 유출
sustainable growth 지속 가능한 성장

HIGH TECH

analog 아날로그
artificial intelligence 인공 지능
electronics 전자 공학
genetic manipulation 유전자 조작
in vitro fertilization 체외 수정
insulator 절연체
optical fiber 광섬유
polymer 중합체
state-of-the-art 최첨단의, 최고 기술 수준의
ultrasonic 초음파의
android 인조 인간
dynamo 발전기
encoding 부호화, 암호화
humanoid 인간에 가까운 로봇
injection 주입
lubricant 윤활제
patent 특허의; 특허권
robotics 로봇공학
synchronization 동기화
voice recognition 음성 인식

COMPUTER & INTERNET

brick and mortar 오프라인 거래의; 소매의
computerize (정보 등을) 컴퓨터로 처리하다
information superhighway 정보 초고속도로
on-line 온라인(의)
semiconductor 반도체
computer terminal 컴퓨터 단말기
cyberspace 가상 공간
interface 인터페이스, 접속 장치
retrieve (정보를) 검색하다
virtual reality 가상 현실

WAR & SPACE

astronaut 우주 비행사
deterrent 전쟁 억제력
nuclear weapon 핵무기
probe 우주 탐사선
space shuttle 우주 왕복선
rendezvous (우주선의) 랑데부
docking 두 우주선의 결합
orbit (천체 · 인공위성의) 궤도
satellite 인공위성
track 추적하다

Questions 1&2 다음 지문을 읽고 주제문을 찾으세요.

1

(a) Many of you in this class are probably aware that age-related macular degeneration (AMD) is the leading cause of blindness in people over fifty. (b) And while there is no cure for AMD, there are two treatments for it which reduce the impact that macular degeneration has on one's sight. (c) Traditionally, the two drugs used to treat AMD have been Avastin and Lucentis, and scientists now say there may not be any difference in the efficacy of the two drugs.

2

(a) Today, we're going to examine the mystery of where all the water on Mars went. Evidence points to the fact that billions of years ago Mars may have actually had oceans. (b) Indeed, during its great variations in tilt, ice may have extended down to the tropics. (c) Both the European Space Agency's Mars Express probe and NASA's Phoenix lander and Mars Reconnaissance Orbiter have found evidence of the existence of ice below the surface.

Question 다음 담화를 읽고 질문에 알맞은 답을 고르세요.

3

Today, we will discuss what researchers at the University of North Carolina identified as a compound that could drastically reduce toxic side effects of irinotecan, a widely used cancer drug. The research could improve drug tolerance and anticancer treatment among cancer patients. Cancer patients have been taking irinotecan, or CPT-11, for years, but many suffer severe side effects, such as diarrhea, especially when taking heavy doses. Tests have now begun on patients and if proven successful this breakthrough could benefit millions of people, most notably those with colon cancer.

Q What can be inferred from the talk?

(a) Millions of people have died after taking heavy doses of CPT-11.
(b) The breakthrough might lessen diarrhea in people taking CPT-11.
(c) Researchers in the U.S. might have found a cure for colon cancer.
(d) Irinotecan is a harmless drug that does not battle cancer very well.

⇨ 해설집 P 87

PART IV **Choose the option that best answers the question.**

1 (a) (b) (c) (d)

2 (a) (b) (c) (d)

3 (a) (b) (c) (d)

4 (a) (b) (c) (d)

5 (a) (b) (c) (d)

6 (a) (b) (c) (d)

7 (a) (b) (c) (d)

8 (a) (b) (c) (d)

9 (a) (b) (c) (d)

10 (a) (b) (c) (d)

Actual Test

Listening

TEPS

Listening Comprehension

Directions

1. In the Listening Comprehension section, all content will be presented orally rather than in written form.
2. This section contains 4 parts. In parts I and II, each passage will be read only once. In parts III and IV, each passage and its corresponding question will be read twice. But in all sections, the options will be read only once. After listening to the passage and question, listen to the options and choose the best answer.

해설집 P 92

Part I **Questions 1—15**

You will now hear fifteen conversation fragments, each made up of a single spoken statement followed by four spoken responses. Choose the most appropriate response to the statement.

Part II **Questions 16—30**

You will now hear fifteen conversation fragments, each made up of three spoken statements followed by four spoken responses. Choose the most appropriate response to complete the conversation.

Part III **Questions 31—45**

You will now hear fifteen complete conversations. For each item, you will hear a conversation and its corresponding question, both of which will be read twice. Then you will hear four options which will be read only once. Choose the option that best answers the question.

Part IV **Questions 46—60**

You will now hear fifteen spoken monologues. For each item, you will hear a monologue and its corresponding question, both of which will be read twice. Then you will hear four options which will be read only once. Choose the option that best answers the question.

Dictation **Drills**

TEPS Listening Practices

⇨ 정답 P 156

Listen and fill in the blanks.

Unit 1

11

W Where are you off to, Robert?
M I'm going over to see Louise and Amy.
W Amy Patterson? I haven't ____________________.
M Yeah, neither have I. They called me ____________________ yesterday.
W Will you ____________________ and say hi to Amy for me?
M You've got it.

12

M The book club picnic is this Saturday, right?
W Yeah, I wish I could go but I'll be ____________________ with my family.
M That's a shame.
W It is but I have to ____________________.
M Oh, that's good news. Whose wedding is it?
W The bride is one of my closest friends ____________________.

13

M I'm so sorry for your loss, Brenda.
W Yeah, I still can't believe Ted is gone.
M I can't believe I'm never going to see him, either.
W He was ____________________.
M Your brother was truly one of ____________________ people I knew.
W Well, I suppose we should ____________________ home now.

14

M Congratulations! I heard the news.
W Thanks a lot. I'm really excited.
M How do you feel ____________________?
W Amazing. Now ____________________ is a car.
M You may not have a car, but you can still drive.
W Yeah, and I can ____________________.

15

W Which shirt ____________________ this skirt?
M The green one.
W But this pink one is super cute.
M It is, but don't you want your top to ____________________?
W Good point. See, that's why I asked you.
M I'm glad to be ____________________.

Unit 2

11

M I heard you went bungee jumping.
W Yeah. It was very exciting.
M You really like ____________________?
W I do like doing adventurous things.
M You're not worried about ____________________?
W Far from it. I ____________________ the adrenalin.

12

M Hey, Olivia. Are you busy this afternoon?
W Not really. I'm just watching TV right now.
M Do you want to ____________________ with me through Central Park?
W That's such a great idea. ____________________ there?
M No. I'll come and ____________________ in half an hour.
W OK. I'll see you then.

13

W Are those skis? They ____________________.
M Yep. My dad just ____________________ me.
W They don't look like normal skis, though.
M They're not. They're water skis.
W You know ____________________? Cool.
M It's my favorite summer sport.

14

M Oh my goodness! These books are gorgeous!
W Thanks. They're all ____________________ and very valuable.
M I didn't know you collected books.
W Collecting rare and antiquarian books has long been my passion.
M Well, some of these older books are ____________________.
W I know! Publishers don't ____________________ like that anymore.

15

M Would you like to go to the Royal Wood concert this Thursday?

W Royal Wood? You did get tickets?

M Yep. Not only that, but I also have ____________________.

W You ____________________! This is crazy!

M I know. My best friend is the ____________________.

W I can't believe I'll get to meet Royal Wood in person!

Unit 3

11

W Was everything OK ____________________?

M Yes. My only complaint is that there was too much food!

W I hope it was ____________________, though.

M Absolutely. However, we'll need to ____________________ of this home.

W Sure. I'll take care of that right away for you.

M Thank you. Now, the bill please.

12

M Excuse me, but do you ____________________ here?

W We do, but we require two pieces of photo ID.

M Will my license and ____________________?

W A license is fine but we can't accept your health card.

M What else can I show you?

W A passport or some other official ____________________ ID.

13

W I have a serious shopping problem.

M But I thought you love to shop.

W I do! That's the thing. I'm a ____________________!

M Don't be so ____________________.

W But I spend half of every ____________________.

M Seriously? Maybe you do have a problem after all.

14

M Do you have a table ____________________?

W I'm afraid we're ____________________ right now.

M Do you know how long the wait is at this point?

W For a table of six? Probably about 20 or 30 minutes.

M I see. In that case we'll just ____________________.

W Very well, sir. Sorry for an inconvenience.

15

W Can I ____________________ somewhere?

M Of course. There's a fitting room right behind you.

W How many items can I ____________________?

M Up to six items at one time.

W Here. Take this, then.

M And here are ____________________, one for each item.

Unit 4

11

W Matt, I heard you moved. How do you like your place?

M I love it. It's about a thousand ____________________.

W That's ____________________. How many bedrooms does it have?

M It has one bedroom, a kitchen, and a study.

W How big is the study?

M It is ____________________ my bedroom.

12

M My landlord is ____________________.

W What? ____________________?

M Yeah, landlords can raise the rent 3.3% a year.

W So, how much more do you have to pay?

M It's an ____________________ a month.

W That's not too bad.

13

W Do you know anyone ____________________?

M I have a car. How come?

W I need some help moving.

M You don't need a truck or moving van?

W No. I don't have ____________________.

M Well, ____________________ help you.

14

W Do you know anyone who is ____________________?

M I might. Are you looking for a new roommate?

W Yeah. Gloria is ____________________ soon.

M Does it have to be a woman?

W That doesn't really matter.

M ____________________ I might just know someone.

15

M What did the ____________________ about the roof?

W He said it would cost about five thousand dollars ____________________.

M Well, that's way more than we ____________________!

W Yeah, but I don't think we have a choice.

M All right. I'll go call him.

W Here's his number.

Unit 5

11

M Hey, Shelly. It's Marc.

W Hi, Marc! What's up?

M Not much. I was just wondering if you wanted to ____________________ together.

W I'd love to. Where did you want to go?

M ____________________ that new Thai place on Market Street?

W I've been ____________________ there!

12

M Diamond Hotels and Resorts.

W Hi, I got a ____________________ from you guys.

M What seems to be the problem?

W It said I recently ____________________.

M Do you currently have a reservation with us?

W Yes, and that's what I wanted to ____________________.

13

M ____________________ Global Farms. This is Todd speaking.

W Hi, I want to ____________________ I made two days ago.

M Okay. Do you have your order number?

W Yes, it's 14355567.

M That was ____________________ of green apples, right?

W That's correct. Now I just need one box.

14

W Hi, Larry. It's Victoria.

M Hey, What's going on?

W Actually, I'm feeling a little ____________________ today.

M Is that why you're not at work today?

W Yeah, I think I'm going to stay home and ____________________.

M Sure. Just ____________________.

15

M Hello, this is S&P Department Store.

W Hi, I have a question about your ____________________.

M Sure. What is it?

W How many days do I have to return to ____________________?

M We only ____________________ on items up to 14 days.

W I see. Thank you.

Unit 6

11

W If I want to ____________________ to Singapore, what are my options?

M You can send it surface mail or airmail.

W How fast will it get there?

M Surface mail ____________________ seven business days, while airmail takes three business days.

W OK. I'd like to send my package airmail, please.

M All right. Just place it up here and ____________________ it.

12

M Hello. Can I get some information about ____________________ an account?

W Certainly, sir. What kind of account would you like to open?

M A checking account.

W Would this be for personal use or for a ____________________?

M It would just be for me.

W Very well. Just ____________________.

13

M Do you have any produce or ____________________?

W No, just my personal stuff.

M Would you ____________________, please?

W Certainly. I only brought some fruit to eat on the plane.

M Sorry, but you're not allowed to ____________________ into the country. You'll have to leave the fruit here.

W I'll know better next time.

14

W Excuse me, but my baggage didn't come ____________________.

M Which airline did you fly with?

W I just got in from Calgary on Globe Airways.

M You'll have to fill out a ____________________.

W Where can I do that?

M Go talk with an airline ____________________.

15

M Do you offer ____________________?

W ____________________ United States, yes.

M How much does it cost to send a letter?

W If it's ____________________ it is $8.

M OK. I'd like to do that.

W Of course. Tell me where it is going, please.

Unit 7

11

W We have to get down to the ____________________.

M When does the boat leave?

W At 6:30, but there might not be any ____________________.

M OK, let me just ____________________ thing.

W Meet me in the car, all right?

M Sure. I'll be down in five.

12

M Do you think I could borrow your car tomorrow?

W Why don't you just ____________________ Zipcar?

M Zipcar? I've never heard of that.

W They rent cars ____________________. You can make a reservation online.

M What about gas and insurance, though?

W They pay for it. You're only ____________________ the cost of the car.

13

W Do you have any plans for this summer?

M I'm going to ____________________ in Bali.

W Wow! Isn't it expensive, though?

M Yeah, but I've been ____________________ for a vacation.

W I envy you. So, what are you going to do there?

M Well, I heard they have ____________________ there.

14

W You know what we should do when we get to Victoria Falls?

M Go ____________________?

W No. I was thinking about taking a helicopter ride ____________________.

M They do that there? I didn't know that.

W Yeah. I've been looking into it and the experience ____________________.

M I'm fine with doing that as long as it's not too expensive.

15

M How many flights a day are there to London, England on this airline?

W We fly to London four times a day, at 8:00, 10:30, 14:45 and 23:50.

M Can I ____________________ for the 8:00 flight tomorrow morning, please?

W Actually, that flight is already ____________________.

M Oh, is there ____________________ on the 10:30 flight?

W Yes. We have business class and economy class.

Unit 8

11

M Did they really schedule Alicia's ____________________ for a Saturday night?

W Why? ____________________ everyone can be there.

M It also means I can't ____________________ for the weekend!

W Well, I think it is the least you can do for her.

M I suppose. And I really do like her.

W I do, too.

12

W Are you going to the sales meeting?

M I thought ____________________.

W Actually, this ____________________.

M In that case, I might not go.

W Me either. I have too much work.

M Yeah, and I've got a ____________________.

13

W What time is your job interview tomorrow?

M 3:30. I think the job is mine but I'm ____________________.

W Why? You've been to tons of job interviews.

M True, but none where my uncle would be part of the ____________________.

W Seriously? Is that how you heard about this job in the first place?

M Exactly. I don't want to ____________________.

14

M The coffeemaker ____________________ again!

W Rachel from accounting went out and bought some coffee.

M Where is it?

W She put it in the staff kitchen.

M ____________________ her! Did she pay for it herself?

W She did, but the company will ____________________.

15

W We're doing a Secret Santa for Christmas.
M So you're exchanging a gift with a ____________________?
W Yep. I was about to go get my gift, actually.
M Can I ____________________? I need something for my wife.
W Sure. ____________________ BMV Department Store.
M Sounds perfect.

Unit 9

11

W Did you hear that we have a ____________________ tomorrow morning?
M Yeah. What's that about?
W I don't know, but now our music class has ____________________.
M Awesome. I'm not such a big fan of music these days.
W I know. Mr. Mason is ____________________!
M Tell me about it.

12

M Where are you ____________________ next year?
W I'd love to get some roommates and ____________________.
M Really? I was thinking of the same thing!
W We should live together! What do you think?
M Great idea. How many other people should we find as roommates?
W I think there shouldn't be more than four of us ____________________.

13

M Have you seen the school's new science lab?

W I've only seen it ____________________.

M It looks pretty awesome, huh?

W Yeah, very ____________________.

M Science might actually be fun now.

W I don't know if ____________________.

14

W I can't believe the ____________________ Deborah for plagiarism!

M You know it's not the first time she's done that, right?

W I cannot believe this. Are you serious?

M Completely. She's ____________________ on two other occasions in the past.

W Oh, I never knew that about Deborah.

M Honestly, I think the principal ____________________ in this case.

15

M They posted the psychology midterm results.

W It doesn't matter. ____________________.

M But I thought you studied hard for it.

W I couldn't. I had three midterms ____________________!

M Oh, sorry to hear that.

W Fortunately, the midterm is only ____________________ of the final grade.

Unit 10

11

M Carla, how often do you eat red meat?
W I'd say maybe once or twice a month.
M That's it? I think I eat red meat in some form ____________________.
W That's ____________________, Jay.
M Yeah, in a perfect world I'd only eat it once a week.
W Be realistic. Try and ____________________ to eating it just twice a week at first.

12

W My greatest fear in the world is developing Alzheimer's.
M There are ways you can help ____________________.
W Really? I thought there was no cure for Alzheimer's.
M Right, but there are activities you can do to ____________________ of getting it.
W What are they?
M Doing ____________________ is an example.

13

M I ____________________ with my dentist at five today.
W Is anything wrong with your teeth?
M No, I'm just going to ____________________ and looked at.
W Oh, I probably should do that, too.
M Yeah, I do it every six months.
W There's nothing worse than getting a ____________________.

14

M I'm tired of being ____________________.

W Try exercising more regularly.

M But I just want to watch TV after work.

W You need a personal trainer to ____________________.

M Aren't they expensive, though?

W A little, but your ____________________ it.

15

M You ____________________, Erin!

W Stop it. I'm fat and I know it.

M Come on, every woman ____________________ when they're pregnant.

W Yeah, but I'm particularly huge.

M No, You are radiant and ____________________ beautiful.

W Well, thank you for saying so, Daniel.

Unit 11

1

May I have your attention, please? The photo ID session originally scheduled for this afternoon at 2 pm has been canceled due to ____________________. These photos are ____________________ company IDs for all new employees. The photo session has been rescheduled for tomorrow morning at 9 am. Please ensure you are in room 205 at least 10 minutes prior to this. If this ____________________ for anyone, please see Harold Reynolds in human resources as soon as possible. Thank you.

2

J&S Department Store is having the ____________________ in its history on March 1. After 26 years, J&S is closing its doors for good and every single piece of inventory will be ____________________ as much as 75%. You have never before experienced a sale like this. Everything must go: men's and women's apparel, electronics, health and beauty items, toys and games—absolutely every product we carry will ____________________. Doors open at 9 am and close at 9 pm.

3

Patrick and Cindy Marleau are pleased to ____________________ of their first child, Christina Allison Marleau. Christina was born at 5:43 pm on Friday, June 4 at St. Michael's Hospital in downtown Toronto. She ____________________, seven ounces at birth. The Marleaus, who were married just 10 months ago at York Downs Golf & Country Club, ____________________ and would like to thank all their friends and family for their love and support during Cindy's pregnancy.

4

This is Jerry Willow with your Eye in the Sky six o'clock traffic report. Well, folks, it's ____________________ core after a truck jackknifed on Interstate 34. Emergency crews are ____________________ and doing the best they can to free up traffic, but they're estimating it could be upwards of at least another hour before they ____________________ and traffic returns to normal. I'll be back thirty minutes from now with another traffic update.

5

Thank you, everyone, for joining us here at the 23rd annual Modern and Contemporary Art Symposium. My name is Eileen Rogers and I'll be your ____________________ the first talk of the day, entitled "Change and Substance: Understanding New Art Movements." It's ____________________ to be here. Now, joining me on stage are three ____________________ in the art history field. Let me introduce you to Mark Hanna, Geraldine Peters and Anne Wong.

6

A Fast Solutions cargo plane with three crew members ____________________ Wednesday outside Riyadh, Saudi Arabia officials said. There was no immediate word ____________________. The plane went down near a busy highway intersection about 21 kilometers northwest of Riyadh's international airport at about 6:30 am local time, Fast Solutions spokesperson Dan Emerald said. Emerald confirmed the plane had three ____________________ but did not say whether there were any casualties.

7

Hi, Sheryl. This is Tom Peters over in HR. First of all, great presentation this morning. I think you really ____________________ of everyone in attendance. Anyhow, the reason I'm calling is that you ____________________ in the presentation room. Not to worry, though. It's ____________________ with me right now. Do me a favor and give me a call when you get back from lunch, will you? OK. Bye now.

8

Please keep in mind that all internal position openings at Halliburton College will be announced on our website under the Human Resources tab. Position openings will remain posted until the ____________________. Position opening announcements will include all relevant information that ____________________ should consider before filling out an application such as position title, eligibility requirements, location, department, and job-related selection criteria. However, Halliburton College ____________________ to hire applicants from outside the college when necessary.

9

Please be advised that due to ____________________, the air conditioning system will not be working tomorrow from 1 to 5 pm. We apologize for the inconvenience. In order to make sure the air conditioning system is running ____________________ throughout the summer, we must carry out regular mechanical work on it. We understand this will be a challenge, especially because of the expected highs tomorrow. Therefore, we will be ____________________ for each office by the end of today's work day.

10

Hey, Ellen. It's Marc phoning. I know you're ____________________ and won't be back until Sunday, but would you ____________________ first thing Monday morning? There have been some changes to the meeting on Tuesday and I need to let you know what they are at once. You are now responsible for the PowerPoint presentation and not the ____________________. Also, we will only have 20 minutes to present, not 30. Talk to you soon.

Unit 12

1

You know that your baby ____________________ and there is nothing better than Churchill baby products. The Churchill change table is just one of many fine products in a long line of fine items that make life better for your child. Its polished and refined lines add a ____________________ and class to your nursery. Plus, its two large open shelves make it a ____________________ change table, with the perfect amount of storage for diapers, baby wipes and towels.

2

Get Logan's Excalibur 1000 today! This beautiful watch comes in a titanium case, features a black carbon fiber dial and is ____________________ up to 100 meters. Its self-winding chronograph mechanism allows for greater ____________________. Hurry now to get yours because they won't last long. This limited edition men's watch is currently on sale for $150, down from its regular price of $295. The Excalibur 1000 is available everywhere ____________________.

3

At Coffee Mania, we only sell fairly traded coffees. Fairly traded coffees are those which are bought ____________________ that reflects the care and attention put into the production of the coffee by the producer. This allows for the producer to ____________________ and employees, while also ensuring the ____________________ of high-quality coffee. Come visit any of the more than one hundred Coffee Manias in the city and pick up your fairly traded coffee today.

4

This winter, ____________________ when it comes to getting the boots you really need. You're sure to find something you'll love among Cougar's ____________________ of long-lasting and fashionable boots. All of our boots are lined with leather. Plus, you'll find them lighter, softer and ____________________ than any other boot on the market. The best part is that all our boots come with a three-year warranty.

5

At Rickman Brothers, we are pleased to offer you a variety of affordable and ____________________ options designed to suit your personal credit needs. Come and visit us at one of our stores or call one of our sales associates to learn more about quick and ____________________ through LKT Financial. Rickman Brothers accepts the following methods of payment: cash, certified check, money order, Visa, MasterCard, American Express, and debit. Some ____________________. Contact a sales associate for more details.

6

The University of London's ULO Arch program is a new concept of learning, one which promotes new ways of thinking and practicing architecture. The academic core of the program is the ULO Arch Master of Architecture degree, which combines ____________________ and design-based research and production. Students are granted their degree after one year (or two terms ____________________ over any length of time) of full-time study. The ULO Arch program ____________________ and is taught entirely in English.

7

Trust Johnson & Johnson for all your translation needs. Our in-house translators are ____________________ of 26 languages, including Asian, European and African languages. In addition, our translation services ____________________ document translations to interpretation services to research to setting up websites. With our staff of highly qualified translators, interpreters, proofreaders and researchers, Johnson & Johnson can ____________________ you need.

8

Interested in a ____________________? Then grab your golf clubs and let Globe Travel do the hard work for you. We offer a number of specially designed vacation golf packages at famous courses around the world. Whether it's Hawaii, California, Scotland or Australia, Globe Travel can make your dream golf vacation come true. All ____________________ hotel accommodations, car rental, rounds of golf and carts. What's more, three-night trips start for as little as $319. You won't ____________________ anywhere.

9

DB&J Commercial Systems ____________________/ Export Trade Compliance Specialist immediately. The successful candidate will support the company by analyzing financial ____________________ and working on free trade agreements. A minimum of five years' experience is required, as is ____________________. If hired, the successful candidate will spend 20 percent of their time traveling. If you're interested in a career as a financial analyst, don't hesitate. For more information, call 1-700-DB&J.

10

Radio Max is the Internet's top online site to ____________________ from every continent in the world. Listen to thousands of Internet radio stations featuring music in every style, including hip hop, jazz, new age, rock, classical, oldies, and more. You can ____________________, or if you become a VIP member for just $5 a month, you'll ____________________ music without any advertisements. Check us out today and try one of our free 10-day VIP tours.

Unit 13

1

Malcolm Gladwell is a journalist, writer, and speaker. He is the author of four non-fiction books, the most recent being *What the Dog Saw And Other Adventures*. Gladwell has a unique way of looking at ____________________. Instead of writing about one subject and dissecting it empirically, he adopts a ____________________, taking two seemingly opposite phenomena and drawing links between them. This has earned him both a loyal following and made him one of the ____________________ in the world today.

2

The Battle of Borodino was fought on September 7, 1812. The Russians ____________________ tactically and let Napoleon's army march into Moscow. Once in the Russian capital, Napoleon expected Tsar Alexander I to surrender. When this did not happen, Napoleon and his French army were forced to retreat west due to a ____________________. By this time it was October and deathly cold. When Napoleon finally made it back onto friendly soil, his army had been ____________________ cold and starvation.

3

Rohinton Mistry's *A Fine Balance* is a story of how India's state of emergency in the 1970s ____________________ of personal relationships and families. On the one hand, Dina must ____________________ of losing her apartment to help Ishvar and Om, who in turn must deal with the destruction brought upon their family as a result of stepping outside the caste system. When Ishvar and Om are caught up twice in the Indian government's cruelly administered policies, their family is eventually ____________________.

4

When world education rankings were released by the Paris-based Organization for Economic Cooperation and Development, quite a few people were ___________________. Some of the wealthiest nations, including the United States, Germany and the United Kingdom, were not at the top of the list. Indeed, South Korea ___________________, followed by Finland, Canada, New Zealand and Japan. The results ___________________, literacy and science tests that 470,000 15-year-olds took in OECD member nations around the world.

5

Many of you probably think Christopher Columbus was the first European to reach the Americas. However, Leif Erikson and his fellow Vikings reached what is today northern Newfoundland—Canada's ___________________—in about 1001 A.D. He ___________________ at a place called L'ans aux Meadows. Thus, the Vikings, and not Columbus, were the first Europeans to ___________________ population of North America.

6

Today, I'd like to look at another early ___________________. Did you know that long before mankind could farm or make complex tools, we could create jewelry? People began making metal tools about 6,000 years ago and the ___________________ took place 10,000 years ago. However, men and women have been making jewelry in one form or another for thousands of years longer. In fact, the oldest known jewelry is a ___________________ made from Nassarius shells that dates back about 100,000 years.

7

Some of the ____________________ of southern Africa were the San and Khoekhoe peoples, both of whom were living there for thousands of years before the first Europeans arrived. While the San were largely hunter-gatherers, the Khoekhoe were a pastoral people that lived in areas close to bodies of water. When Europeans arrived at the tip of the continent, the Khoekhoe ____________________ like smallpox en masse. This is part of the reason that they have essentially disappeared as an ____________________ over the centuries.

8

Today, we will examine modern art in South Korea, which first ____________________ in the 1960s. During this decade, artists from the small East Asian country began incorporating more ____________________ and intangible subjects into their art. While the connection between man and nature was a common theme at this time as well, by the 1980s social issues began ____________________ in the country's art. Most modern Korean masterpieces can today be seen at Seoul's National Museum of Korea.

9

Now, I'd like to talk about Arabic, one of the world's most important and most ____________________ languages. It is spoken in countries from Morocco and Egypt to Saudi Arabia and Yemen. What most people do not realize, however, is that Arabic has many ____________________, which sometimes differ enough to be mutually incomprehensible. Because of this, most educated Arabs must be able to speak both their local dialects and their school-taught standard Arabic. Furthermore, if they are ____________________ business, they typically speak either English or French as well.

10

Legend has it that a 9th-century Ethiopian man named Kaldi was the first person to recognize the ____________________ of the coffee bean plant. He noticed this after his goats ate some coffee beans and could not sleep that night. However, the first evidence of people ____________________ for human use goes back to the 13th century. It was Ethiopia's Keffìcho People who are ____________________. Over the next few centuries, coffee would be exported to every corner of the world.

Unit 14

1

Childhood obesity has become a huge problem. Children need to learn about more ____________________. Programs like the Growing Classroom help connect students to the food they eat every day. They grow their own vegetables and learn to ____________________. They eventually farm and cook with the ingredients they grow. Studies show that children are more likely to consume something when they've helped to make it. We need to reduce the amount of junk food kids eat and get them to make ____________________.

2

Now, I'd like to talk about ____________________. It started in the early 19th century with correspondence classes but has really evolved over the last century with the development of new media, especially with the ____________________ and the Internet. The Internet has had the most ____________________ on distance education, as students are now able to read and respond to all correspondence. This allows them to learn as much from each other as from the instructor.

3

Although it had a negative effect at the time, the Asian Financial Crisis ____________________ and very useful information to economists about currency trading and the management of national accounts. The crisis was basically a series of ____________________ that spread through many Asian markets beginning in the summer of 1997. The currency markets first failed in Thailand, with currency declines spreading rapidly throughout South Asia. Indonesia and South Korea both had their economies ____________________ the financial crisis, too.

4

A recent report in a prestigious journal ____________________ in the weight loss community. It added more evidence that goes against conventional thinking when it comes to obesity and weight loss. The study is not conclusive yet as it was small and the findings will ____________________. Still, it does lend more credibility to the very sobering possibility that despite our best efforts, once we become fat, most of us will ____________________ stay fat.

5

In Brazil, a retired circus chimpanzee has become the Picasso of simians. The 26-year-old chimpanzee, Jimmy, is ____________________ to a Brazilian zoo to watch him paint. Much to everyone's surprise, Jimmy has been ____________________ of art every day for the three weeks he has been at Rio de Janeiro's Niteroi Zoo. For at least 30 minutes a day, Jimmy has been carefully dipping his brush into plastic paint containers before using ____________________ to produce his art.

6

In my last talk, I covered Canada, another constitutional monarchy, but today I'd like to look at Monaco, which has been governed as a constitutional monarchy since 1911. In Monaco, the ____________________, who is today Prince Rainier III, is the head of state. Unlike other European monarchies, Monaco's sovereign is the actual—and ____________________ —head of state. The sovereign represents Monaco in its foreign relations and signs and ____________________.

7

Osama bin Laden was killed on May 2, 2011 in his Abbottabad, Pakistan ____________________ with American Navy SEALs and CIA paramilitary forces. After the team returned to Afghanistan with bin Laden's body, they encountered a new problem. Islamic tradition calls for a body to be ____________________ 24 hours, but finding a country willing to ____________________ of the world's most wanted terrorist would have been difficult, so bin Laden was buried at sea.

8

The ancient Greeks are credited with having the ____________________ over 2,400 years ago. Each year, 500 citizens were chosen from a list containing everyone's name in Athens. Those 500 citizens had to serve for one year as the ____________________ Athens. In addition, every citizen of Athens was ____________________ on any new law that this body of 500 citizens created. The only catch was that women, children and slaves were not considered "citizens" and could therefore not vote.

9

Today, the Internet is more "real" than the real world for a growing number of people. As in-person meetings are replaced by online interactions, people's health is ____________________. In fact, a new study found people who spend a lot of time on the Internet are more likely to show ____________________ and depression. It did not matter whether they play games or chat online. What the researchers were unable to determine was how Internet use and ____________________.

10

Treasury bills, or T-bills for short, are a short-term ____________________ backed by the American government with a maturity of less than one year, most commonly for 4 weeks, 13 weeks or 26 weeks. They do not pay interest ____________________; instead they are sold at a discount to create a positive yield to maturity. For example, someone who buys a 13-week T-bill priced at $9,800 will essentially receive an IOU from the U.S. government for $10,000 that it ____________________ in three months.

Unit 15

1

You might wonder why some birds have such beautiful feathers. After all, doesn't it make them more ____________________ of predators? In fact, these fancy feathers help it ____________________. Male houbara bustards, for example, use their beautiful feathers to attract females, and the one with the most beautiful tail will become the father of lots of young and ____________________. Over generations, this kind of bird's tail gets fancier and more colorful. Likewise, male musk deer use their tusks to fight each other. The winner gets the female. Over time its tusks get tougher and sharper.

2

How big is the universe? The measurement used to ____________________ of objects very far away is called a light year. A light year is the distance that an ____________________ of light travels in a single year, which is approximately 9.46 trillion kilometers. Although light is the fastest way of transferring information, it is ____________________ for any physical object. Thus, the only way to understand how big the universe is would be to observe light from as far as we can.

3

One recent study has found that cellphone users in Europe and many other parts of the world may be susceptible to having their personal ____________________—and perhaps even worse—due to ____________________ security. Karsten Nohl, a Berlin-based mobile security expert, looked at more than 30 mobile operators in both developed and developing nations. Surprisingly, he found that many cell phone operators provided weak defenses to protect consumers from ____________________ and identity theft.

4

While there was a steady decline in tooth decay in American children for about 40 years or so, that has been changing recently. In fact, ____________________ of American children has gone up 28 percent over the last eight years. Today, kids will have at least one cavity by the time they reach grade two. One thing boys and girls can do to stop this trend is to ____________________ of unsweetened cranberry juice and water ____________________.

5

Some of the earliest glass only got its color from impurities when the glass was made. For instance, "black bottle glass" was dark brown or green. Its color ____________________ impurities in the sand used to make the glass and the sulfur from the smoke of the burning coal ____________________ the glass. In addition, glass can be colored by ____________________. An example of this is ruby glass, which was invented in 1679 through the use of gold chloride.

6

If your dog or cat has been outdoors, chances are they have fleas. Fleas are tiny insects that live on animal coats and bite the animals to ____________________ of their blood. When the pet comes inside, the fleas can then jump onto people and even onto carpets and sofas. Once inside, they can ____________________ humans and animals leaving flea bites, which are tiny red bumps and ____________________. If your dog or cat is scratching more than they usually do, you'd better check their fur for fleas.

7

A Universal Serial Bus, or USB, is an ____________________ that supports data transfer. Not long ago, USB 3.0 replaced USB 2.0. The newest USB has increased the effective data transfer rate six-fold ____________________. What is more is that it provides more power when devices need it, and less power when devices do not need it. Furthermore, USB 3.0 is available either as an add-in card or as a ____________________ in the motherboard.

8

While named for the country, Canada geese are actually found all over North America, depending on the time of year. Canada geese ____________________ around much of Canada, Alaska and the northern United States in the summertime. Canada geese have been seen as far north as Greenland as well. However, every winter, most Canada geese ____________________ climates. Although some stay in southern Canada, the majority go to middle and southern parts of the U.S. or ____________________ northern Mexico.

9

Although it is forecast to grow 5 percent, to $67.2 billion next year, the video game industry has seen ____________________ of its core console game products. At the same time, social gaming companies such as Zynga have ____________________ of investors for their soaring growth. As a result, video game companies want to turn gamers from one-time purchasers into long-term subscribers, generating a steady and ____________________ stream to boost business and protect against economic uncertainty.

10

For those in the northern hemisphere, the North Star is ____________________ the naked eye. It appears directly overhead and is ____________________ with the Earth's axis of rotation. However, pole stars change through the ages because they experience a ____________________ through star fields. On the other end of the planet is the South Star. Although the southern hemisphere currently does not have a true "South Star," the closest thing to it which can be seen with the naked eye is Sigma Octantis.

Listen and fill in the blanks.

31

W You've reached Lamda Communications.
M Hi, I can't connect to the Internet.
W What's the phone number ____________________?
M I think it's ____________________ 415-343-9832.
W ____________________ right now. It should be back soon.
M All right. Thank you for your help.

32

W What do you ____________________?
M I've heard that *Hunting Spree* is good.
W That's ____________________. Let's watch *True Heart*.
M Isn't that the one with Hugh Hefner? I ____________________.
W How about *Happy Toes*, then? It's about penguins.
M I like animals. Yeah, let's go see that one.

33

W Do you know if we ____________________? I need some for my school project.
M Did you look in the desk drawers?
W Yeah, there's none there.
M Then I guess we're ____________________.
W Can you ____________________ to the store?
M Give me just ten minutes.

34

W Are you excited to go to Belgium?

M Sure. I ____________________ the fries there.

W Don't ____________________ the chocolate, either.

M I'm going to gain so much weight!

W Try the mussels. They're not so ____________________.

M Except when you have them with fries!

35

W Have you noticed that Bob is ____________________?

M Yeah, he's up for a promotion and stressed out.

W Fine, but he shouldn't ____________________ on us.

M I couldn't agree with you more.

W Should we say something to him?

M I'll ____________________ this afternoon.

36

W How's the ____________________ going?

M I found a place. I move in on the 1st.

W Congratulations! Where are you moving to?

M I found a one-bedroom apartment near Broadway and 78th Street.

W That's ____________________ to the office. Do you need help moving in?

M I'm ____________________, but thank you for offering.

37

W Sorry I'm late! Streetcar problems again.

M You should take the subway.

W But I don't live near a subway line.

M But streetcars are becoming ____________________.

W I know. They ____________________ all the time.

M I can't believe the city is considering a ____________________.

38

W Did you hear the news about Sam?

M Yeah, it's too bad.

W These are ____________________, but the company had to let someone go.

M I'm sure he'll ____________________ another job soon.

W I don't know. Not too many places are hiring right now.

M At least he got a ____________________ package.

39

W Hi, this blender I bought here ____________________.

M What exactly seems to be the problem?

W The blades won't turn anymore.

M Do you have your ____________________?

W Yes, right here. Can you fix it?

M We have to send it out and there'll ____________________.

40

W Where'd you get your tennis racket?

M I got it used on Edslist for only $50.

W I never thought to ____________________.

M This racket normally ____________________ $150.

W Maybe I could sell some things on Edslist.

M People buy ____________________ from that site.

41

M Is Mark's ____________________ tonight?

W Yes, it's at 8:30. Are you going?

M Hmm. I have dinner with a client at 7.

W There's an ____________________ at 9:15.

M That means I could try and make it for the ____________________.

W Yeah, if I were you, I would do that.

42

W Greg, what are you doing for your ____________________?

M I'm testing the effects of music on plants. I've already started.

W Jeez. I still need to ____________________ something to do.

M There's not that much time left, you know.

W I'm thinking of doing an ____________________.

M Sounds interesting.

43

W I don't think I can put the flowers out.

M Right. There are ____________________.

W We could ____________________ from the guests.

M OK. Let's place them over by the lilac tree.

W How about the ____________________ on the tables?

M Let's put some candles there.

44

W Jerry, how did it go last night?

M I think dinner ____________________.

W Did you ____________________ for a second date?

M I just told Maria I'd call her.

W I'd wait another day to call her. You don't want to ____________________.

M Maybe you're right.

45

W I can't open your file on my computer.

M Do you have Rimoly Reader ____________________?

W No, can you send me the file in a ____________________?

M I could, but it would be better if you got the program.

W OK. Where can I get it from?

M You can ____________________ on the Internet.

46

Romance languages are spoken across Europe and include Italian, Spanish, French, and Portuguese. The most ____________________ they share in common is that they were all born from Latin. Consequently, the four languages share a great deal of vocabulary and even similar pronunciation. Therefore, speakers of these languages can often ____________________ words when talking with each other. However, there are eclectic differences between the languages in a way that can be compared to a family. While several family members can look alike, they can have ____________________.

47

Hybrid Motors Co. has announced that it will buy back its new Bolt from any owner who claims to be afraid their electric car will ____________________. In an exclusive interview with *The Times*, Hybrid Motors CEO Bill Waits insisted that the cars are safe. He added, however, the company will purchase the Bolts back anyway because it wants to maintain ____________________. Three fires have broken out in Bolts after ____________________ tests done by the European Union.

48

Hi, Renee. This is Harriet Marshall calling you from Anna's Bridal. I checked on that dress you asked about and the designer said she could have ____________________ for your wedding. It'll be tight for her so she needs a deposit from you as soon as possible to ____________________ the work. I can take a ____________________ over the phone. Then I can give the designer your measurements for the dress.

49

Today's World Cup match was not to be missed. France beat Brazil 1-0 in an exciting match that had fans ____________________. Star player Jacques Chegal ____________________ in the second half to help France win Group C. Chegal ____________________ goal with his left foot into the right corner of the net with three minutes left in the game. They move on to play against England in the final.

50

People think that you get pimples if you don't wash your face enough, but too much washing can ____________________. This will then create more pimples. The key is to wash your skin with a gentle cleanser. Exfoliation will also ____________________. Exfoliation is the removal of dead skin cells. It is important to ____________________ because they can clog your pores and produce more acne. After cleansing, use an exfoliator once a week to keep your pores clean.

51

The heaviest organ in the human body, the liver is also one of the largest. The main functions of the liver include ____________________ from the body, processing nutrients from food, building proteins, and making bile. Thus, if someone develops hepatitis, or inflammation of the liver, the liver ____________________ these vital functions, which can ultimately lead to a decline in one's health. The good news for humans is that the liver is an ____________________ organ.

52

Attention, passengers. Your baggage is being held up due to a ____________________. The luggage carousels are not functioning at the moment. Technicians have been alerted and will fix the problem as soon as possible. In the meantime, baggage handlers are ____________________ all your luggage. If you checked your bags on Jetwell Airways flight 353 from Miami, please come to the customer service desk. We will have your bags for you there. We ____________________ the inconvenience.

53

Vinipro is important to our local economy. The company employs thousands of workers and ____________________ to our area. However, not everything Vinipro does helps our community. They have been ____________________ into our rivers and streams. We need to ____________________ against this pollution. Generating money for our economy is important, but nothing is more crucial to us than our health. Please sign this petition to help make a difference.

54

Welcome to the annual Education and Alternative Learning Conference. We have a very exciting program for you all in the upcoming days. You will have the opportunity to listen to guest speakers, ____________________, and network with others in the education field. The itinerary is in your welcome packets, which can be ____________________ desk. If you require more information, please come to the back of the room. I will be more than happy ____________________.

55

Max Weber, who lived from 1864 to 1920, was quite arguably the most ____________________ of the 20th century. Along with Karl Marx and Emil Durkheim, Weber was also a principal architect of modern social science, establishing it as a distinct ____________________. Indeed, Weber's vast contributions gave birth to new academic disciplines like sociology and public administration, while also having a ____________________ law, economics, political science, and religious studies.

56

It might be hard to believe, but a 1 percent credit card interest rate is actually more ____________________ to consumers than a 0 percent interest rate. A new study found that consumers are often confounded by the concept of zero. One explanation is that consumers tend to be ____________________ to relative rather than absolute differences. That is why a 1 percent interest rate looks good, for example, since its interest rate is 20 times less than 20 percent. Many consumers simply have a ____________________ a 20 percent interest rate to a 0 percent interest rate.

57

Attention all shoppers! ____________________ our sale on corn today. The regular price is three ears for a dollar, but for the next hour you can get five ears for a dollar. You don't want to ____________________ this offer on fresh corn. I repeat: For the next hour, corn will be five for a dollar. You must check out before the ____________________ to take advantage of this special deal. Thank you and enjoy shopping at Metro Foods today.

58

I really have to thank Marlon Berantino. He did more than make a great movie that ___________________ from audiences and critics alike. His movie also helped ___________________. I was an old, washed-up actor before he cast me in the lead role. Before I appeared in the movie, my house was quiet. Now, my agent is calling me every two minutes with a new film offer. In fact, I've already ___________________ with Marlon on his next project.

59

There was a time when criminals just threatened people for their money. Now, they're using ___________________ to rob unsuspecting victims. These crooks are squirting people with things like dirty water and ketchup. There have been a ___________________ in which the criminals trail a person after leaving the ATM. One person will silently squirt the victim while the other suspect ___________________. They will appear to help the victim with the stain but really they are pick-pocketing the person.

60

Our next speaker is Larry Becker, a partner at the law firm of Woolman, Becker & Davis. He ___________________ law. Because of his hard work in the field, he's helped pass important state legislation. He's here today to ___________________ about immigration issues. He's also come to ask for your support in passing a new bill. This bill will help new immigrants ___________________. Please help me welcome Larry Becker to the stage.

Answers

TEPS Listening Practices

Unit 1

11 seen her in ages / out of the blue / do me a favor
12 out of town / attend a wedding / since childhood
13 such a special person / the most passionate / head into the funeral
14 with your new license / all I need / borrow my parents' car
15 goes better with / match your shoes / of some help

Unit 2

11 living on the edge / hurting yourself / thrive on
12 go rollerblading / Should we meet / pick you up
13 look weird / bought them for / how to water ski
14 first editions / truly works of art / make cover art
15 backstage passes / can't be serious / drummer in his band

Unit 3

11 with your meal / to your liking / take the rest
12 take checks / health card suffice / government issued
13 shopaholic / hard on yourself / paycheck on clothes
14 for six available / all booked up / come back another time
15 try this top on / take in at once / six tags

Unit 4

11 square feet / really spacious / as big as
12 raising my rent / Is that legal / extra $40
13 who has a car / much stuff / I'd be happy to
14 looking for a roommate / moving out / In that case
15 contractor say / to redo it / had thought

Unit 5

11 grab lunch / Have you seen / dying to go
12 weird email / cancelled a reservation / make sure of
13 You've reached / change an order / for two crates
14 under the weather / take it easy / get yourself better
15 return policy / get a full refund / offer exchanges

Unit 6

11 send a package / generally takes / let me weigh
12 setting up / small business / fill out this form
13 alcohol to declare / open your suitcase / bring fresh fruit
14 off the carousel / missing baggage form / representative
15 next day shipping / Within the continental / standard size

Unit 7

11 terminal immediately / tickets left / pack one more
12 sign up for / by the hour / responsible for
13 spend a week / saving up / a lot of water sports
14 whitewater rafting / over the falls / seems unforgettable
15 book a flight / fully booked / any room

Unit 8

11 retirement party / That ensures / go away
12 we had to / one's optional / deadline to meet
13 still nervous / interview panel / miss this opportunity
14 is broken / How thoughtful of / reimburse her
15 random colleague / tag along / Let's hit

Unit 9

11 school assembly / to be rescheduled / such a perfectionist
12 planning on living / rent a house / in total
13 from the outside / futuristic and modern / I'd go that far
14 principal expelled / been caught plagiarizing / did the right thing
15 I bombed it / come up at once / worth 20%

Unit 10

11 every other day / not very healthy / cut down
12 stave it off / reduce your chances / crossword puzzles
13 have an appointment / get them cleaned / cavity filled
14 out of shape / motivate you to work out / health is worth
15 look fabulous / feels self-conscious / nothing short of

Unit 11

1 technical difficulties / required to make / presents a problem
2 biggest blowout sale / marked down / be on sale
3 announce the arrival / weighed seven pounds / were ecstatic
4 slowgoing into the downtown / on the scene / clear up the debris
5 moderator for / an honor and a thrill / distinguished scholars
6 on board crashed / on casualties / crew members on board
7 knocked the socks off / left your briefcase / safe and sound
8 position is filled / potential candidates / reserves the right
9 scheduled maintenance / at optimum levels / distributing fans
10 gone for the long weekend / give me a call / sales figure analysis

Unit 12

1 deserves the best / sense of sophistication / stylish though practical
2 water resistant / precision and durability / fine watches are sold
3 at a premium / reinvest in their land / sustained development
4 make the right decision / extensive line / more durable in the sole
5 flexible financing / convenient payment plans / restrictions apply
6 advanced theoretical / spread out / consists of 60 credits
7 fluent in a total / range from simple / deliver the results
8 great golf getaway / packages include / beat that price
9 requires an Import / tariff classifications / a bachelor's degree
10 stream radio stations / listen for free / enjoy uninterrupted

Unit 13

1 social phenomena / comparative approach / most influential writers
2 lost the battle / lack of supplies / decimated by the intense
3 led to the destruction / conquer her fear / torn apart
4 surprised at the findings / ranked number one / come from numeracy
5 easternmost province / established a settlement / encounter the aboriginal
6 human practice / agrarian revolution / collection of beads
7 earliest inhabitants / succumbed to diseases / identifiable group
8 took root / geometrical shapes / appearing as subjects
9 widely spoken / colloquial dialects / engaged in international
10 energizing effect / cultivating coffee / credited with this feat

Unit 14

1 nutritious food / care about the environment / better dietary choices
2 distance learning / advent of computers / profound impact
3 provided some tangible / currency devaluations / severely affected by
4 caused a stir / need to be replicated / in all likelihood
5 drawing huge crowds / creating beautiful works / bold brushstrokes
6 hereditary prince / not symbolic / ratifies treaties
7 hideout after a firefight / buried within / accept the remains
8 world's first democracy / lawmakers of ancient / required to vote
9 starting to suffer / signs of low self-esteem / depression interact
10 debt obligation / prior to maturity / agrees to pay back

Unit 15

1 vulnerable to the attack / find a mate / pass along its genes
2 determine the distance / unobstructed ray / theoretically unattainable
3 voice mail hacked / outdated mobile network / illicit surveillance
4 the number of cavities / drink a mixture / on a regular basis
5 came from the iron / used to melt / introducing minerals
6 feed off / stay indoors biting / feel very itchy
7 external bus standard / over its predecessor / chip embedded
8 stay primarily / migrate to warmer / as far south as
9 slumping sales / grabbed the attention / predictable revenue
10 visible to / roughly aligned / slow continuous drift

31 on the account / listed under / The power's down
32 feel like watching / too violent / can't stand him
33 have any glue / all out / give me a lift
34 can't wait to eat / miss out on / fattening
35 cranky lately / take it out / tell his secretary
36 apartment search / a lot closer / hiring movers
37 more unreliable / break down / fare hike
38 tough economic times / be able to find / decent settlement
39 isn't working / receipt with you / be a fee
40 buy a used one / goes for / almost anything
41 play opening / intermission / second half
42 science fair project / come up with / experiment on humans
43 bees everywhere / put them away / empty space
44 went really well / make arrangements / seem too eager
45 installed / different format / download it
46 distinctive trait / comprehend individual / radically different personalities
47 catch fire / high customer satisfaction / side-impact crash
48 ready it in time / get started on / credit card deposit
49 glued to their seats / scored a goal / fired in the game-winning
50 irritate your skin / prevent acne / get rid of dead skin cells
51 removing toxins / struggles to perform / immensely resilient
52 mechanical failure / manually transporting / apologize for
53 attracts vital businesses / dumping waste / take a stand
54 participate in workshops / obtained at the front / to assist you
55 influential social theorist / field of inquiry / significant impact on
56 appealing psychologically / more sensitive / tough time comparing
57 Take advantage of / miss out on / hour is up
58 gained praise / revive my own career / committed to working
59 distraction tactics / string of incidents / points out the stain
60 specializes in immigration / raise awareness / receive healthcare

TEPS

텝스 청해 중급편

Listening

해설 및 정답

UNIT

01 일상 대화

청해 기초 완전 정복

Answers ⇒ 본책 P 24

1 (b) 2 (c) 3 (a)

1

M I'm sorry for what I said to you.
W ______________________

(a) That's all right.
(b) I don't need anything.
(c) I don't really mind.
(d) Don't mention it.

M 당신한테 한 말 미안해요.
W ______________________

(a) 괜찮아요.
(b) 아무것도 필요 없어요.
(c) 정말 상관없어요.
(d) 그런 말씀 마세요.

완전 해설

사과에 대한 적절한 응답이 될 수 없는 것을 골라야 한다. (a), (c), (d) 모두 사과에 대해 괜찮다는 응답이지만 (b)는 필요한 것을 묻는 질문에 대한 응답이므로 적절한 대응이 아니다.

2

M I heard you're pregnant, Sue.
W Yep. I'm 10 weeks in.
M Congratulations. Have you told everybody?
W ______________________

(a) Not yet. I will soon, though.
(b) Yes, we just sent out a mass email.
(c) I don't think everybody wants a child.
(d) Tim couldn't keep something like this private.

M 수, 임신했다면서요.
W 네, 10주 됐어요.
M 축하해요. 사람들한테 이야기했어요?
W ______________________

(a) 아직 안 했어요. 하지만 곧 할 거예요.
(b) 네, 방금 단체 이메일을 보냈어요.
(c) 모든 사람들이 아이를 원하는 것은 아니에요.
(d) 팀은 이런 개인적인 일을 비밀로 남겨두지 못해서요.

완전 해설

임신 소식에 대해 축하를 한 뒤 다른 사람들에게도 알렸는지 묻고 있다. 아직 알리지 않았다는 (a)와 알린 방법을 밝힌 (b)가 적절한 반응이고, (d)도 Tim이 사람들에게 이미 소식을 알렸다는 의미이므로 어울리는 응답이다. (c)는 대화와 상관없는 내용이므로 오답이다.

pregnant 임신한 **mass** (양이) 엄청난 **private** 사적인

3

W Alonzo, do you know Katie?
M Is she the blonde I met at your party?
W No. Katie's the girl I work with.
M Oh, you guys are modeling together, right?
W Exactly. Anyway, I'd love to hook you two up.
M Seriously? I hope she'd be interested.

Q What is the main topic of the conversation?
(a) One of the woman's coworkers.
(b) The man's dating history.
(c) The woman's profession.
(d) The man's old flame.

W 알론조, 케이티 알아요?
M 파티에서 만났던 금발머리 여자말인가요?
W 아뇨, 케이티는 저와 함께 일하는 여자예요.
M 아, 둘이 모델 일을 하고 있죠?
W 맞아요. 어쨌든 두 사람을 엮어 주고 싶어요.
M 정말요? 그녀가 관심이 있으면 좋겠네요.

Q 대화의 중심 소재는?
(a) 여자의 직장 동료.
(b) 남자의 데이트 이력.
(c) 여자의 직업.
(d) 남자의 옛 애인.

완전 해설

여자가 자신의 직장 동료를 말하며 남자에게 소개해 주고 싶다고 했으므로 대화의 중심 소재는 여자의 직장 동료인 케이티이다. 따라서 정답은 (a)이다.

blonde 금발 머리 **hook A up** A를 연결하다 **profession** 직업 **flame** 애인; 불꽃

Answers

⇨ 본책 P 25

1 (d) 2 (d) 3 (a) 4 (d) 5 (a) 6 (b) 7 (c) 8 (d) 9 (d) 10 (a)
11 (d) 12 (a) 13 (b) 14 (a) 15 (d)

1

M I am worried you won't finish your work on time.
W ________________

(a) You deserve it.
(b) Just try and learn.
(c) I didn't say a word.
(d) Don't worry about it.

M 네가 일을 제시간에 끝내지 못할까 봐 걱정이야.
W ________________

(a) 당신은 그럴 자격이 있어요.
(b) 그냥 시도해 보고 배우세요.
(c) 저는 한 마디도 하지 않았어요.
(d) 걱정하지 마세요.

완전 해설
일을 마치지 못할까 봐 염려하는 상대방에게 걱정하지 말라고 안심시키는 표현이 자연스러우므로 (d)가 정답이다. (a) You deserve it은 축하하는 표현이지만 부정적인 의미로는 나쁜 결과에 대해 '자업자득이다'라는 뜻으로도 쓰일 수 있다.
You deserve it. 당신은 그럴 만해요.

2

M Do we have to dress up?
W ________________

(a) You look really nice.
(b) I enjoy dressing up, too.
(c) I like casual wear better.
(d) Well, it's a formal dinner.

M 정장을 입어야 해요?
W ________________

(a) 정말 멋져 보여요.
(b) 저도 차려 입는 걸 좋아해요.
(c) 저는 캐주얼한 옷이 더 좋아요.
(d) 공식 만찬이라서요.

완전 해설
정장을 입어야 하냐는 물음에 그에 대한 이유를 설명하는 (d)가 정답이다. (b)는 일반적인 취향을 이야기한 것이므로 특정 경우에 대한 질문에는 어울리지 않는다. dress up의 반대 표현인 dress down은 '수수하게 차려 입다'라는 뜻이다.
dress up 차려 입다, 정장차림 하다 **casual** 캐주얼의, 편안한
formal 형식적인

3

W I'm in trouble now.
M ________________

(a) Everything will be OK.
(b) Maybe next time, then.
(c) Wow, good for you.
(d) I knew you'd like it.

W 힘든 상황이네요.
M ________________

(a) 다 괜찮을 거야.
(b) 그럼 다음 기회에 할게.
(c) 와, 잘됐다.
(d) 좋아할 줄 알았어.

완전 해설
걱정하거나 우려하는 상대방을 위로하거나 격려하는 응답으로는 괜찮을 테니 걱정하지 말라는 (a)가 가장 자연스럽다. (b)는 약속이 이루어지기 힘들 때 다음으로 미루는 표현으로, I'll take a rain check으로 바꿔 쓸 수 있다.
be in trouble 곤경[어려움]에 처한

4

M How are you getting along?
W ________________

(a) I didn't mean to do that.
(b) I could hardly believe it.
(c) I was about to leave.
(d) I can't complain.

M 어떻게 지내요?
W ________________

(a) 그러려고 한 건 아니에요.
(b) 정말 믿을 수가 없어요.
(c) 막 떠나려고 했어요.
(d) 그럭저럭 잘 지내요.

완전 해설
안부를 묻는 표현에는 상대방과의 친밀도나 상황에 따라 다양한 표현이 쓰이므로 여러 가능한 응답들을 알아 두어야 한다.
(d) I can't complain은 '불평할 정도는 아니다, 괜찮게 지내고 있다'라는 뜻이므로 응답으로 적절하다.
get along 잘 지내다 **be about to** 막 ~하려고 하다
complain 불평하다

5

M Janice, your sister is really nice.
W ____________________

(a) You're not the first to say that.
(b) She has been busy lately.
(c) Better than I'd imagined.
(d) Good grief. I apologize.

M 재니스, 네 언니는 참 친절하더라.
W ____________________

(a) 다들 그렇게 말해.
(b) 그녀는 요즘 바빴어.
(c) 내가 생각했던 것보다 더 좋아.
(d) 맙소사. 내가 사과할게.

완전 해설

자신의 언니에 대해 칭찬을 했으므로 '(너뿐만 아니라) 다른 사람들도 그렇게 말한다'는 의미인 (a)가 정답이다. (d)의 grief는 '슬픔'이라는 뜻인데 Good[Great] grief라고 할 때는 놀람과 충격을 표현하는 말이다.

imagine 상상하다 **Good grief.** 맙소사, 세상에. **apologize** 사과하다

6

W I'd like to make an appointment with Mr. Sanderson.
M May I ask what this is concerning?
W Yes, I'd like to talk to him about my taxes.
M ____________________

(a) Yes, your tax return is right here.
(b) In that case, let me take down your number.
(c) Taxes need to be filed by April 30 every year.
(d) OK, just remember your appointment time.

W 샌더슨 씨와 약속을 잡고 싶은데요.
M 무엇에 관한 것인지 말씀해 주시겠습니까?
W 네, 세금에 관해 이야기하고 싶어서요.
M ____________________

(a) 네, 선생님의 세금 신고서가 바로 여기 있습니다.
(b) 그렇다면 전화번호를 말씀해 주세요.
(c) 세금은 매년 4월 30일까지 신고해야 합니다.
(d) 좋아요. 약속 시간을 기억하세요.

완전 해설

약속을 잡기 위해서는 연락처가 필요하므로 여자의 전화번호를 묻는 (b)가 적절한 응답이다. (a)와 (c)는 세금과 관련된 내용이기는 하지만 문맥상 어울리지 않는다. 아직 약속 시간을 잡은 것이 아니므로 (d)는 답이 될 수 없다.

make an appointment 약속을 잡다 **concerning** ~에 관한 **tax return** 세금 신고서 **take down** ~을 적다 **file** 신고하다

7

M Thanks for taking the garbage out.
W No problem. It was getting really stinky.
M I know. In the summer the garbage rots extra fast.
W ____________________

(a) It comes in handy.
(b) I'm just getting by.
(c) You can say that again.
(d) I've been to hell and back.

M 쓰레기를 밖으로 내놓아 주셔서 고마워요.
W 아니에요. 정말 냄새가 지독했거든요.
M 맞아요. 여름에는 쓰레기가 정말 빨리 썩어요.
W ____________________

(a) 그건 요긴해요.
(b) 그럭저럭 지내고 있어요.
(c) 그러게 말이에요.
(d) 저는 산전수전 다 겪었어요.

완전 해설

불평에 대해 여자가 맞장구치는 표현인 (c)가 정답이다. 그 외에도 That's it/ You've said it 등의 표현으로 동의할 수 있다. (b)의 getting by는 '그럭저럭 살아 나가다'라는 뜻이다.

stinky 냄새 나는 **rot** 썩다 **get by** 그럭저럭 꾸려 나가다 **be to hell and back** 죽을 고생을 하다

8

W What's the quickest way to get downtown from here?
M Where exactly are you going?
W To Central Station.
M ____________________

(a) At four or four thirty.
(b) Let's take a taxi, instead.
(c) It takes 30 minutes at least.
(d) Then just take the subway there.

W 여기서 시내까지 가는 가장 빠른 방법이 뭐죠?
M 정확하게 어디로 가세요?
W 센트럴 스테이션이요.
M ____________________

(a) 4시나 4시반에요.
(b) 대신 택시를 탑시다.
(c) 적어도 30분은 걸려요.
(d) 그러면 그냥 지하철을 타세요.

완전 해설

교통편을 묻고 있으므로 목적지에 가는 방법을 제안하는 (d)가 정답이다. 여자와 남자는 함께 가는 것이 아니므로 (b)는 답이 될 수 없다. 길을 물을 때 How do I get to...? 또는 Would you show me the way to...?와 같이 쓸 수 있다.

downtown 시내 **central** 중심의

9

M Hey, Maxine!
W Hi, David. I can't believe I ran into you here.
M I know. This is my first time here.
W ______________________

(a) Yes, I feel the same way.
(b) They sell all sorts of things.
(c) In fact, this is our first date.
(d) It's not common to see a guy here.

M 안녕, 맥신!
W 안녕, 데이비드. 여기서 너를 만나다니 놀라운데.
M 맞아. 나는 이곳이 처음이야.
W ______________________

(a) 응, 나도 마찬가지야.
(b) 여기서는 갖가지 물건들을 팔아.
(c) 사실, 이게 우리의 첫 데이트야.
(d) 여기서 남자를 보는 게 흔한 일은 아니지.

완전 해설
서로 알고 있던 두 사람이 우연히 만난 상황이다. 처음 와 봤다는 남자의 말에 이곳은 남자가 흔히 오는 장소는 아니라고 이어지는 (d)가 적절하다. (a)는 어떤 의견이나 감정에 동조하는 표현이다.
run into ~를 우연히 마주치다 **all sorts of** 온갖 종류의

10

W What time is your doctor's appointment, honey?
M It's not until tomorrow at 11:30.
W Would you mind dropping me off at the library first?
M ______________________

(a) No, I have some books to return myself.
(b) You'd better confirm your appointment.
(c) It is on Dupont Circle Street.
(d) It's just a regular checkup.

W 여보, 진료 예약이 몇 시예요?
M 내일 11시 반이에요.
W 저를 도서관에 먼저 데려다 줘도 괜찮겠어요?
M ______________________

(a) 네. 저도 반납할 책이 있어요.
(b) 약속을 확인하는 게 좋겠어요.
(c) 그곳은 뒤퐁 서클 가에 있어요.
(d) 그냥 정기 검진일 뿐이에요.

완전 해설
여자가 남자에게 진료 예약을 가기 전에 태워다 줄 수 있는지 묻고 있다. Would you mind…?라고 물었으므로 No이지만 긍정을 의미하는 (a)가 정답이다. (b)와 (d)는 비슷한 상황을 연상시키는 단어를 사용한 오답이다. checkup은 '건강 검진'이라는 뜻으로, physical checkup이라고도 한다.
drop off 내려 주다 **regular checkup** 정기 검진

11

W Where are you off to, Robert?
M I'm going over to see Louise and Amy.
W Amy Patterson? I haven't seen her in ages.
M Yeah, neither have I. They called me out of the blue yesterday.
W Will you do me a favor and say hi to Amy for me?
M You've got it.

Q What are the man and woman mainly talking about?
(a) The importance of connections.
(b) Visiting some couple together.
(c) Making weekend plans.
(d) A friend they both know.

W 로버트, 어디 가세요?
M 루이스와 에이미를 보러 가려고요.
W 에이미 패터슨이요? 그녀를 못 본 지 한참 됐어요.
M 저도 그래요. 그들이 어제 불쑥 전화를 했거든요.
W 저를 대신해서 에이미에게 안부 전해 주시겠어요?
M 그렇게 하죠.

Q 두 사람이 주로 이야기하고 있는 것은?
(a) 인맥의 중요성.
(b) 함께 부부를 방문하기.
(c) 주말 계획 짜기.
(d) 둘 다 아는 한 친구.

완전 해설
남자가 루이스와 에이미를 보러 간다는 말에 여자도 안부를 전하는 것으로 보아 여자도 알고 있는 사람이라고 할 수 있으므로 (d)가 정답이다. (a)의 connection은 '인맥'이라는 뜻으로 쓰였지만, You're in connection이라고 하면 '(전화가) 연결되었다'라는 뜻이다.
be off 떠나다, 출발하다 **in ages** 아주 오랫동안 **out of the blue** 갑자기 **do A a favor** A에게 호의를 베풀다 **say hi to** ~에게 안부를 전하다 **connection** 인맥; 연결

12

M The book club picnic is this Saturday, right?
W Yeah, I wish I could go but I'll be out of town with my family.
M That's a shame.
W It is but I have to attend a wedding.
M Oh, that's good news. Whose wedding is it?
W The bride is one of my closest friends since childhood.

Q What are the man and woman mainly talking about?
(a) The woman's upcoming trip.
(b) Mutual childhood friends.
(c) Activities at the picnic.
(d) A wedding in the family.

M 북클럽 야유회가 이번 토요일 맞죠?
W 네, 저도 가고 싶지만 가족들과 지방에 가야 해요.
M 유감이네요.
W 그렇긴 한데 결혼식에 참석해야 하거든요.
M 아, 좋은 소식이군요. 누구 결혼식인가요?
W 신부가 어릴 적부터 친한 친구예요.

Q 두 사람이 주로 이야기하고 있는 것은?
(a) 곧 있을 여자의 여행.
(b) 서로 아는 어릴 적 친구들.
(c) 야유회 활동.
(d) 가족 결혼식.

완전 해설

여자가 야유회에 가지 못하는 이유를 말하고 그에 대해 이야기하고 있다. 가족들과 함께 지방에서 결혼식에 참석한다고 했으므로 곧 여행을 갈 것이라는 (a)가 정답이다. 결혼하는 사람은 여자의 친구이므로 (d)는 답이 될 수 없다.

That's a shame. 유감이다. **attend a wedding** 결혼식에 참석하다 **upcoming** 다가오는, 곧 있을 **mutual** 상호의 **activity** 활동

13

M I'm so sorry for your loss, Brenda.
W Yeah, I still can't believe Ted is gone.
M I can't believe I'm never going to see him, either.
W He was such a special person.
M Your brother was truly one of the most passionate people I knew.
W Well, I suppose we should head into the funeral home now.

Q Which is correct according to the conversation?
(a) The man and woman are inside a funeral home.
(b) The woman cannot believe what has happened.
(c) The man and woman are family members.
(d) The man's brother passed away.

M 브렌다, 가족을 잃어 정말 안됐구나.
W 응. 아직도 테드가 떠났다는 사실을 믿을 수가 없어.
M 나도 이제 다시 그를 볼 수 없다는 사실이 믿어지지 않아.
W 그 애는 정말 특별한 사람이었어.
M 네 동생은 내가 아는 가장 열정적인 사람들 중의 하나였어.
W 그래, 이제 우리 장례식장으로 가야 할 것 같아.

Q 대화에 따르면 옳은 것은?
(a) 두 사람은 장례식장 안에 있다.
(b) 여자는 일어난 일이 믿어지지 않는다.
(c) 두 사람은 가족 사이이다.
(d) 남자의 형제가 사망했다.

완전 해설

loss, funeral, gone 등으로부터 죽음을 애도하는 대화라는 것을 알 수 있다. 여자가 동생의 죽음을 믿을 수 없다고 했으므로 (b)가 정답이다. 대화 마지막에서 장례식장으로 가자고 했으므로 (a)는 답이 될 수 없다.

loss 상실 **truly** 진정으로 **passionate** 열정적인 **suppose** 가정하다 **head into** ~로 향하다 **funeral home[parlor]** 장례식장 **pass away** 사망하다

14

M Congratulations! I heard the news.
W Thanks a lot. I'm really excited.
M How do you feel with your new license?
W Amazing. Now all I need is a car.
M You may not have a car, but you can still drive.
W Yeah, and I can borrow my parents' car.

Q Which is correct according to the conversation?
(a) Her parents have a car.
(b) He got a license just now.
(c) She needs to take a driving test.
(d) They purchased a vehicle together.

M 축하해요! 소식 들었어요.
W 고마워요. 정말 신나요.
M 새로 면허증을 따니 기분이 어때요?
W 근사해요. 이제 차만 있으면 돼요.
M 차는 없지만 그래도 운전은 할 수 있잖아요.
W 네. 부모님 차를 빌려도 되고요.

Q 대화에 따르면 옳은 것은?
(a) 여자의 부모님은 차가 있다.
(b) 남자는 막 운전면허를 땄다.
(c) 여자는 운전면허 시험을 봐야 한다.
(d) 두 사람은 함께 차를 구입했다.

완전 해설

여자의 운전면허 취득을 축하하는 상황이다. 여자가 부모님의 차를 빌린다고 한 말에서 부모님이 차를 갖고 있다고 할 수 있으므로 (a)가 정답이다. 운전면허는 driving license 또는 driver's license라고 하는데, 문맥에 따라 license만 쓰기도 한다.

license 면허증 **take a driving test** 운전면허 시험을 보다 **purchase** 구매하다 **vehicle** 차량, 자동차

15

W Which shirt goes better with this skirt?
M The green one.
W But this pink one is super cute.
M It is, but don't you want your top to match your shoes?
W Good point. See, that's why I asked you.
M I'm glad to be of some help.

Q What can be inferred from the conversation?
(a) The woman's shoes are pink.
(b) The man asked for her help.
(c) The woman just bought a new shirt.
(d) The man is helping with her shopping.

W 이 치마에는 어떤 셔츠가 더 잘 어울려요?
M 초록색 셔츠요.
W 하지만 이 분홍색 셔츠가 정말 귀여워요.
M 하지만 상의가 신발하고도 어울려야 하지 않겠어요?
W 맞는 말이에요. 이래서 물어본 거예요.
M 도움이 되었다니 기쁘네요.

Q 대화로부터 추론할 수 있는 것은?
(a) 여자의 신발은 분홍색이다.
(b) 남자는 여자에게 도움을 청했다.
(c) 여자는 방금 새 셔츠를 샀다.
(d) 남자는 여자가 쇼핑하는 것을 돕고 있다.

완전 해설

여자가 옷을 사면서 남자에게 조언을 구하자 남자가 대답하고 있으므로 (d)가 정답이다. 남자가 여자에게 도움을 청한 것이 아니라 그 반대이므로 (b)는 답이 될 수 없다. be of help는 help 앞에 흔히 some, great 등의 수식어가 오며 '힘이 되다, 도움이 되다'라는 뜻으로 쓰인다.

go with ~와 어울리다 **top** 상의 **match** 어울리다 **be of help** 도움이 되는

UNIT 02 여가 활동

청해 기초 완전 정복

Answers ⇒ 본책 P 30

1 (b) 2 (c) 3 (d)

1

M The fish won't bite today.
W ______________________

(a) We better just call it a day.
(b) It's like a fish out of water.
(c) Let's try another type of bait.
(d) Maybe we should go somewhere else.

M 오늘은 고기가 물지 않네요.
W ______________________

(a) 오늘은 그만하는 게 좋겠어요.
(b) 물 떠난 물고기 같아요.
(c) 다른 종류의 미끼를 써 봐요.
(d) 다른 곳으로 옮겨야 할까 봐요.

완전 해설

낚시 중에 고기가 물지 않는다고 했으므로 그만하자거나 미끼를 바꾸거나 장소를 옮기자고 제안하는 (a), (c), (d)가 응답으로 가능하다. (b)의 a fish out of water는 '자기 분야가 아니라서 실력 발휘를 못하다'라는 뜻의 관용 표현이므로 내용과 맞지 않다.

bite 물다 **call it a day** ~을 그만하다 **bait** 미끼

2

W What are you doing this weekend?
M I don't have any plans. What about you?
W Do you want to go out with Laura and me then?
M ______________________

(a) Yeah, that sounds fun.
(b) Sure, let's go to see a movie.
(c) Well, I have plans this weekend.
(d) Thanks, but I just want to take it easy.

W 이번 주말에 뭐 할 거야?
M 아무 계획도 없어. 너는 어때?
W 그럼 로라랑 나랑 외출할래?
M ______________________

(a) 그래, 재미있겠다.
(b) 좋아, 영화 보러 가자.
(c) 글쎄, 나는 이번 주말에 계획이 있어.
(d) 고맙지만 그냥 쉬고 싶어.

완전 해설

서로의 주말 계획에 대한 대화로, 남자가 아무 계획이 없다고 말했는데 (c)는 계획이 있다는 응답이므로 어색하다. 재미있겠다며 동의하는 (a)나, 동의하고 덧붙여 제안을 하는 (b), 거절하는 표현의 (d)와 같이 다양한 응답이 가능하다.

take it easy 쉬다, 진정하다

3

M Do you want to see a musical next weekend?
W Sure. What's playing these days?
M There are two big shows in town, *We Will Rock You* and *Rock of Ages*.
W Have you heard anything about them?
M People are saying *We Will Rock You* is better, but it is more expensive.
W I don't mind. I just want to see the best one.

Q What can be inferred about the woman?
(a) She sings in the band.
(b) She does not like the arts.
(c) She prefers to watch movies.
(d) She has not seen either of the two.

M 다음 주말에 뮤지컬 보러 갈래?
W 좋아. 요즘 어떤 공연이 있지?
M 시내에 큰 공연이 두 개 있는데, 〈위 윌 락 유〉와 〈락 오브 에이지〉야.
W 그 공연들에 대해 들은 것이 있니?
M 사람들은 〈위 윌 락 유〉가 낫다고 하는데 좀 더 비싸.
W 상관없어. 가장 좋은 작품을 보고 싶어.

Q 여자에 대해 추론할 수 있는 것은?
(a) 밴드에서 노래를 한다.
(b) 예술을 좋아하지 않는다.
(c) 영화 보기를 더 좋아한다.
(d) 둘 중 어느 것도 보지 않았다.

완전 해설

어떤 공연을 볼지 의논하는 상황이다. 여자가 두 뮤지컬 중 어떤 것이 나은지 정보를 구하는 것으로 보아 둘 다 아직 보지 않았다는 (d)가 정답이다. 가격에 상관없이 좋은 작품을 보고 싶다고 했으므로 (b)는 맞지 않다.

prefer A to B A보다 B를 선호하다 **not either of the two** 둘 중의 어느 것도 아닌

Answers

⇒ 본책 P 31

1 (d)	2 (c)	3 (a)	4 (a)	5 (b)	6 (a)	7 (d)	8 (b)	9 (d)	10 (c)
11 (a)	12 (d)	13 (b)	14 (d)	15 (b)					

1

W I went ice climbing and it was really fun!
M ______________________

(a) I'm afraid I've done it already.
(b) Hope you have a good time.
(c) You'd better try it yourself.
(d) I doubt I would enjoy it.

W 빙벽 등반을 갔는데 정말 재미있었어요!
M ______________________

(a) 유감이지만 벌써 했어요.
(b) 좋은 시간 보내기 바래요.
(c) 직접 시도해 보는 게 좋을 거예요.
(d) 저라면 재미있을 것 같지 않아요.

완전 해설

여자가 빙벽 등산이 재미있었다는 감상을 말한 데 대해 남자는 재미있지 않을 것 같다는 (d)가 적절한 응답이다. 과거의 일을 말 했는데 앞으로의 일을 기원하는 (b)는 적절하지 않다.

go ice climbing 빙벽 등반을 하다 **I'm afraid.** 유감이다.
doubt 의심하다

2

M The movie last night was terrible.
W ______________________

(a) Yeah, it was better than expected.
(b) Let's go see the other one, then.
(c) I thought it wasn't too bad.
(d) The sooner, the better.

M 어젯밤 영화는 형편없었어.
W ______________________

(a) 그래, 기대했던 것보다 괜찮았어.
(b) 그러면 다른 것을 보러 가자.
(c) 그렇게 나쁘지는 않았던 것 같은데.
(d) 빠를수록 좋아.

완전 해설

함께 본 영화에 대해 남자가 혹평을 했으므로 반대 의견을 말한 (c)가 가장 적절하다. 형편없다는 말에 동의한 후 기대보다 괜찮았다고 한 (a)는 내용이 모순된다. (b)는 영화를 선택할 때 쓸 수 있는 표현이다. 혹평에 동조하는 응답으로 Yes, it was unbelievable이라고 할 수 있다.

terrible 형편없는, 끔찍한 **expect** 예상하다 **The sooner, the better.** 빠를수록 좋다.

3

W How is your cooking class?
M ______________________

(a) Great. I like the instructor.
(b) There are three classes a week.
(c) You have to wait till next month.
(d) Unfortunately, I don't like cooking.

W 요리 교실은 어때요?
M ______________________

(a) 아주 좋아요. 강사가 마음에 들어요.
(b) 일주일에 세 번 수업이 있어요.
(c) 다음 달까지 기다려야 해요.
(d) 유감스럽지만 나는 요리하는 것을 좋아하지 않아요.

완전 해설

요리 수업이 어떠냐는 물음에 좋다고 하는 (a)가 가장 적절한 응답이다. (d)는 요리 강좌를 수강하는 사람이 할 말로 맞지 않다. (b)는 How many classes...?로 묻는 질문에 어울리는 응답이다. 수업이 어떠냐는 질문으로 How are your classes going?이라고도 쓸 수 있다.

instructor 강사, 교육관 **unfortunately** 유감스럽지만

4

M Which do you prefer, movies or concerts?
W ______________________

(a) I would have to go with movies.
(b) Nothing worth mentioning.
(c) The one across the street.
(d) It was far from good.

M 영화와 음악회 중 어떤 쪽이 더 좋아요?
W ______________________

(a) 영화가 더 좋아요.
(b) 언급할 가치가 전혀 없어요.
(c) 길 건너편에 있는 거요.
(d) 좋은 것과는 거리가 멀었어요.

완전 해설

두 가지를 비교하며 선호도를 묻는 기본적인 문제 유형이다. 영화와 음악회 중 하나를 선택한 (a)가 자연스러운 응답이다. (b)는 '말할 가치도 없다, 전혀 중요하거나 흥미롭지 않다'라는 의미로 쓰인다.

go with ~를 받아들이다 **worth -ing** ~할 가치가 있다
mention 언급하다 **far from** ~와 거리가 멀다

5

M You seem to be reading a lot lately.
W ______________________

(a) I thought your hobby is reading.
(b) Yeah, I'm into detective novels.
(c) I'd like to buy a history book.
(d) That doesn't sound correct.

M 요즘 책을 많이 읽으시는군요.
W ______________________

(a) 당신 취미가 독서라고 생각했어요.
(b) 네, 탐정 소설에 빠져 있어요.
(c) 역사책을 한 권 사고 싶어요.
(d) 정확한 것 같지 않은데요.

완전 해설

책을 많이 읽는 것 같다는 말에 탐정 소설(detective novels)에 빠져 있다고 말한 (b)가 자연스러운 응답이다. be into A는 'A에 푹 빠지다, 좋아하다'라는 뜻으로 자주 출제되는 관용 표현이다. thriller, romance, horror, action, documentary 등과 같은 소설이나 영화의 다양한 장르들도 기억해 두자.

be into A A에 푹 빠지다 **detective novel** 탐정 소설 **correct** 정확한

6

M Which movie do you want to see?
W Let's see *Obsession*.
M OK. When is it playing?
W ______________________

(a) It starts at 7:30 and 10.
(b) It's supposed to be really good.
(c) Let's go to the Fairmont Theatre.
(d) I think Leonardo DiCaprio is in it.

M 어떤 영화를 보고 싶니?
W 〈옵세션〉을 보자.
M 좋아. 상영 시간은 언제야?
W ______________________

(a) 7시 30분과 10시에 시작해.
(b) 정말 좋을 것 같아.
(c) 페어몬트 극장으로 가자.
(d) 레오나르도 디카프리오가 나오는 것 같아.

완전 해설

영화를 보러 가는 계획에 대한 대화로, 남자가 상영 시간을 물었으므로 구체적인 시간을 말한 (a)가 정답이다. 감상평과 장소, 배우를 말하고 있는 나머지 선택지들은 적절하지 않다.

obsession 집착, 강박 관념 **play** 상영하다 **be supposed to** ~할 것이다

7

W How do you stay in such good shape?
M I play squash three times a week.
W Really? Where do you play?
M ______________________

(a) I'm not very good, but I love playing.
(b) It's fun just to watch games on TV.
(c) There are lessons every Tuesday.
(d) I go to a place downtown.

W 어떻게 그렇게 건강한 몸매를 유지하세요?
M 일주일에 세 번씩 스쿼시를 해요.
W 정말요? 어디서 하시나요?
M ______________________

(a) 별로 잘하지는 못하지만 운동하는 것을 즐겨요.
(b) TV로 게임을 보는 것만으로도 재미있어요.
(c) 매주 화요일에 레슨이 있어요.
(d) 시내에 있는 경기장으로 가요.

완전 해설

몸매 유지 비결에 대해 세부 사항을 묻는 패턴이다. 스쿼시를 하는 장소를 묻고 있으므로 (d)가 가장 자연스럽다. stay in shape는 stay fit으로 바꿔 쓸 수 있으며, 반대말은 stay in poor shape이다.

stay[keep] in shape 몸매[건강]를 유지하다 **squash** 스쿼시

8

M What do you usually do when you get home from work?
W Not too much. I either watch TV or get on my computer.
M So you basically relax in the evenings?
W ______________________

(a) No, I recently lost my job.
(b) For the most part, it's true.
(c) Well, I work until five or six pm.
(d) In fact, I live near where I work.

M 퇴근하고 집에 오면 보통 뭐 하세요?
W 별거 없어요. TV를 보거나 컴퓨터를 해요.
M 그럼 저녁에는 주로 편안하게 쉬는 거네요?
W ______________________

(a) 아뇨, 최근에 일자리를 잃었어요.
(b) 대체로는 그래요.
(c) 글쎄요, 오후 5시나 6시까지 일해요.
(d) 사실, 저는 회사 근처에 살아요.

완전 해설

저녁 시간을 TV 시청이나 컴퓨터하는 것으로 보낸다는 말에 편하게 쉬는 것이냐고 확인하고 있다. 따라서 대체로 그렇다고 대답하는 (b)가 정답이다. get home from work는 '퇴근하다', get to work는 '출근하다'라는 의미이다.

Not too much. 별거 없다. **either A or B** A 또는 B **basically** 원래 **relax** 쉬다 **for the most part** 대부분

9

W I just got two tickets to the upcoming Avril Lavigne concert.
M I didn't know you liked her music.
W Seriously? I think she's the best!
M ______________________

(a) I've already seen her.
(b) I don't like her, either.
(c) I'm glad I got the tickets!
(d) I can't say I agree with you.

W 곧 있을 에이브릴 라빈 콘서트 표 두 장을 구했어.
M 그녀의 음악을 좋아하는지 몰랐어.
W 정말? 그녀의 음악은 최고야!
M ______________________

(a) 나는 이미 그녀를 봤어.
(b) 나도 그녀를 좋아하지 않아.
(c) 티켓을 구해서 기뻐!
(d) 나는 동의할 수 없는걸.

완전 해설

좋아하는 가수를 언급하며 칭찬을 하는 말에 동조나 반대의 의견을 말할 수 있으므로 (d)가 정답이다. I can't say I agree with you는 '동의하지 않는다'라는 표현이다.

upcoming 곧 있을 **seriously** 정말

10

W When do you want to meet up for the show?
M How is 7:30?
W Fine with me. I'll see you at the theater.
M ______________________

(a) In fact, I'm not an actor.
(b) I'm running late, unfortunately.
(c) OK, don't forget to bring tickets.
(d) Call me again when you're free.

W 공연 보러 언제 만날까요?
M 7시 반 어때요?
W 좋아요. 극장에서 만나죠.
M ______________________

(a) 사실, 나는 배우가 아니에요.
(b) 유감스럽지만 늦을 것 같아요.
(c) 좋아요. 표를 가져오는 것을 잊지 말아요.
(d) 시간 날 때 다시 전화해 주세요.

완전 해설

공연을 보러 가기 위한 약속을 정하고 있다. 시간과 장소가 모두 정해졌으므로 표를 챙겨 오라고 당부하는 (c)가 정답이다. (b)의 run late는 약속 시간에 늦을 때 쓰는 표현이므로 맞지 않다.

meet up (약속을 정하여) 만나다 **show** 공연 **actor** 배우 **run late** 늦다

11

M I heard you went bungee jumping.
W Yeah. It was very exciting.
M You really like living on the edge?
W I do like doing adventurous things.
M You're not worried about hurting yourself?
W Far from it. I thrive on the adrenalin.

Q What is the conversation mainly about?
(a) Extreme sports.
(b) Dangerous jobs.
(c) Medical treatments.
(d) A documentary about sports.

M 번지점프를 하러 갔다면서.
W 응, 무척 신났어.
M 정말 스릴 있게 사는 것을 좋아하는구나?
W 모험적인 일이 정말 좋아.
M 다치는 게 걱정되지 않아?
W 전혀. 나는 아드레날린이 나오는 일을 즐겨.

Q 대화의 주된 내용은?
(a) 극한 스포츠.
(b) 위험한 직업.
(c) 의학적 치료.
(d) 스포츠 다큐멘터리.

완전 해설

번지점프와 같이 위험하고 스릴 있는 스포츠에 관한 내용이므로 (a) Extreme sports가 대화의 중심 소재로 적절하다. live on the edge는 '스릴을 추구하며 살다'라는 뜻이고, thrive on the adrenalin은 '극적인 활동을 즐긴다'라는 의미이다. adrenalin(아드레날린)은 극한 상황에서 흥분, 공포를 느낄 때 분비되는 호르몬이다.

go bungee jumping 번지점프를 하러 가다 **live on the edge** 스릴을 추구하며 살다 **far from** 전혀 ~이 아닌 **thrive on** ~하는 보람으로 살다 **adrenalin** 아드레날린 **extreme sports** (위험을 동반하는) 익스트림 스포츠 **medical** 의료의 **treatment** 치료

12

M Hey, Olivia. Are you busy this afternoon?
W Not really. I'm just watching TV right now.
M Do you want to go rollerblading with me through Central Park?
W That's such a great idea. Should we meet there?
M No. I'll come and pick you up in half an hour.
W OK. I'll see you then.

Q What are the man and woman mainly talking about?
(a) Going for a drive.
(b) Working out at a gym.
(c) Enjoying a picnic with friends.
(d) Going out together for the afternoon.

M 안녕, 올리비아. 오늘 오후에 바빠?
W 별로. 지금 그냥 TV 보고 있어.
M 센트럴파크에 롤러블레이드 타러 갈래?
W 정말 좋은 생각이야. 거기서 만날까?
M 아니야. 30분 후에 태우러 갈게.
W 그래, 그때 보자.

Q 두 사람이 주로 이야기하고 있는 것은?
(a) 드라이브 가기.
(b) 헬스클럽에서 운동하기.
(c) 친구들과 소풍 즐기기.
(d) 오후에 함께 외출하기.

완전 해설

남자가 여자에게 오후에 롤러블레이드를 타러 가자고 제안한 후, 만날 시간과 장소에 대해 이야기하고 있다. 따라서 (d)가 정답이다. 태우러 간다(pick up)는 지엽적인 대화 내용을 기억하고 (a)를 고르지 않도록 한다.

rollerblade 롤러블레이드 **pick up** 태워 주다 **go for a drive** 드라이브 가다 **work out** 운동하다

13

W Are those skis? They look weird.
M Yep. My dad just bought them for me.
W They don't look like normal skis, though.
M They're not. They're water skis.
W You know how to water ski? Cool.
M It's my favorite summer sport.

Q Which is correct according to the conversation?
(a) The man is a professional skier.
(b) The man knows how to water ski.
(c) The woman has never skied before.
(d) The woman just bought her dad skis.

W 그거 스키야? 이상하게 생겼다.
M 응. 아버지가 사주셨어.
W 근데 보통 스키처럼 보이지 않은데.
M 보통 스키가 아니거든. 수상 스키야.
W 수상 스키를 탈 줄 알아? 멋지다.
M 내가 가장 좋아하는 여름 스포츠야.

Q 대화에 따르면 옳은 것은?
(a) 남자는 전문 스키 선수이다.
(b) 남자는 수상 스키를 탈 줄 안다.
(c) 여자는 전에 스키를 탄 적이 없다.
(d) 여자는 아버지에게 스키를 사드렸다.

완전 해설

남자에게 수상 스키 장비가 있고, 취미라고 했으므로 수상 스키를 탈 줄 안다는 (b)가 정답이다. 대화 내용에서는 (a)나 (c)를 확인할 수 없다. 스키는 구두나 양말과 마찬가지로 복수형인 a pair of skis와 같이 쓴다.

weird 이상한 **water ski** 수상 스키를 타다 **professional** 전문적인 **skier** 스키 선수, 스키 타는 사람

14

M Oh my goodness! These books are gorgeous!
W Thanks. They're all first editions and very valuable.
M I didn't know you collected books.
W Collecting rare and antiquarian books has long been my passion.
M Well, some of these older books are truly works of art.
W I know! Publishers don't make cover art like that anymore.

Q Which is correct according to the conversation?
(a) The man collects books.
(b) The man and woman are close friends.
(c) The man and woman are both avid readers.
(d) The woman has had her hobby quite a while.

M 와! 이 책들은 정말이지 훌륭한데!
W 고마워. 모두 초판이고 아주 귀중한 것들이야.
M 네가 책을 수집하는지 몰랐어.
W 희귀본이나 고서를 수집하는 것에 오래전부터 관심을 가져 왔어.
M 그래, 이 고서들은 정말 예술 작품이다.
W 맞아! 출판사는 더 이상 그런 예술적인 표지를 만들지 않아.

Q 대화에 따르면 옳은 것은?
(a) 남자는 책을 수집한다.
(b) 두 사람은 가까운 친구이다.
(c) 두 사람은 모두 독서광이다.
(d) 여자는 꽤 오랫동안 취미를 가져 왔다.

완전 해설

고서 수집이라는 여자의 취미에 대한 세부 사항을 묻는 질문이다. 책을 수집하는 것은 여자이므로 (a)는 오답이고, (b), (c)는 추론 근거가 희박하다. 여자가 책 수집이 오랫동안 흥미의 대상(passion)이었다고 했으므로 (d)가 정답이다. 독서광(avid reader)은 bookworm이라고도 한다.

gorgeous 훌륭한, 멋진 **first edition** 초판 **rare** 희귀한 **antiquarian** 골동품의 **publisher** 출판사 **avid** 맹렬한, 열성인 **quite a while** 꽤 오랫동안

15

M Would you like to go to the Royal Wood concert this Thursday?
W Royal Wood? You did get tickets?
M Yep. Not only that, but I also have backstage passes.
W You can't be serious! This is crazy!
M I know. My best friend is the drummer in his band.
W I can't believe I'll get to meet Royal Wood in person!

Q What are the man and woman mainly talking about?
(a) Their favorite bands.
(b) An upcoming music event.
(c) A concert they saw together.
(d) A drummer of a famous band.

M 이번 주 목요일에 로열우드 콘서트 갈래?
W 로열우드? 표를 구했어?
M 응. 그뿐 아니라 무대 뒤 출입증까지 있어.
W 정말이야! 대단하다!
M 응. 친한 친구가 밴드 드럼을 맡고 있거든.
W 로열우드를 직접 만날 수 있다니 믿어지지 않아!

Q 두 사람이 주로 이야기하는 것은?
(a) 그들이 좋아하는 밴드.
(b) 다가오는 음악 행사.
(c) 함께 봤던 콘서트.
(d) 유명 밴드의 드럼 연주자.

완전 해설

두 사람은 서로 좋아하는 밴드의 콘서트에 가는 것에 대해 이야기하고 있으므로 concert를 music event로 바꿔 표현한 (b)가 정답이다.

backstage pass 무대 뒤 출입증 **drummer** 드럼 연주자 **in person** 직접 **upcoming** 다가오는

UNIT 03 쇼핑 · 식당

청해 기초 완전 정복

Answers 본책 P 36

1 (d) 2 (a) 3 (a)

1

W I'm in the mood for a roast beef sandwich.
M ______________________

(a) That sounds delicious.
(b) Not me. I don't eat red meat.
(c) Let's try a new sandwich place.
(d) I don't feel like cooking, either.

W 로스트비프 샌드위치를 먹고 싶어요.
M ______________________

(a) 맛있겠는데요.
(b) 저는 아니에요. 고기를 먹지 않아요.
(c) 새로 생긴 샌드위치 가게에 가 봐요.
(d) 나도 요리하고 싶지 않아요.

완전 해설
in the mood for라는 표현으로 특정 음식을 먹고 싶다고 했으므로 그에 동조하거나 추가 제안을 할 수 있다. (a)는 동의하는 표현이고, (c)는 동조하며 어떤 식당에 가자는 제안을 하고 있다. (b)는 반대 의견을 내는 응답이다. 요리에 대해서는 언급하지 않았으므로 (d)는 맞지 않다.

in the mood for ~할 기분인 **roast** 구운

2

M Can I get two orders of chicken fried rice to go, please?
W Sure. Do you want anything to drink with that?
M Nope. Just the food, thanks.
W ______________________

(a) Two Cokes it is, then.
(b) Okay. Just wait five minutes, please.
(c) All right. Your total comes to $14.50.
(d) So, your order is two chicken fried rice.

M 치킨 볶음밥 두 개 포장해 주시겠어요?
W 네. 마실 것도 같이 하시나요?
M 아뇨. 볶음밥만 주세요. 고마워요.
W ______________________

(a) 그러면 콜라 두 잔이요.
(b) 네, 그럼 5분만 기다리세요.
(c) 알겠습니다. 14달러 50센트입니다.
(d) 그럼, 치킨 볶음밥 두 개 주문하셨습니다.

완전 해설
포장 음식을 주문하는 상황이다. (b)는 주문한 음식을 기다리라는 대답이고, (c)는 총 가격을 말한 것이며, (d)는 다시 한번 주문 내용을 확인하는 표현이므로 모두 적절한 응답이다. 음료는 주문하지 않겠다고 했으므로 (a)는 맞지 않다.

total 총액, 합계

3

M Do you offer refunds at your store?
W Only when the purchase was made within the last two months.
M And do you require the receipt?
W Yes. You need a receipt for a refund or an exchange.
M I see. I guess I'm out of luck, then.
W Sorry about that.

Q What can be inferred about the man from the conversation?
(a) He does not have the receipt.
(b) He got a gift he doesn't like recently.
(c) He would prefer an exchange of the item.
(d) He has never bought anything at the store.

M 매장에서 환불되나요?
W 지난 두 달 이내에 구매한 제품에만 해당됩니다.
M 영수증이 필요한가요?
W 네. 환불이나 교환을 위해서는 영수증이 필요합니다.
M 알겠습니다. 그럼 제가 운이 없는 것 같네요.
W 죄송합니다.

Q 남자에 대해 추론할 수 있는 것은?
(a) 영수증이 없다.
(b) 최근에 마음에 들지 않는 선물을 받았다.
(c) 제품을 교환하기를 더 원한다.
(d) 매장에서 한 번도 물건을 산 적이 없다.

완전 해설
상점에서 환불을 요청하는 상황이다. 환불할 때 영수증이 필요하다는 말에 남자가 자신은 운이 없다고 했으므로 영수증을 갖고 있지 않다는 것을 추론할 수 있다. 따라서 정답은 (a)이다.

refund 환불 **purchase** 구매 **receipt** 영수증 **exchange** 교환 **out of luck** 운이 없는

TEPS Listening **Practices**

Answers

→ 본책 P 37

1 (a)	2 (b)	3 (a)	4 (a)	5 (a)	6 (b)	7 (a)	8 (b)	9 (d)	10 (a)
11 (b)	12 (d)	13 (c)	14 (b)	15 (d)					

1

M Excuse me, but where are your radios?
W ______________________

(a) Go a little further down this aisle.
(b) I prefer listening to radio, too.
(c) Sorry, but I'm a stranger here.
(d) It's within a 5 kilometer radius.

M 실례지만 라디오는 어디 있나요?
W ______________________

(a) 이 통로를 따라 조금 더 가세요.
(b) 저도 라디오 듣는 것을 더 좋아해요.
(c) 미안하지만 저도 이곳이 낯설어요.
(d) 그것은 5킬로미터 반경 안에 있어요.

완전 해설
손님이 점원에게 찾고 있는 물건의 위치를 묻고 있으므로 위치를 안내해 주는 (a)가 정답이다. (b)와 (c)는 점원이 손님에게 할 말로 적절하지 않다. aisle은 건물이나 비행기의 통로를 가리킨다.
further 더 멀리에 **aisle** 통로 **radius** 반경, 범위

2

M That's the last time I buy their products!
W ______________________

(a) Yes, I would like some as well.
(b) Really? I thought they were great.
(c) We've used them for three years now.
(d) The cost of production has gone up a lot.

M 그들 제품을 사는 건 이게 마지막이야!
W ______________________

(a) 그래, 나도 좀 줘.
(b) 정말? 나는 좋다고 생각했는데.
(c) 우리는 그것들을 3년째 쓰고 있어.
(d) 생산비가 많이 올랐어.

완전 해설
그들 제품을 사는 것이 이번이 마지막이라는 말은 다시는 사지 않겠다는 것으로, 불만의 표시라고 할 수 있다. 따라서 이에 대한 응답으로 반대 의견을 내는 (b)가 어울린다. (a)는 음식 등을 달라고 청할 때 쓰는 표현이고, (d)는 유사 어휘를 이용한 오답이다. 가격 인상을 표현할 때 go up[soar/ increase/ rise/ skyrocket] 등을 쓴다.
product 제품 **cost** 비용 **production** 생산 **go up** 상승하다

3

M I can't decide what appetizer to order.
W ______________________

(a) Let's see what the waiter suggests.
(b) Just a chicken sandwich, please.
(c) No, I've already ordered.
(d) I'd like cheese on it.

M 전채요리로 뭘 주문해야 할지 결정하지 못했어요.
W ______________________

(a) 웨이터가 추천하는 거 볼까요?
(b) 그냥 치킨 샌드위치 하나 주세요.
(c) 아뇨, 저는 이미 주문했어요.
(d) 저는 치즈를 얹어 주세요.

완전 해설
주문할 요리를 결정하면서 갈등하는 상황 역시 자주 제시되는 대화인데, 보통 결정을 돕기 위한 제안이 응답으로 등장한다. 웨이터의 추천을 들어 보자고 하는 (a)가 가장 적절하다. (b)와 (d)는 요리를 주문할 때 할 수 있는 말이다.
appetizer 전채요리 **suggest** 제안하다

4

M Can I help you with anything, ma'am?
W ______________________

(a) Yes, I want to buy some postcards.
(b) That's okay. I understand.
(c) They're in the next aisle.
(d) Thanks. I'm flattered.

M 손님, 무엇을 도와드릴까요?
W ______________________

(a) 네, 우편 엽서를 사려고요.
(b) 괜찮아요. 이해합니다.
(c) 다음 통로에 있어요.
(d) 고마워요. 과찬이세요.

완전 해설
가게에서 점원이 무엇을 도와주기를 원하는지 묻는 말에는 찾는 품목을 이야기하거나 그냥 둘러보는 중(I'm just browsing [looking around])이라고 대답하는 것이 일반적이다. 쇼핑 품목(postcards)을 바로 말하는 (a)가 정답으로 가장 적절하다.
postcard 우편 엽서 **aisle** 통로 **I'm flattered.** 과찬이세요.

5

M Which tie do you think I should buy?
W ______________________

(a) Buy the yellow one.
(b) You look good in that suit.
(c) I think I should take both.
(d) I'm looking for a striped tie.

M 어떤 넥타이를 살까요?
W ______________________

(a) 노란색을 사세요.
(b) 그 정장이 잘 어울려요.
(c) 두 개를 다 사야 할 것 같아요.
(d) 줄무늬 넥타이를 찾고 있어요.

완전 해설

두 가지 품목 중 어떤 것을 살지 결정하는 상황에서 어느 쪽을 사라고 직접 제안하거나 어느 쪽이 더 낫다는 의견이 적절하므로 (a)가 정답이다. (d)는 처음 매장에 들어갔을 때 점원이 무엇을 찾는지 묻는 질문에 응답하는 표현이다.

tie 넥타이 **suit** 수트, 정장 **striped** 줄무늬의

6

M Let's go shopping at Harold's. I want to use these gift certificates.
W How much are they for?
M I have four of them and each one is worth $50.
W ______________________

(a) But $50 won't get you much at Harold's.
(b) Wow, you can buy a lot with that much.
(c) No, I think I'll buy a watch instead.
(d) I didn't realize it was so cheap.

M 해럴드로 쇼핑하러 가요. 상품권을 써야겠어요.
W 얼마짜리인가요?
M 네 장 있는데, 각각 50달러짜리예요.
W ______________________

(a) 하지만 50달러로는 해럴드에서 많이 사지 못해요.
(b) 와, 그 정도면 꽤 많이 살 수 있겠네요.
(c) 아뇨, 대신 시계를 살래요.
(d) 그게 그렇게 싼지 몰랐어요.

완전 해설

남자가 상품권을 이용해 쇼핑을 가려고 하는 상황으로, 50달러짜리 상품권이 네 장 있다고 했으므로 200달러어치가 될 것이다. 따라서 액수에 대해 많다고 반응하는 (b)가 정답이다. 앞에 무엇을 산다는 내용이 없으므로 (c)와 (d)는 어울리지 않는다.

go shopping 쇼핑하러 가다 **gift certificate** 상품권

7

M Do you carry any men's pants here?
W Yes. All our pants are in the back, behind that mannequin.
M And is there also a women's clothing section on this floor?
W ______________________

(a) No, it's on the third floor.
(b) Men's suits are all over here.
(c) No, we don't have any pants.
(d) They're having a sale this week.

M 여기 남성용 바지가 있나요?
W 네. 바지는 모두 뒤쪽 마네킹 뒤에 있습니다.
M 이 층에 여성복도 있나요?
W ______________________

(a) 아뇨, 3층에 있습니다.
(b) 남성용 정장은 모두 이쪽에 있습니다.
(c) 아뇨, 우리는 바지를 팔지 않습니다.
(d) 거기서 이번 주에 세일을 합니다.

완전 해설

남자가 점원에게 여성복이 남성용 바지와 같은 층에 있는지 묻고 있다. 따라서 위치를 안내해 주는 (a)가 적절하다. (b)와 (c)는 대화 내용과 모순되며, (d)는 대화와 관계없는 응답이다.

mannequin 마네킹 **suit** 정장 **have a sale** 할인 판매하다

8

W Would you like to pay by debit card or credit card, sir?
M Can I just pay in cash?
W Of course. I'll go get your bill right away.
M ______________________

(a) The food at this restaurant is excellent.
(b) And I'd like to take the leftovers home.
(c) Sorry, but I'm not sure.
(d) Here's my credit card.

W 직불 카드로 하시겠습니까, 아니면 신용 카드로 하시겠습니까?
M 현금으로 내도 될까요?
W 물론입니다. 곧 청구서를 가져오겠습니다.
M ______________________

(a) 이 식당 음식은 훌륭하군요.
(b) 그리고 남은 음식을 싸가고 싶은데요.
(c) 미안하지만 잘 모르겠어요.
(d) 여기 제 신용 카드예요.

완전 해설

식당에서 식사 후의 대화 상황으로, 지불 방법에 대한 내용이 나온다. 계산에 대한 이야기를 한 다음 남은 음식을 싸달라고 요청하는 (b)가 어울리는 응답이다. 지불 방법을 말할 때 pay in cash[by check](현금[수표]으로 지불하다)라고 한다.

debit card 직불 카드 **credit** 신용 **pay in cash** 현금으로 지불하다 **bill** 청구서 **leftover** 남은 음식

9

M May I help you?
W Yes, I'm looking for canned tomatoes.
M All of our canned goods are in aisle 8.
W ______________________

(a) They are currently out of stock.
(b) But I'm in aisle 4 right now.
(c) Go straight ahead three blocks.
(d) Oh, I've just passed by.

M 무엇을 도와드릴까요?
W 네, 토마토 통조림을 찾고 있어요.
M 통조림 제품은 모두 8번 통로에 있습니다.
W ______________________

(a) 지금은 재고가 없습니다.
(b) 하지만 저는 지금 4번 통로에 있는데요.
(c) 세 블록 앞으로 가세요.
(d) 아, 그냥 지나쳐 왔어요.

완전 해설

마트에서 제품의 위치를 묻는 고객에게 점원이 길을 안내해 주는 상황이다. 감사의 표현을 하거나 추가 질문을 하는 응답을 예상할 수 있지만 그냥 지나쳐 왔다고 하는 (d)도 가능한 대답이다. (a)와 (c)는 점원이 할 수 있는 말이다.

canned goods 통조림 제품 **currently** 현재 **out of stock** 재고가 없는 **block** 블록, 구역 **pass by** 지나가다

10

W Do you have any specials today?
M Yes. We have a hearty lasagna and fresh garlic prawn.
W Oh, the garlic prawns sound delicious.
M ______________________

(a) Trust me, they're to die for.
(b) Yes, your total comes to $12.
(c) Indeed, the lasagna is mouthwatering.
(d) Well, it depends if you like meat dishes.

W 오늘 특별 메뉴가 있나요?
M 네, 푸짐한 라자냐와 신선한 마늘 새우가 있습니다.
W 와, 마늘 새우가 맛있겠네요.
M ______________________

(a) 믿어보세요. 무척 맛있답니다.
(b) 네, 전부 12달러입니다.
(c) 라자냐가 정말 맛있어 보입니다.
(d) 글쎄요, 육류 요리를 좋아하는지에 달려 있습니다.

완전 해설

손님이 주문을 위해 웨이터의 추천을 받고 있는 상황에서 웨이터가 오늘의 특별 메뉴를 적극 권하는 (a)가 적절하다. (b)는 식사 후 계산할 때 할 수 있는 말이고, 마늘 새우를 언급한 뒤에 라자냐로 답하는 (c)도 어울리지 않는다.

hearty 푸짐한 **lasagna** 라자냐(이탈리아 요리) **garlic** 마늘 **prawn** 새우 **to die for** 훌륭한 **mouthwatering** 군침이 도는, 맛있어 보이는 **depend** ~에 달려 있다

11

W Was everything OK with your meal?
M Yes. My only complaint is that there was too much food!
W I hope it was to your liking, though.
M Absolutely. However, we'll need to take the rest of this home.
W Sure. I'll take care of that right away for you.
M Thank you. Now, the bill please.

Q What are the man and woman mainly talking about?
(a) Where to place an order.
(b) What to do with the leftovers.
(c) How to make one of the dishes.
(d) When to return to the restaurant again.

W 식사는 괜찮으셨나요?
M 네. 불만이라면 음식이 너무 많았던 것뿐입니다!
W 마음에 드셨기를 바랍니다.
M 물론이죠. 그런데 나머지를 집에 가져가야 할 것 같은데요.
W 그러세요. 바로 포장해 드리겠습니다.
M 고맙습니다. 이제 계산서 부탁합니다.

Q 두 사람이 주로 이야기하는 것은?
(a) 어디서 주문을 할 것인가.
(b) 남은 음식을 어떻게 할 것인가.
(c) 요리 중 하나를 어떻게 만드는가.
(d) 언제 다시 레스토랑에 올 것인가.

완전 해설

식사를 마친 후에 손님이 종업원에게 식사에 대해 칭찬을 하며 남은 음식을 싸달라는 부탁을 하고 있다. 따라서 (b)가 정답이다. 남은 음식을 싸달라고 할 때, Can I have a doggy bag? 또는 I'll wrap up the leftovers라고 표현할 수 있다.

meal 식사 **complaint** 불평, 불만 **to one's liking** ~의 마음에 드는, 취미에 맞는 **absolutely** 매우 **take care of** ~를 처리하다; 돌보다 **place an order** 주문하다

12

M Excuse me, but do you take checks here?
W We do, but we require two pieces of photo ID.
M Will my license and health card suffice?
W A license is fine but we can't accept your health card.
M What else can I show you?
W A passport or some other official government-issued ID.

Q What is the conversation mainly about?
(a) Cash payments.
(b) A government regulation.
(c) A returned personal check.
(d) Valid pieces of identification.

M 실례지만 여기서 수표를 받나요?
W 네, 하지만 사진이 첨부된 신분증 두 가지가 필요합니다.
M 면허증과 보건카드면 될까요?
W 면허증은 괜찮지만 보건카드는 받지 않습니다.
M 그 외 어떤 것을 보여 주면 되나요?
W 여권이나 다른 정부 발급 공식 신분증이면 됩니다.

Q 대화의 주된 내용은?
(a) 현금 지불.
(b) 정부 규제.
(c) 반환된 개인 수표.
(d) 유효한 신분증.

완전 해설

수표 지불 시 필요한 신분증에 대한 이야기를 주로 하고 있으므로 (d)가 정답이다. suffice는 '충분하다, 만족시키다'라는 뜻으로, do로 바꿔 쓸 수 있다.

license 면허증, 허가 **health card** 보건카드 **suffice** 충분하다 **passport** 여권 **official** 공식적인 **government-issued** 정부가 발급한 **regulation** 규제, 규정 **personal check** 개인 수표 **valid** 유효한 **identification** 신분증(ID)

13

W I have a serious shopping problem.
M But I thought you love to shop.
W I do! That's the thing. I'm a shopaholic!
M Don't be so hard on yourself.
W But I spend half of every paycheck on clothes.
M Seriously? Maybe you do have a problem after all.

Q What can be inferred about the woman according to the conversation?
(a) She shops on a daily basis.
(b) She only purchases designer labels.
(c) She has a lot of clothes in her wardrobe.
(d) She has consulted a counselor about her problem.

W 나 심각한 쇼핑 문제가 있어.
M 그냥 쇼핑을 좋아하는 줄 알았는데.
W 그래! 그게 문제야. 나 쇼핑중독인가 봐!
M 스스로에게 너무 엄격할 것 없어.
W 하지만 급여의 절반을 옷 사는 데 쓰고 있어.
M 정말? 어쩌면 쇼핑중독인지도 모르겠다.

Q 대화에 따르면 여자에 대해 추론할 수 있는 것은?
(a) 매일 쇼핑을 한다.
(b) 디자이너 제품만 산다.
(c) 옷장에 많은 옷을 가지고 있다.
(d) 자신의 문제로 상담을 받아 왔다.

완전 해설

여자의 쇼핑 습관에 대해 과연 쇼핑중독인지 이야기를 나누고 있다. (a)와 (b)는 추론 근거가 부족하고, 문제가 있지만 상담 받았다는 말은 없으므로 (d)도 오답이다. 급여의 절반을 옷값에 지출한다고 했으므로 옷장에 옷이 많다는 (c)가 추론 가능하다. wardrobe는 '옷장'이라는 뜻 외에도 소유하고 있는 '의상 전체'를 의미하여, She has a large wardrobe(옷이 많다)와 같이 표현할 수 있다.

shopaholic 쇼핑중독 **paycheck** 봉급 **seriously** 정말로 **on a daily basis** 매일마다 **purchase** 구매하다 **designer label** (유명 디자이너 상표의) 상품 **wardrobe** 옷장 **consult** 상담하다 **counselor** 상담사

14

M Do you have a table for six available?
W I'm afraid we're all booked up right now.
M Do you know how long the wait is at this point?
W For a table of six? Probably about 20 or 30 minutes.
M I see. In that case we'll just come back another time.
W Very well, sir. Sorry for an inconvenience.

Q Which is correct according to the conversation?
(a) The restaurant has a table for four available.
(b) The man will not eat at the restaurant today.
(c) The wait time is more than one hour.
(d) The woman is a well-known chef.

M 6명이 앉을 수 있는 테이블 있나요?
W 죄송하지만 지금은 테이블이 다 찼습니다.
M 얼마나 기다려야 하나요?
W 6인석이요? 아마 20~30분 정도일 겁니다.
M 알겠습니다. 그러면 다음에 다시 올게요.
W 네, 불편을 드려 죄송합니다.

Q 대화에 따르면 옳은 것은?
(a) 식당에는 4인용 좌석이 있다.
(b) 남자는 오늘 이 식당에서 식사하지 않을 것이다.
(c) 대기 시간은 한 시간 이상이다.
(d) 여자는 유명한 주방장이다.

완전 해설

식당에서 자리를 문의하는 상황이다. 6인용 테이블이 없다는 말에 남자가 다음에 다시 온다고 했으므로 (b)가 정답이다. 대화에서는 6인석만 언급되었으므로 (a)는 알 수 없고, 대기 시간은 20~30분 정도라고 했으므로 (c)도 맞지 않다. 여자는 테이블 안내를 맡고 있으므로 식당 종업원(waitress) 또는 지배인(manager)이라고 할 수 있으므로 (d) 역시 오답이다.

available 사용 가능한 **be booked up** 예약이 다 차다 **wait** 대기 **in that case** 그렇다면 **well-known** 유명한 **chef** 주방장

15

W Can I try this top on somewhere?
M Of course. There's a fitting room right behind you.
W How many items can I take in at once?
M Up to six items at one time.
W Here. Take this, then.
M And here are six tags, one for each item.

Q What can be inferred from the conversation?
(a) Women's clothing is on sale for now.
(b) It is taking place in the woman's home.
(c) A misunderstanding has just taken place.
(d) The woman had more than six items in her hands.

W 이 상의를 입어볼 수 있나요?
M 물론이에요. 바로 뒤에 탈의실이 있어요.
W 한 번에 몇 개나 가지고 들어갈 수 있죠?
M 여섯 개까지요.
W 여기요. 그럼 이건 받으세요.
M 여기 번호표 여섯 개예요. 한 품목당 하나입니다.

Q 대화에서 추론할 수 있는 것은?
(a) 여성 의류가 할인 판매 중이다.
(b) 여자의 집에서 일어나고 있는 일이다.
(c) 방금 오해가 발생했다.
(d) 여자는 여섯 개가 넘는 품목을 들고 있었다.

완전 해설

의류 매장에서 옷을 입어 보는 상황이다. 보통 의류 매장에서는 한번에 탈의실로 가지고 들어갈 수 있는 개수를 제한하고 있다. 여자가 Take this, then이라고 했으므로 여섯 개 이상의 품목을 가지고 있었다는 (d)를 추론할 수 있다.

top 상의 **fitting room** 탈의실 **take in** ~를 가지고 들어가다 **at once** 한 번에 **up to** ~까지 **tag** 번호표, 상표 **on sale** 할인 판매 중인 **take place** ~가 일어나다, 발생하다 **misunderstanding** 오해

UNIT 04 주거 생활

청해 기초 완전 정복

Answers ⇒ 본책 P 42

1 (c) 2 (d) 3 (b)

1

W Can you fix the bath tub right now?
M ______________________

(a) We'd better call a plumber.
(b) Yeah, I guess I can do that.
(c) I hope it's not too expensive.
(d) No, but I'll take care of it after dinner.

W 욕조를 지금 고쳐줄 수 있어?
M ______________________

(a) 배관공을 부르는 게 좋을 것 같아.
(b) 응, 그럴 수 있을 것 같아.
(c) 너무 비싸지 않으면 좋겠는데.
(d) 아니, 저녁 먹고 나서 해볼게.

완전 해설

지금 욕조 수리를 해줄 수 있는지 묻는 말에 전문가를 부르자고 권유하는 (a), 긍정의 대답인 (b)나 대안을 제시하는 (d)는 모두 적절한 응답이 될 수 있지만, 수리비에 대한 언급은 하지 않았으므로 (c)는 답이 될 수 없다.

bath tub 욕조 **plumber** 배관공

2

M We should clean the house today.
W OK. I'll vacuum the floors and clean the kitchen.
M What do you want me to do?
W ______________________

(a) We need to dust the living room.
(b) You can clean out the garage.
(c) Wash the windows first.
(d) That would be perfect.

M 오늘 집을 청소해야 돼.
W 좋아. 내가 청소기로 바닥을 닦고 부엌을 청소할게.
M 나는 뭘 할까?
W ______________________

(a) 거실 먼지를 털어야 해.
(b) 차고를 청소하면 돼.
(c) 먼저 창문을 닦아.
(d) 그렇게 하면 정말 좋겠어.

완전 해설

함께 집청소를 하기 위해 일을 분담하고 있다. 남자가 무엇을 할지를 물었으므로 구체적으로 할 일을 지정해 주는 표현이 나와야 한다. (a), (b), (c)는 각각 거실, 차고, 창문과 같이 청소 구역을 정해 주고 있어 대답으로 적절하다. (d)는 무엇에 대해 하면 좋겠다는 언급이 없으므로 적절하지 않다.

vacuum 진공 청소기로 닦다 **dust** 먼지를 털다 **living room** 거실 **garage** 차고

3

W The lease is for 12 months, right?
M That's right. Everything is included except the cable.
W So that means you're responsible for the Internet?
M Exactly. Everything else is explained in detail in the rental agreement.
W Perfect. Well, I think I'll take it!
M Excellent. Welcome to your new home!

Q Which is correct according to the conversation?
(a) The man is a tenant.
(b) The woman likes the place.
(c) The place is the woman's office.
(d) The man and woman are living together.

W 임대 기간은 12개월이죠?
M 맞아요. 케이블만 빼고 모두 포함이에요.
W 그럼 인터넷도 포함된다는 말인가요?
M 맞습니다. 나머지는 임대차 계약서에 상세히 설명되어 있어요.
W 좋아요. 그러면 이걸로 할게요!
M 잘됐네요. 새집에 오신 것을 환영합니다!

Q 대화에 따르면 옳은 것은?
(a) 남자는 세입자이다.
(b) 여자는 이 집이 마음에 든다.
(c) 장소는 여자의 사무실이다.
(d) 남자와 여자는 함께 살고 있다.

완전 해설

임대 계약을 하기 위한 임대 조건에 대해 논의하고 있는 것으로 보아 남자는 부동산 중개인이고 여자가 세입자라고 할 수 있다. 여자가 I'll take it이라고 하며 계약을 하겠다는 의사를 밝혔으므로 (b)가 정답이다.

lease 임대차 계약 **rental agreement** 임대차 계약서 **tenant** 세입자

TEPS Listening Practices

Answers

→ 본책 P 43

1 (b)	2 (d)	3 (a)	4 (a)	5 (c)	6 (a)	7 (a)	8 (d)	9 (c)	10 (d)
11 (a)	12 (d)	13 (a)	14 (d)	15 (b)					

1

M Haven't you sold your house yet?
W ____________________

(a) No, I bought a new house in the country.
(b) Sadly, no one has made an offer yet.
(c) Housing prices are going up.
(d) Yes, they're already gone.

M 아직 집을 못 팔았어?
W ____________________

(a) 아니, 시골에 새집을 샀어.
(b) 유감스럽게도 사려는 사람이 아무도 없어.
(c) 주택 가격이 오르고 있어.
(d) 응, 그것들은 이미 없어졌어.

완전 해설
집을 아직 못 팔았냐고 물었으므로 아직 청약자가 없다고 말한 (b)가 정답이다. make an offer는 '물건을 사기 위해 값을 부르다'라는 뜻으로 쓰인다. (a)는 No라는 대답과 이어지는 내용이 일치하지 않는다.
make an offer 제안하다 **housing** 주택, 주거

2

M Can you help me move this weekend?
W ____________________

(a) I can't move a finger.
(b) They will move out.
(c) That is moving.
(d) I'd be glad to.

M 이번 주말에 이사를 도와줄 수 있어요?
W ____________________

(a) 손가락 하나 꼼짝 못하겠어요.
(b) 그들은 이사 갈 거예요.
(c) 감동적이네요.
(d) 기꺼이 그러죠.

완전 해설
이사를 도와주겠는지를 묻는 말에 기꺼이 부탁에 응하는 (d)가 적절한 응답이다. (a)와 (c)는 지문의 move를 반복하여 혼란을 유도한 오답이다. (a)의 not move[lift] a finger는 '손가락 하나 꼼짝 못하다, 그만큼 힘들다'라는 의미이다.
move out 이사하다 **moving** 감동적인

3

M Lily, throw the cans into the recycling bin.
W ____________________

(a) Don't worry. I will.
(b) I'd rather throw it away.
(c) No, I don't have any cans.
(d) Sure, I'll hand them over.

M 릴리, 깡통들은 재활용 쓰레기통에 넣어 주세요.
W ____________________

(a) 걱정 마세요. 그럴게요.
(b) 저라면 그걸 버리겠어요.
(c) 아뇨, 저는 깡통이 전혀 없어요.
(d) 네, 그것들을 넘겨줄게요.

완전 해설
분리수거(recycling)를 부탁하고 있는 내용이므로 그렇게 하겠다고 하는 (a)가 가장 어울린다. 참고로 쓰레기를 밖에 내놓는 것은 put out[take out] the garbage라고 한다.
recycling 재활용 **bin** 쓰레기통 **hand over** 넘겨주다

4

W This kitchen is really messy!
M ____________________

(a) I'll clean it up soon.
(b) Don't mess around.
(c) You are such trouble.
(d) We have a nice kitchen.

W 주방이 정말 지저분하군요!
M ____________________

(a) 곧 치울게요.
(b) 꾸물거리지 마세요.
(c) 당신은 정말 문제예요.
(d) 우리는 멋진 주방을 갖고 있어요.

완전 해설
주방이 지저분하다고 했으므로 곧 치우겠다고 하는 (a)가 여기서는 가장 적절하다. (b)의 mess around는 '꾸물거리다'라는 뜻으로, 대화에 언급된 어휘(messy)를 이용해 혼동을 주고 있다. 빈출 표현인 make a mess(망치다)도 함께 기억해 두자.
messy 지저분한 **clean up** 청소하다 **mess around** 게으름 피우다, 꾸물거리다 **trouble** 골칫거리

5

M I'd like to paint the garage.
W ________________

(a) Garage sales are very popular here.
(b) I don't think it will work, though.
(c) I thought you just did recently.
(d) Really? That was pretty fast.

M 차고를 페인트 칠하고 싶어.
W ________________

(a) 이곳에서는 차고 세일이 매우 인기야.
(b) 그렇지만 효과가 없을 것 같아.
(c) 최근에 칠했던 것 같은데.
(d) 정말? 꽤 빠르네.

완전 해설

차고를 칠하고 싶다는 말에 간접적으로 반대 의사를 드러내는 (c)가 정답이다. (a)는 단어 반복으로 혼동을 주는 오답이며, (b)의 work는 '효과가 있다'라는 뜻으로 쓰여 문맥상 적절하지 않다.
garage sale 차고 세일 (중고 물품 판매) **popular** 인기 있는 **work** 효과가 있다 **recently** 최근

6

M When are you moving, Valerie?
W Next Saturday. I'm not looking forward to it.
M How come? Is there anything wrong?
W ________________

(a) Because I hate moving!
(b) I hired some movers.
(c) To 134 Barton Ave.
(d) All day Saturday.

M 밸러리, 언제 이사 가?
W 다음 토요일. 별로 기대되지는 않아.
M 왜? 뭐가 잘못됐어?
W ________________

(a) 이사를 싫어하거든!
(b) 이삿짐 회사를 이용해.
(c) 바턴가 134번지로 가.
(d) 토요일 하루 종일이야.

완전 해설

여자가 이사를 해야 하는 상황에 불만을 표시하자 남자가 그 이유를 묻고 있으므로 이사가 싫어서라고 이유를 말한 (a)가 적절한 응답이다. (b)는 이사 방법을, (c)는 이사 갈 장소를, (d)는 이사하는 데 걸리는 시간을 묻는 질문에 가능한 응답이다.
move 이사하다 **hire** 고용하다 **mover** 이사 업체

7

W Did you need a mortgage to buy this place?
M Yeah. Diane and I took out a 20-year mortgage.
W At what interest rate?
M ________________

(a) It's a fixed rate of 2.4%.
(b) I need to get a bank loan.
(c) There are three bedrooms.
(d) I hope the rate has gone down.

W 이 집을 사는 데 담보 대출이 필요했나요?
M 네. 다이앤과 나는 20년 주택 담보 대출을 받았어요.
W 이자율은 얼마나 돼요?
M ________________

(a) 고정 금리 2.4%입니다.
(b) 은행 대출이 필요해요.
(c) 침실이 세 개입니다.
(d) 시세가 내렸으면 합니다.

완전 해설

집을 살 때 이용하는 mortgage(주택 담보 대출)도 자주 등장하는 내용이다. 여자가 대출의 이자율을 묻고 있으므로 (a)가 정답이다. (c)는 대출과 관계없고, (b), (d)는 문맥에 어울리지 않는다.
mortgage 주택 담보 대출 **take out** 취득하다 **interest** 이자 **rate** 시세; 비용 **fixed** 고정된 **get a loan** 대출을 받다

8

M I didn't know you have a cleaning lady come.
W Yeah. She cleans my place every week.
M Does she do a thorough job?
W ________________

(a) I think she's from Portugal.
(b) No, my maid cleans it completely.
(c) But she charges an arm and a leg.
(d) My place is sparkling after she's done.

M 가사도우미가 오는지 몰랐는걸.
W 응. 매주 집에 와서 청소해 주셔.
M 꼼꼼하게 일하시니?
W ________________

(a) 그녀는 포르투갈 출신인 것 같아.
(b) 아니, 가사도우미가 완벽하게 청소해 줘.
(c) 하지만 엄청난 비용을 청구해.
(d) 그녀가 청소하고 나면 우리 집은 빛이 나.

완전 해설

가사도우미가 일을 잘하는지에 대한 질문에 청소 후에 빛이 난다며 간접적으로 잘한다고 말한 (d)가 정답이다. charge[cost] an arm and a leg는 '막대한 비용이 들다'라는 뜻의 이디엄이다.
cleaning lady 여자 가사도우미 **thorough** 철저한 **an arm and a leg** 막대한 비용 **sparkling** 반짝반짝하는

9

W I don't even know where to begin looking for an apartment.
M Have you tried looking online?
W No. I feel overwhelmed by the whole experience.
M ______________________

(a) Let me help you pack this stuff up.
(b) I didn't know you are looking for roommates.
(c) Well, there are a bunch of great sites that make it easy.
(d) Obviously buying your first home is an emotional experience.

W 아파트를 구해야 하는데 뭐부터 시작해야 할지 모르겠어.
M 인터넷으로 찾아봤어?
W 아니. 모든 것이 막막해.
M ______________________

(a) 이 물건들 싸는 걸 도와줄게.
(b) 룸메이트를 찾고 있는지 몰랐어.
(c) 쉽게 찾는 데 도움이 되는 좋은 사이트가 몇 군데 있어.
(d) 처음으로 집을 사는 것은 분명 감동적인 경험일 거야.

완전 해설
여자가 아파트를 구하는 일에 막막해하는 상황에서 집 찾는 것에 도움이 되는 사이트를 제안하고 있는 (c)가 적절한 응답이다.
overwhelmed (감정에) 휩싸인, 압도된 **a bunch of** 많은

10

M Do you think you could load the dishwasher for me?
W Sure. Why don't you wait to run it, though?
M Do I have to wait? Why is that?
W ______________________

(a) They are in the dishwasher.
(b) I think it's the plates and bowls.
(c) Washing machines are bad for the environment.
(d) It's cheaper to run your dishwasher after 8 pm.

M 식기세척기에 그릇을 좀 넣어주겠어요?
W 네. 그런데 조금 기다렸다가 돌리지 그래요?
M 기다려야 한다고요? 왜죠?
W ______________________

(a) 그것들은 식기세척기 안에 있어요.
(b) 접시하고 그릇인 것 같아요.
(c) 세탁기는 환경에 나쁘잖아요.
(d) 저녁 8시 이후에 식기세척기를 돌리면 더 싸거든요.

완전 해설
식기세척기 돌리는 것을 기다리라는 말에 저녁 8시 이후에 전기료가 저렴하기 때문이라는 이유를 말한 (d)가 적절한 응답이다.
load 쌓아 올리다 **dishwasher** 식기세척기 **bowl** 그릇

11

W Matt, I heard you moved. How do you like your place?
M I love it. It's about a thousand square feet.
W That's really spacious. How many bedrooms does it have?
M It has one bedroom, a kitchen, and a study.
W How big is the study?
M It is as big as my bedroom.

Q What are the man and woman mainly talking about?
(a) The man's new home.
(b) The woman's big condo.
(c) The man's moving plans.
(d) The woman's apartment search.

W 매트, 이사 갔다고 들었어. 집이 마음에 드니?
M 아주 좋아. 천 평방피트 정도 돼.
W 정말 넓구나. 침실은 몇 개야?
M 침실, 주방, 그리고 서재가 하나씩 있어.
W 서재는 얼마나 큰데?
M 침실 정도의 크기야.

Q 두 사람이 주로 이야기하고 있는 것은?
(a) 남자의 새집.
(b) 여자의 넓은 아파트.
(c) 남자의 이사 계획.
(d) 여자의 아파트 찾기.

완전 해설
남자가 새로 이사 간 집의 크기, 구조 등에 대해 이야기하고 있으므로 정답은 (a)이다. condo는 '휴양지의 공동 소유 별장'의 의미로 알고 있지만, 본래 의미는 '분양 아파트'이다. 여자가 새집을 구하는 것으로 착각하여 (d)를 고르지 않도록 유의한다.
square feet 평방피트 **spacious** 넓은 **study** 서재 **condo** 아파트 **search** 찾기, 검색

12

M My landlord is raising my rent.
W What? Is that legal?
M Yeah, landlords can raise the rent 3.3% a year.
W So, how much more do you have to pay?
M It's an extra $40 a month.
W That's not too bad.

Q What is the conversation mainly about?
(a) The cost of living in a big city.
(b) The woman's pay increase.
(c) A potential legal issue.
(d) The man's rent hike.

M 집주인이 임대료를 올린대요.
W 뭐라고요? 그게 합법적인가요?
M 네. 일년에 3.3%씩 임대료를 올릴 수 있대요.
W 그러면 더 내야 하는 돈이 얼마예요?
M 한 달에 40달러를 더 내야 해요.
W 그렇게 나쁘지는 않네요.

Q 대화의 주된 내용은?
(a) 대도시의 생활비.
(b) 여자의 급여 인상.
(c) 잠재적인 법적 문제.
(d) 남자의 임대료 인상.

완전 해설

남자의 집주인이 임대료를 올린다는 소식에 대해 합법성, 추가 지불 금액 등을 논의하고 있다. 이 내용을 모두 포괄할 수 있는 것은 임대료 인상(rent hike)이므로 (d)가 정답이다. (a)는 지나치게 범위가 넓고, legal(합법적인)을 언급했지만 대화의 전체 주제가 법적 분쟁에 관한 것으로 볼 수 없으므로 (c)도 오답이다.

landlord 집주인 **raise** 올리다 **legal** 합법적인 **cost of living** 생활비 **rent** 집세, 임대료 **hike** 인상

13

W Do you know anyone who has a car?
M I have a car. How come?
W I need some help moving.
M You don't need a truck or moving van?
W No. I don't have much stuff.
M Well, I'd be happy to help you.

Q How will the man solve the woman's problem?
(a) He will help her move.
(b) He will loan her his car.
(c) He will hire a moving company.
(d) He will put her stuff in storage for her.

W 누구 차 가진 사람 알아요?
M 저 있어요. 왜요?
W 이사하는 데 도움이 필요해서요.
M 트럭이나 이사용 차량이 필요한 건 아니고요?
W 아뇨. 짐이 많지 않거든요.
M 그렇다면 기꺼이 도와드리죠.

Q 남자는 어떻게 여자의 문제를 해결할 것인가?
(a) 그녀가 이사하는 것을 도울 것이다.
(b) 그녀에게 그의 차를 대여해 줄 것이다.
(c) 그가 이삿짐 센터를 고용할 것이다.
(d) 그녀의 물건을 보관해 줄 것이다.

완전 해설

여자가 이사하는 데 도움을 구하고 있는 상황이다. 짐이 많지 않아서 이삿짐 트럭(moving van)이 필요 없다고 했으므로 남자의 차로 직접 짐을 옮길 것임을 알 수 있다. 따라서 (a)가 정답이다. (b)의 loan은 '돈을 받고 빌려주다,' 즉 '대여하다'라는 뜻이므로 답이 될 수 없다.

moving van 이삿짐 차량 **hire** 고용하다 **storage** 보관, 저장

14

W Do you know anyone who is looking for a roommate?
M I might. Are you looking for a new roommate?
W Yeah. Gloria is moving out soon.
M Does it have to be a woman?
W That doesn't really matter.
M In that case I might just know someone.

Q Which is correct according to the conversation?
(a) The man cannot help the woman.
(b) The man and the woman are roommates.
(c) The man and the woman used to live together.
(d) The woman's roommate has not moved out yet.

W 룸메이트 찾고 있는 사람 누구 알아?
M 아마도. 새 룸메이트를 찾고 있어?
W 응. 글로리아가 곧 이사 가거든.
M 여자여야 해?
W 별로 상관없어.
M 그렇다면 누군가 있을 것 같아.

Q 대화에 따르면 옳은 것은?
(a) 남자는 여자를 도울 수 없다.
(b) 남자와 여자는 룸메이트이다.
(c) 남자와 여자는 함께 살았다.
(d) 여자의 룸메이트는 아직 이사 가지 않았다.

완전 해설

여자가 새로운 룸메이트를 찾고 있는 이유로 현재의 룸메이트가 곧 이사 가기 때문이라고 했다. 따라서 아직 이사를 가지 않은 것이므로 (d)가 정답이다. (a)와 (b)는 사실과 다르고, (c)는 추론할 수 있는 근거가 제시되어 있지 않다.

move out 이사 나가다

15

M What did the contractor say about the roof?
W He said it would cost about five thousand dollars to redo it.
M Well, that's way more than we had thought!
W Yeah, but I don't think we have a choice.
M All right. I'll go call him.
W Here's his number.

Q What will the man probably do next?
(a) Go to his roof.
(b) Make a phone call.
(c) Finish a renovation job.
(d) Send money to someone.

M 지붕에 대해서 시공업자가 뭐라고 했어?
W 지붕을 다시 하려면 5천 달러 정도 들 거래.
M 음, 생각보다 훨씬 많은 금액인데!
W 응, 하지만 선택의 여지가 없는 것 같아.
M 알겠어. 내가 전화해 볼게.
W 여기 그 사람 번호야.

Q 남자가 다음에 할 것 같은 일은?
(a) 지붕으로 올라간다.
(b) 전화를 건다.
(c) 보수 작업을 마친다.
(d) 누군가에게 돈을 보낸다.

완전 해설

지붕 보수에 대한 대화를 하며 금액이 많지만 어쩔 수 없다고 하자 남자가 직접 전화하겠다고 했으므로 (b)가 예상 가능한 행동이다. 이러한 수리 상황은 바로 직접 고친다, 나중에 직접 고친다, 전문가를 부른다 중 어느 패턴인지 구분해서 문제를 푼다.

contractor 시공업자, 계약자 **redo** 다시 하다, 꾸미다 **make a phone call** 전화를 걸다 **renovation** 보수

청해 기초 완전 정복

Answers ⇨ 본책 P 48

1 (c) 2 (d) 3 (a)

1

W May I speak to Mr. Jack McCormick?
M ____________________

(a) This is he speaking.
(b) He just stepped out.
(c) I'd like to leave a message.
(d) Hold on. I'll put you through.

W 잭 맥코믹 씨와 통화할 수 있을까요?
M ____________________

(a) 네, 전데요.
(b) 방금 나가셨어요.
(c) 메시지를 남기고 싶은데요.
(d) 잠시만요. 연결해 드릴게요.

완전 해설
통화 상대를 찾고 있으므로 그 사람이 현재 있는지, 전화를 받을 수 있는지 여부에 따라 (a), (b), (d)와 같은 다양한 응답이 나올 수 있다. (c)는 전화를 건 사람이 할 수 있는 말이다. 전화 건 사람과 받는 사람이 하는 말을 바꾼 오답이 자주 등장하므로 유의한다.
step out 나가다 **leave a message** 메시지를 남기다 **put A through** A를 연결해 주다

2

W Hi, I just got a message to call this number.
M Do you know who left the message?
W The note says Jake.
M ____________________

(a) Sorry, but he is in a meeting.
(b) Oh, we have two Jakes here.
(c) OK, don't hang up please.
(d) Yes, I'll call him later.

W 여보세요. 이 번호로 전화하라는 메시지를 받았는데요.
M 메시지를 남긴 사람이 누구인지 아세요?
W 메모에는 제이크라고 되어 있어요.
M ____________________

(a) 죄송하지만 지금 회의 중이세요.
(b) 아, 여기 제이크라는 사람이 두 명인데요.
(c) 알겠습니다. 끊지 말고 기다리세요.
(d) 네, 제가 나중에 그에게 전화할게요.

완전 해설
메모를 보고 전화한 사람을 찾는 상황이다. (b)의 제이크라는 사람이 두 사람이라고 하는 경우처럼 예상하지 못한 응답이 나올 수 있으므로 유의한다. (d)는 대화 내용과 관계없는 오답이다.
note 메모 **hang up** 끊다

3

W Thank you for calling NewStyle.com. How may I help you?
M Hi, I ordered a blue sweater, but a grey one arrived.
W Sorry. Do you have your order number?
M Yes. It's 3470.
W Was it sent out on the 18th?
M Yes. I got it on the 20th, but it was the wrong color.

Q Which is correct according to the conversation?
(a) The woman checked the order date.
(b) The woman bought something online.
(c) The man feels sorry about the mistake.
(d) The man is complaining about a late delivery.

W 뉴스타일 닷컴에 전화 주셔서 감사합니다. 어떻게 도와드릴까요?
M 안녕하세요, 제가 파란색 스웨터를 주문했는데, 회색이 왔어요.
W 죄송합니다. 주문 번호를 갖고 계신가요?
M 네, 3470입니다.
W 18일에 발송되었나요?
M 네, 20일에 받았는데 색깔이 잘못 왔더군요.

Q 대화에 따르면 옳은 것은?
(a) 여자는 주문 날짜를 확인했다.
(b) 여자는 온라인으로 뭔가를 구매했다.
(c) 남자는 실수에 대해 미안해한다.
(d) 남자는 배송이 늦은 것에 대해 불평하고 있다.

완전 해설
세부 사실을 묻는 문제이므로 선택지 하나하나를 지문과 비교하여 틀린 부분을 파악한다. 여자는 온라인 쇼핑몰 담당자로, 주문 사항을 확인했으므로 (a)가 정답이다. (b)와 (c)처럼 남녀의 입장을 바꾸어 놓은 오답이 자주 제시되므로 주의하고, 배송이 늦은 것이 아니라 물건을 잘못 배송한 것이므로 (d)는 맞지 않다.
order number 주문 번호 **delivery** 배송

TEPS Listening Practices

Answers

⇒ 본책 P 49

1 (c) 2 (d) 3 (a) 4 (a) 5 (a) 6 (d) 7 (d) 8 (d) 9 (a) 10 (c)
11 (a) 12 (c) 13 (d) 14 (a) 15 (c)

1

M Hi, it's Alex from Networld Ltd. May I speak to Sarah Kay?
W ____________________

(a) I'll tell her you called.
(b) Yes, I'm returning her call.
(c) Hi, Alex. Sarah's expecting your call.
(d) You can reach her at that number.

M 여보세요, 네트월드 사의 앨릭스입니다. 사라 케이와 통화할 수 있을까요?
W ____________________

(a) 전화하셨다고 전해 드릴게요.
(b) 네, 전화가 왔다고 해서 다시 전화한 거예요.
(c) 안녕하세요, 앨릭스. 사라가 전화를 기다리고 있었어요.
(d) 그녀에게 그 번호로 연락하면 됩니다.

완전 해설
전화를 바꿔 달라는 말에 대해 마침 전화를 기다리고 있었다고 말한 (c)가 어울린다. (b)는 전화를 건 사람이 할 수 있는 말이다.
return the call 답신 전화하다 **reach** (연락이) 닿다

2

M Good morning, Johnson Systems. How may I direct your call?
W ____________________

(a) You have a wrong number.
(b) I'll put you right through.
(c) Yes, this is Karl Smith.
(d) Sorry, I dialed wrong.

M 안녕하세요, 존슨 시스템즈입니다. 어디로 연결해 드릴까요?
W ____________________

(a) 전화 잘못 거셨습니다.
(b) 바로 연결해 드리겠습니다.
(c) 네, 제가 칼 스미스입니다.
(d) 죄송합니다. 잘못 걸었습니다.

완전 해설
전화를 받은 사람이 어디로 연결해 줄지 묻는 말에 잘못 걸었다고 사과하는 (d)가 적절하다. 다른 선택지들은 모두 전화를 받은 사람 쪽에서 할 수 있는 말이다.
direct (전화를) 돌리다 **dial** 전화 걸다

3

M Did someone call me a moment ago?
W ____________________

(a) Yeah, here's the message.
(b) Sorry, he just stepped out.
(c) Let me take your message.
(d) No, she just called to say hi.

M 방금 전에 누군가 저한테 전화했나요?
W ____________________

(a) 네, 여기 메시지가 있어요.
(b) 죄송하지만, 금방 나가셨어요.
(c) 메시지를 전해 드릴게요.
(d) 아뇨, 그녀가 안부 전화한 거예요.

완전 해설
누가 전화를 했는지 묻고 있으므로 전화를 건 상대가 남긴 메시지를 전하는 내용의 (a)가 가장 잘 어울린다. (c)는 전화를 받은 사람이 할 말로 적절하고, (d)는 전화를 건 목적에 대한 응답이다.
step out 나가다

4

M Thank you for phoning Chicken'n'Ribs.
W ____________________

(a) I'd like to make an order for delivery.
(b) Also, an order of ribs and two cokes.
(c) Sure, give me your phone number.
(d) I haven't placed an order recently.

M 치킨앤립스에 전화 주셔서 감사합니다.
W ____________________

(a) 배달 주문하려고요.
(b) 그리고 립 1인분과 콜라 두 잔도 주세요.
(c) 네, 전화번호를 주세요.
(d) 최근에 주문하지 않았는데요.

완전 해설
상호명을 말하며 전화를 받았으므로 배달 주문을 위한 통화 상황임을 짐작할 수 있다. 먼저 전화를 건 목적을 밝히는 (a)가 정답이다. (b)는 Also라고 했으므로 주문한 것에 추가하는 상황이고, (c)는 전화를 받은 점원이 할 수 있는 말이다.
phone 전화(하다) **rib** 갈비 **make an order** 주문하다
delivery 배달 **place an order** 주문하다

5

W Good afternoon, I'm calling to speak to Mr. Taylor.
M ______________________

(a) Sorry, but he is in a meeting now.
(b) He is not available for the position.
(c) Sure, I'll give her the message.
(d) I've already spoken to him.

W 안녕하세요. 테일러 씨와 통화하고 싶어요.
M ______________________

(a) 죄송하지만 지금 회의 중이세요.
(b) 그는 그 자리에 적합하지 않아요.
(c) 물론이죠. 그녀에게 메시지를 전하겠습니다.
(d) 이미 그와 이야기했어요.

완전 해설

I'm calling to는 전화를 걸어 용건을 제시할 때 쓰는 표현이다. 이에 대한 응답으로 테일러 씨가 현재 회의 중임을 전하는 (a)가 적절하다. (b)의 He is not available도 전화를 받을 수 없다는 뜻이 되지만, 뒤에 for the position이 왔으므로 '(직위에) 어울리지 않는다'라는 의미이다.

position 직위; 위치

6

W Toy Land. How can I help you?
M I placed an order for a joystick and I'd like to cancel my order.
W Did you order your item more than 24 hours ago?
M ______________________

(a) Yes, I made it an hour ago.
(b) But that is not what I wanted.
(c) Well, I really like a different one now.
(d) No, I literally placed the order five minutes ago.

W 토이랜드입니다. 무엇을 도와드릴까요?
M 조이스틱을 주문했는데 주문을 취소하고 싶어요.
W 주문한 지 24시간 이상 지났습니까?
M ______________________

(a) 네, 한 시간 전에 했어요.
(b) 하지만 그건 제가 원했던 것이 아니에요.
(c) 음, 이제 다른 것이 마음에 들어요.
(d) 아뇨, 말 그대로 5분 전에 주문했습니다.

완전 해설

전화를 걸어 주문을 취소하는 상황이다. 주문한 지 24시간이 지났는지를 물었으므로 5분 전에 주문했다는 (d)가 가능한 대답이다. (c)는 주문을 취소하는 이유에 해당된다.

literally 말 그대로

7

W Arcane Internet. What can I do for you?
M Hi, I'm having trouble with my Internet connection.
W I'll transfer you to technical support.
M ______________________

(a) Well, I'm not good with computers.
(b) Please tell them Carlos phoned.
(c) No, I don't need a subscription.
(d) Great, thanks very much.

W 아르케인 인터넷입니다. 무엇을 도와드릴까요?
M 안녕하세요. 인터넷 연결에 문제가 있어서요.
W 기술 지원부로 연결해 드리겠습니다.
M ______________________

(a) 음, 저는 컴퓨터를 잘 다루지 못해요.
(b) 카를로스가 전화했다고 전해 주세요.
(c) 아뇨, 가입은 필요 없습니다.
(d) 네, 정말 감사합니다.

완전 해설

인터넷 연결 문제를 호소하는 고객을 관련 부서로 연결해 주겠다는 말에 감사를 표현하는 (d)가 가장 적절한 응답이다. transfer는 전화상에서 '전화를 돌리다'라는 뜻이다.

have trouble with ~에 문제가 있다 **connection** 연결, 접속
transfer (전화를) 돌리다 **technical support** 기술 지원

8

M Hello, can I speak to Cynthia?
W Speaking.
M Hi, Cynthia. It's Ed Kozwolsky.
W ______________________

(a) I can change it for you.
(b) I'll let her know you called.
(c) Sorry, she is out of town now.
(d) Oh, thanks for getting back to me.

M 여보세요. 신시아와 통화할 수 있을까요?
W 전데요.
M 안녕하세요, 신시아. 에드 코졸스키입니다.
W ______________________

(a) 제가 바꿔 드릴게요.
(b) 그녀에게 전화 왔다고 전해 줄게요.
(c) 미안하지만 그녀는 지금 시외에 있어요.
(d) 아, 전화해 줘서 고마워요.

완전 해설

여자가 Speaking이라고 대답한 것에서 본인이 직접 전화를 받은 것임을 알 수 있으므로 찾는 사람이 현재 자리에 없어 메시지를 전해 주겠다고 하는 (b)나 (c)는 답이 될 수 없다. 전화를 바꿔 줄 때는 transfer를 쓰므로 (a)는 맞지 않다. 메시지를 듣고 전화를 해준 상황을 암시하는 (d)가 정답이다.

out of town 시외의 **get back to** ~에게 다시 전화하다

9

W Could you call me back in 15 minutes?
M Sure. I'll call you on your cell phone.
W You might as well just phone me at home.
M ______________________

(a) OK, I'll do that.
(b) Yeah, I'm at home.
(c) Let's have lunch together.
(d) But I don't have a cell phone.

W 15분 후에 다시 걸어 주시겠어요?
M 네, 휴대전화로 걸겠습니다.
W 집 전화로 거시는 게 나을 거예요.
M ______________________

(a) 그러면 그렇게 하죠.
(b) 네, 저는 집이에요.
(c) 함께 점심 식사해요.
(d) 저는 휴대전화가 없는데요.

완전 해설

might as well은 '~하는 게 낫다'라는 뜻으로, 집으로 전화하라는 제안이다. 따라서 제안을 수락하는 (a)가 자연스러운 응답이다. (b)와 (d)는 각각 대화에 나온 home, cell phone이라는 단어를 반복하고 있으나 문맥상 어울리지 않는다.

call back 다시 전화하다 **might as well** ~하는 것이 낫다

10

M Lexington Hotel. How can I help you?
W Do you have any rooms available for next Friday?
M For August 3?
W ______________________

(a) Well, I'm not sure yet.
(b) No, just for two nights.
(c) Yes, I need a reservation.
(d) All the rooms are occupied.

M 렉싱턴 호텔입니다. 무엇을 도와드릴까요?
W 다음 주 금요일에 방이 있나요?
M 8월 3일이요?
W ______________________

(a) 글쎄요, 아직 확실하지 않아요.
(b) 아뇨, 이틀 밤단입니다.
(c) 네, 예약이 필요해요.
(d) 모든 객실이 찼습니다.

완전 해설

전화를 걸어 호텔 객실을 예약하는 상황이다. 손님에게 숙박을 원하는 날짜를 확인하고 있으므로 긍정하는 대답과 함께 예약이 필요하다는 (c)가 정답이다. (d)는 호텔 직원이 할 수 있는 말이다. 참고로, 빈방이 있다고 말할 때는 vacant, available 등의 형용사를 쓴다.

available 이용할 수 있는 **occupy** 차지하다

11

M Hey, Shelly. It's Marc.
W Hi, Marc! What's up?
M Not much. I was just wondering if you wanted to grab lunch together.
W I'd love to. Where did you want to go?
M Have you seen that new Thai place on Market Street?
W I've been dying to go there!

Q Why is the man phoning the woman?
(a) To make lunch arrangements.
(b) To clarify a product launch date.
(c) To ask her out for dinner tonight.
(d) To inquire whether she can do him a favor.

M 안녕, 셸리, 나 마크야.
W 안녕, 마크, 무슨 일이야?
M 별일은 아닌데, 그냥 점심이나 같이 먹을까 해서.
W 좋아. 어디로 가고 싶어?
M 마켓 가에 새로 생긴 태국 식당 본 적 있어?
W 거기 정말 가보고 싶었어!

Q 남자가 여자에게 전화를 한 이유는?
(a) 점심 약속을 잡기 위해.
(b) 제품 발매 일자를 확인하기 위해.
(c) 오늘 저녁 식사를 같이 하자고 청하기 위해.
(d) 부탁을 들어줄 수 있는지 물어보기 위해.

완전 해설

남자가 여자에게 전화를 건 이유는 점심을 같이 먹기 위해서(to grab lunch together)이므로 점심 약속을 잡기 위해서라는 (a)가 정답이다. (b)의 launch는 '제품의 출시 또는 발매'라는 뜻이므로 내용과 어울리지 않고, 가벼운 점심 약속 제안을 부탁으로 볼 수 없으므로 (d)도 답이 될 수 없다.

grab 간단히 먹다; 잡다 **be dying to** ~하고 싶어 못 견디다 **clarify** 분명히 하다 **launch** 발매, 출시 **ask out** ~에게 데이트 신청하다 **inquire** 문의하다 **do A a favor** A를 도와주다

12

M Diamond Hotels and Resorts.
W Hi, I got a weird email from you guys.
M What seems to be the problem?
W It said I recently cancelled a reservation.
M Do you currently have a reservation with us?
W Yes, and that's what I wanted to make sure of.

Q What is the dialogue mainly about?
(a) A change in plans.
(b) Unsolicited emails.
(c) A reservation confirmation.
(d) Customer service problems.

M 다이아몬드 호텔 리조트입니다.
W 안녕하세요. 그곳으로부터 이상한 이메일을 받아서요.
M 무슨 문제가 있나요?
W 제가 최근에 예약을 취소했다는 내용이었어요.
M 최근에 예약을 하셨습니까?
W 네. 그래서 예약을 확인하고 싶어요.

Q 대화의 주된 내용은?
(a) 계획 변경.
(b) 청하지 않은 이메일.
(c) 예약 확인.
(d) 고객 서비스 문제.

완전 해설

자신의 의사와는 달리 호텔 예약이 취소되었다는 이메일을 받고 확인하기 위해 통화하는 내용이다. 따라서 (c) 예약 확인이 정답이다. (b) Unsolicited emails는 '청하지 않은, 원하지 않는 스팸 메일'을 의미한다. problem이 대화에 언급되었다고 해서 (d)를 고르지 않도록 한다.

resort 리조트, 휴양지 **currently** 현재 **make sure of** ~를 확인하다 **unsolicited** 요청하지 않은, 불필요한 **confirmation** 확인

13

M You've reached Global Farms. This is Todd speaking.
W Hi, I want to change an order I made two days ago.
M Okay. Do you have your order number?
W Yes, it's 14355567.
M That was for two crates of green apples, right?
W That's correct. Now I just need one box.

Q Which is correct according to the conversation?
(a) The man wants to confirm his order.
(b) The man ordered fruit online.
(c) The woman is complaining about something.
(d) The woman gave the man her order number.

M 글로벌 팜스 토드입니다.
W 안녕하세요. 이틀 전에 주문한 것을 변경하고 싶어서요.
M 네. 주문 번호 있으세요?
W 네. 14355567번입니다.
M 풋사과 두 상자가 맞나요?
W 맞아요. 이제 한 상자만 필요해서요.

Q 대화에 따르면 옳은 것은?
(a) 남자는 주문을 확인하고 싶어 한다.
(b) 남자는 인터넷으로 과일을 주문했다.
(c) 여자는 뭔가에 대해 불평하고 있다.
(d) 여자는 남자에게 주문 번호를 알려 주었다.

완전 해설

전화를 걸어 주문 내용을 변경하는 대화이다. 주문을 한 사람은 여자이며, 남자가 주문 번호를 묻자 여자가 번호를 확인해 주었으므로 (d)가 정답이다. 자주 출제되는 유사 상황은 주문의 확인, 취소, 불만 접수 등이므로 관련 표현과 함께 말하는 대상을 잘 파악해야 한다.

crate 상자 **confirm an order** 주문을 확인하다

14

W Hi, Larry. It's Victoria.
M Hey, What's going on?
W Actually, I'm feeling a little under the weather today.
M Is that why you're not at work today?
W Yeah, I think I'm going to stay home and take it easy.
M Sure. Just get yourself better.

Q Which is correct according to the conversation?
(a) The woman is not feeling well.
(b) The man asked the woman to go for a walk.
(c) The man is the president of the company.
(d) The company deals in pharmaceutical products.

W 안녕하세요, 래리. 빅토리아예요.
M 안녕하세요, 무슨 일이에요?
W 실은 오늘 몸이 좋지 않아요.
M 그래서 오늘 출근 못한 건가요?
W 네, 오늘은 집에서 쉬려고 해요.
M 그래요, 몸조리 잘하세요.

Q 대화에 따르면 옳은 것은?
(a) 여자는 몸이 좋지 않다.
(b) 남자가 여자에게 산책 가자고 했다.
(c) 남자는 회사의 사장이다.
(d) 회사는 의약품을 취급한다.

완전 해설

여자가 회사에 전화를 걸어 결근 사유를 알리고 있다. feel under the weather는 '몸이 편하지 않다, 불쾌하다'라는 뜻이므로 (a)가 정답이다. 몸이 아픈 것에 관한 내용이 나왔다고 해서 의약품을 취급한다는 (d)를 고르지 않도록 한다.

feel under the weather 몸이 편하지 않다, 불쾌하다
at work 근무 중인 **deal in** (특정 상품을) 다루다, 거래하다
pharmaceutical 제약의

15

M Hello, this is S&P Department Store.
W Hi, I have a question about your return policy.
M Sure. What is it?
W How many days do I have to return to get a full refund?
M We only offer exchanges on items up to 14 days.
W I see. Thank you.

Q What can be inferred from the conversation?
(a) The woman purchased an item more than two weeks ago.
(b) The department store is having a sale for 14 days.
(c) The department store does not offer refunds.
(d) The man is not satisfied with his job.

M 여보세요, S&P 백화점입니다.
W 안녕하세요, 반품 방침에 관해 질문이 있어요.
M 네, 무슨 질문인가요?
W 전액 환불을 받으려면 며칠 내에 반품해야 하나요?
M 저희는 14일 이내 교환만을 제공하고 있습니다.
W 알겠습니다. 감사합니다.

Q 대화로부터 추론할 수 있는 것은?
(a) 여자는 2주 이상 전에 물품을 구매했다.
(b) 백화점은 14일 동안 할인 행사 중이다.
(c) 백화점에서는 환불을 제공하지 않는다.
(d) 남자는 자기 일에 만족하지 않는다.

완전 해설

여자가 백화점의 반품 정책에 대해 전화로 문의하는 상황이다. 14일 이내 구매한 제품에 대해 교환만 제공한다고 했으므로 환불은 되지 않는다는 (c)가 정답이다. 여자의 물품 구입 시기는 알 수 없고, 할인 행사나 남자의 일에 대한 개인적인 의견은 언급되지 않았으므로 나머지 선택지들은 답이 될 수 없다.

return policy 반품 정책 **get a full refund** 전액 환불받다
offer 제공하다 **exchange** 교환 **up to** ~까지 **purchase** 구매하다 **have a sale** 할인 판매를 하다 **be satisfied with** ~에 만족하다

UNIT **06** 은행 · 우체국 · 공항

청해 기초 완전 정복

Answers

⇨ 본책 P 54

1 (d) 2 (c) 3 (a)

1

M What time do I have to board the plane?
W ____________________

(a) It's been delayed by 40 minutes.
(b) Please check your boarding pass.
(c) The boarding process won't begin until 9:55.
(d) Boarding passes are available at the booth.

M 몇 시에 비행기에 탑승해야 하나요?
W ____________________

(a) 탑승이 40분 지연되었습니다.
(b) 탑승권을 확인해 주십시오.
(c) 탑승 수속은 9시 55분에 시작됩니다.
(d) 탑승권은 부스에서 받으실 수 있습니다.

완전 해설

비행기 탑승 시간을 묻는 데 대한 기본적인 응답은 (c)처럼 시간을 알려 주는 응답 외에 40분 후 탑승할 수 있다는 (a)와 탑승 시간을 확인하라는 (b)와 같은 안내가 적절하다. (d)는 탑승권을 구하기 위한 장소를 물었을 때 가능한 응답이므로 적절하지 않다.

boarding pass 탑승권 **process** 절차

2

M What's the exchange rate at for the euro today?
W From what currency?
M Oh, sorry. I've got Canadian dollars.
W ____________________

(a) In that case, you have to go to the counter over there.
(b) Well, we only accept pounds and American dollars.
(c) Sorry, we don't change foreign currency.
(d) One euro is $1.31 Canadian today.

M 오늘 유로화 환율이 어떤가요?
W 어떤 통화에 대비해서죠?
M 아, 미안합니다. 캐나다 달러요.
W ____________________

(a) 그렇다면 저쪽 창구를 이용하셔야 합니다.
(b) 저희는 파운드와 미 달러만 받습니다.
(c) 죄송하지만 저희는 환전을 하지 않습니다.
(d) 오늘은 1유로가 캐나다화로 1달러 31센트입니다.

완전 해설

환전을 위해 환율을 묻고 있으므로 (a)처럼 서비스 안내를 하거나 (b)처럼 서비스를 제공할 수 없는 이유를 설명하거나, (d)와 같이 캐나다 달러 대비 유로화 환율을 알려 줄 수 있을 것이다. 환전 서비스에 대한 내용인데 환전을 하지 않는다는 (c)는 맞지 않다.

exchange rate 환율 **currency** 통화 **accept** 받아들이다

3

M When is the flight boarding?
W Actually, the plane's engine is still being fixed right now.
M Oh no. I have a connecting flight in Dallas.
W It's going to be at least 30 minutes before boarding starts.
M Then I might have to start making other arrangements.
W I can help you do that.

Q Which is correct according to the conversation?

(a) The man has to change planes.
(b) The woman is a passenger.
(c) The man missed his flight.
(d) The woman is a pilot.

M 비행기는 언제 탑승하나요?
W 실은, 비행기 엔진을 아직 고치는 중이에요.
M 저런, 댈러스에서 연결 항공편을 타야 하는데요.
W 탑승이 시작되려면 적어도 30분은 걸릴 거예요.
M 그렇다면 다른 대안을 마련해야 할지도 모르겠군요.
W 제가 도와드릴게요.

Q 대화에 따르면 옳은 것은?

(a) 남자는 비행기를 갈아타야 한다.
(b) 여자는 승객이다.
(c) 남자는 비행기를 놓쳤다.
(d) 여자는 조종사이다.

완전 해설

세부 사항을 묻는 문제이므로 선택지 하나하나를 대화와 비교하면서 틀린 부분을 파악한다. 대화의 정황으로 보아 남자는 승객이고 여자는 항공사 직원이라고 할 수 있다. 남자가 댈러스에서 연결 항공편을 타야 한다고 했으므로 (a)가 정답이다.

connecting flight 연결 항공편 **make an arrangement** 마련하다 **passenger** 승객 **pilot** 조종사

Answers

본책 P 55

1 (c)	2 (d)	3 (c)	4 (c)	5 (a)	6 (d)	7 (b)	8 (a)	9 (b)	10 (a)
11 (d)	12 (b)	13 (a)	14 (a)	15 (b)					

1

M Is this where I should report lost luggage?
W ____________________

(a) No, take your bags to check-in.
(b) He already filed a report.
(c) Yes, fill out this form first.
(d) I'm afraid you are lost.

M 이곳이 분실된 짐을 신고하는 곳입니까?
W ____________________

(a) 아뇨, 가방을 접수대로 가져가세요.
(b) 그는 이미 보고서를 제출했어요.
(c) 네, 우선 이 양식을 작성하세요.
(d) 유감이지만 길을 잃은 것 같군요.

완전 해설
공항에서 분실된 짐의 신고 장소를 묻고 있으므로 해당 정보를 안내하는 (c)가 적절하다. (b)와 (d)는 동일 어휘를 반복한 오답이다. 참고로 분실물 센터는 lost and found라고 한다.
report lost luggage 분실된 짐을 신고하다 **check-in** 접수대
file a report 보고서를 제출하다 **fill out** (양식을) 작성하다

2

M Don't you have anything to declare?
W ____________________

(a) I'll check it out.
(b) Sure, no problem.
(c) That's really nothing.
(d) No, just personal things.

M 신고할 것 없으신가요?
W ____________________

(a) 점검해 보겠습니다.
(b) 물론이죠, 아무 문제 없습니다.
(c) 정말 아무것도 아니에요.
(d) 아뇨, 개인 물품뿐입니다.

완전 해설
공항에서 통관 시 일어날 수 있는 대화로, 개인물품(personal things)만 가지고 있어 신고할 것이 없다고 하는 (d)가 가능한 응답이다. (a)는 지시나 질문 사항에 대해 곧 확인해 보겠다는 뜻이며, (c)는 칭찬에 대한 겸손의 표현이다.
declare (세관에서) 신고하다; 선언하다 **check out** (호텔 등에서) 체크아웃하다; 검사하다

3

M How would you like to send your parcels?
W ____________________

(a) They have just arrived.
(b) You should send it today.
(c) Whichever way is quickest.
(d) Please drop off this parcel for me.

M 소포를 어떻게 보내시겠습니까?
W ____________________

(a) 방금 도착했습니다.
(b) 오늘 보내셔야 합니다.
(c) 뭐든 가장 빠른 방법으로요.
(d) 저 대신 이 소포를 좀 보내 주세요.

완전 해설
우체국에서 소포를 접수할 때 직원이 배송 방법을 확인하는 상황이다. 따라서 어떤 방법이든 빠른 것으로 해 달라는 (c)가 정답이다. (b)는 우체국 직원이 할 수 있는 말이며, (d)는 다른 사람에게 소포를 보내 달라고 부탁할 때 하는 말이다. pick up the parcel은 '소포를 찾다'라는 뜻이다.
parcel 소포, 꾸러미 **drop off** 맡기다, 내려놓다

4

W Hi. I'd like to open a checking account.
M ____________________

(a) Let me check for you right now.
(b) There's an error with your account.
(c) Show me some ID, please.
(d) You have to check in first.

W 안녕하세요. 당좌 예금 계좌를 개설하려고 하는데요.
M ____________________

(a) 바로 확인해 드릴게요.
(b) 고객님 계좌에 오류가 있어요.
(c) 신분증을 보여 주세요.
(d) 먼저 체크인해야 합니다.

완전 해설
은행에서 서비스를 요청하는 상황으로, 직원이 고객에게 필요한 사항을 요구하는 (c)가 알맞다. 고객의 구체적인 정보를 모르는 상황이므로 (a), (b)는 적절하지 않다. (d)의 check in은 호텔이나 공항 등에서 수속을 밟는 것을 의미한다.
checking account 당좌 예금 계좌 **ID** 신분증(identification)
check in (호텔 등에서) 체크인하다

5

W How much does a flight to Frankfurt cost?
M ____________________

(a) It is less than $1,000.
(b) It was more than expected.
(c) Plane tickets are too expensive.
(d) You have to make a reservation.

W 프랑크푸르트행 항공편은 얼마인가요?
M ____________________

(a) 천 달러 미만입니다.
(b) 예상보다 많았어요.
(c) 비행기표가 너무 비쌉니다.
(d) 예약을 하셔야 합니다.

완전 해설
항공 요금을 묻고 있으므로 금액을 알려 주는 (a)가 알맞은 응답이다. (c)는 항공료가 비싸다는 일반적인 사실이므로 답이 될 수 없다. 왕복 요금을 물을 때는 What's the round-trip fare?와 같이 쓴다.
cost ~의 비용이 들다 **make a reservation** 예약하다

6

W Can I check in for my flight to Osaka?
M You're on the 8:40 flight?
W Yes, that's right.
M ____________________

(a) Sure, but you can't check in now.
(b) I think there are several flights to Osaka.
(c) The boarding gate is located directly behind you.
(d) Sorry, boarding only starts 3 hours before departure.

W 오사카행 비행편에 탑승 수속할 수 있을까요?
M 8시 40분 비행기인가요?
W 네, 맞아요.
M ____________________

(a) 물론입니다. 하지만 지금은 체크인할 수 없습니다.
(b) 오사카행 비행편은 몇 가지가 있습니다.
(c) 탑승 게이트는 손님 바로 뒤에 있습니다.
(d) 죄송하지만 탑승은 출발하기 3시간 전에 시작됩니다.

완전 해설
승객이 탑승 수속(check in)을 할 수 있는지 물었으므로 간접적으로 아직 탑승이 불가능함을 알려 주는 (d)가 정답이다.
boarding 탑승 **directly** 바로 **departure** 출발

7

W You're over your allowable limit for check-in baggage.
M What do you mean? I only have one bag with me.
W Yes, but you have to pay extra when you're over 25 kilograms.
M ____________________

(a) Okay, but my bag is only 27.5 kilos.
(b) So let me know how much I need to pay for my bag.
(c) Really? I can't take any carry-on baggage on the plane!
(d) I don't understand because I have my plane ticket right here.

W 체크인할 수 있는 수하물 허용 한도 초과입니다.
M 무슨 말이죠? 가방 하나뿐인데요.
W 네, 하지만 25kg이 넘을 때는 초과 요금을 지불하셔야 합니다.
M ____________________

(a) 좋아요, 하지만 제 가방은 27.5kg밖에 안 돼요.
(b) 그러면 제 가방은 얼마나 내야 하는지 알려 주세요.
(c) 정말요? 비행기에 어떤 수하물도 들고 갈 수 없다니요!
(d) 저에게 비행기 표가 있는데, 이해가 안 되네요.

완전 해설
공항에서 수하물 접수 시 중량 한도를 초과한 상황으로, 지불해야 할 추가 요금을 묻는 (b)가 적절한 답이다.
allowable 허용 가능한 **limit** 한도 **carry-on** 기내 휴대 수하물

8

M Can I deposit this check through the ATM?
W You most certainly can.
M Do I need to do anything besides inserting my bank card?
W ____________________

(a) No, that's all you need to do.
(b) There are three ATMs at this branch.
(c) Yes, you need to put the card in the machine.
(d) To open an account you need two forms of ID.

M 현금지급기로 이 수표를 입금할 수 있나요?
W 물론이죠.
M 은행 카드를 넣는 것 외에 해야 할 일이 있나요?
W ____________________

(a) 아뇨, 그것만 하시면 됩니다.
(b) 이 지점에는 세 대의 현금지급기가 있습니다.
(c) 네, 카드를 기계에 넣으셔야 합니다.
(d) 계좌를 개설하려면 두 가지 신분증이 필요합니다.

완전 해설
현금지급기를 이용하여 수표를 입금하는 방법에 대해 문의하고 있으므로 사용 방법을 설명하는 (a)가 정답이다.
deposit 예금하다 **check** 수표 **ATM** 현금지급기 **insert** 넣다 **branch** 지점

9

W Do you know anywhere I can exchange some money?
M Yes, there are a few places you can do that over by gate 14.
W And which way is that?
M ______________________

(a) All three of them are available.
(b) It's a five-minute walk to your left.
(c) Yes, you can check exchange rates here.
(d) You'll probably need to cash at least $20.

W 환전할 수 있는 곳을 알아요?
M 네, 14번 게이트 옆에 환전할 수 있는 장소가 몇 군데 있어요.
W 어느 쪽으로 가야 하나요?
M ______________________

(a) 세 군데 모두 사용 가능합니다.
(b) 왼쪽으로 5분 정도 걸어가시면 됩니다.
(c) 네, 여기서 환율을 확인하실 수 있습니다.
(d) 적어도 20달러는 현금으로 바꾸셔야 해요.

완전 해설
환전 장소를 물었으므로 찾아가는 방법을 안내하는 (b)가 정답이다. (d)는 환전할 수 있는 최소 금액을 안내하는 말로, 대화 내용과 관련이 없다.
cash 현금으로 바꾸다

10

M Can I get a pack of ten stamps, please?
W Sure. That'll be $4.40.
M Sorry, but I only have a fifty. Can you make change for that?
W ______________________

(a) Sure, no problem.
(b) No, I said four forty.
(c) We don't exchange stamps.
(d) There's a bank over there.

M 우표 열 장 묶음 한 상자를 살 수 있을까요?
W 네, 4달러 40센트입니다.
M 죄송하지만 50달러뿐인데요. 거스름돈을 내주실 수 있으세요?
W ______________________

(a) 네, 물론이죠.
(b) 아뇨, 4달러 40센트라고 했어요.
(c) 우리는 우표를 교환하지 않아요.
(d) 저쪽에 가면 은행이 있어요.

완전 해설
물건을 사면서 거스름돈을 줄 수 있는지 묻고 있다. 흔쾌히 그렇게 해주겠다고 말하는 (a)가 자연스러운 응답이다. (c)는 대화에 나온 단어를 이용해 혼동을 유도하고 있으므로 주의한다.
pack 꾸러미, 묶음 **make change** 잔돈을 바꿔 주다 **exchange** 교환하다

11

W If I want to send a package to Singapore, what are my options?
M You can send it surface mail or airmail.
W How fast will it get there?
M Surface mail generally takes seven business days, while airmail takes three business days.
W OK. I'd like to send my package airmail, please.
M All right. Just place it up here and let me weigh it.

Q What are the man and woman mainly talking about?
(a) A parcel sent from an Asian city.
(b) The fastest way to send a letter.
(c) Various ways to get to Singapore.
(d) The different ways to send a package.

W 싱가포르로 소포를 보내고 싶은데 어떤 방법이 있나요?
M 선박 우편이나 항공 우편으로 보낼 수 있습니다.
W 얼마나 빨리 도착할까요?
M 선박 우편은 보통 영업일 기준으로 7일, 항공 우편은 3일 걸립니다.
W 좋아요. 그럼 항공 우편으로 보내 주세요.
M 알겠습니다. 중량을 재야 하니까 여기 올려 놓으세요.

Q 두 사람은 무엇에 대해 이야기하고 있는가?
(a) 아시아의 한 도시에서 배송된 소포.
(b) 편지를 보내는 가장 빠른 방법.
(c) 싱가포르에 가는 다양한 방법.
(d) 소포를 보내는 각기 다른 방법.

완전 해설
고객이 소포를 부치는 방법에 대해 질문을 하고 직원은 방법들을 안내해 주고 있다. 따라서 소포를 보내는 각기 다른 방법을 논의하고 있다는 (d)가 정답이다. 대화 첫 부분에 package라는 단어를 놓치면 (b)로 혼동할 수 있으므로 주의한다.
package 소포, 포장 **option** 선택, 대안 **surface mail** 선박 우편, 육상 수송 우편 **airmail** 항공 우편 **business day** 영업일 **weigh** 무게를 재다 **parcel** 소포

12

M Hello. Can I get some information about setting up an account?
W Certainly, sir. What kind of account would you like to open?
M A checking account.
W Would this be for personal use or for a small business?
M It would just be for me.
W Very well. Just fill out this form.

Q What is the conversation mainly about?
(a) Issuing personal checks.
(b) Opening a bank account.
(c) Starting a small business.
(d) Asking about a savings account.

M 안녕하세요. 계좌 개설에 대해 알아볼 수 있을까요?
W 물론입니다. 어떤 종류의 계좌를 개설하시겠어요?
M 당좌 예금 계좌요.
W 개인용인가요 아니면 소기업용인가요?
M 제가 사용할 겁니다.
W 좋습니다. 이 양식을 작성해 주세요.

Q 대화의 주된 내용은?
(a) 개인수표 발행.
(b) 은행 계좌 개설.
(c) 중소기업 창업.
(d) 보통 예금 계좌 문의.

완전 해설

계좌 개설(setting up[open] an account)과 함께 이어지는 내용에서 개인용 당좌 예금 계좌를 원한다고 했으므로 은행에서 계좌 개설 서비스를 요청하는 상황이라는 것을 알 수 있다. 따라서 (b)가 정답이다. checking account의 check에서 수표를 연상하여 (a)를 고르지 않도록 한다.

set up ~을 개설하다 **checking account** 당좌 예금 계좌 **small business** 중소기업 **form** 양식 **issue** 발행하다 **savings account** 보통 예금 계좌

13

M Do you have any produce or alcohol to declare?
W No, just my personal stuff.
M Would you open your suitcase, please?
W Certainly. I only brought some fruit to eat on the plane.
M Sorry, but you're not allowed to bring fresh fruit into the country. You'll have to leave the fruit here.
W I'll know better next time.

Q Which is correct about the woman according to the conversation?
(a) She does not need to declare her personal belongings.
(b) She did not agree to open her luggage for the officer.
(c) She does not have any produce or alcohol with her.
(d) She is not allowed to eat any fruit during flight.

M 신고할 농산물이나 주류가 있습니까?
W 아뇨. 개인 물품뿐이에요.
M 가방을 열어 주시겠습니까?
W 네. 기내에서 먹을 과일 몇 개를 가져왔을 뿐이에요.
M 죄송하지만 생과일은 국내로 반입할 수 없습니다. 여기 두고 가셔야 합니다.
W 다음부터는 조심해야겠군요.

Q 대화에 따르면 여자에 대해 옳은 것은?
(a) 개인 소지품을 신고할 필요가 없다.
(b) 세관원에게 가방을 열어 주는 것에 동의하지 않았다.
(c) 농산물이나 주류를 갖고 있지 않다.
(d) 비행 중 과일을 먹어서는 안 된다.

완전 해설

통관을 위해 신고할 물품이 있는지 확인하는 과정이다. 여자가 개인 소지품밖에 없어서 신고할 것이 없다고 했으므로 (a)가 옳은 진술이다. 과일은 반입이 금지되는 것이지 먹지 못한다고 한 것은 아니므로 (d)는 맞지 않다.

produce 농산물 **declare** 신고하다 **personal stuff** 개인물품 **suitcase** 여행 가방 **belongings** 소지품 **luggage** 짐, 수하물

14

W Excuse me, but my baggage didn't come off the carousel.
M Which airline did you fly with?
W I just got in from Calgary on Globe Airways.
M You'll have to fill out a missing baggage form.
W Where can I do that?
M Go talk with an airline representative.

Q Which is correct about the woman according to the conversation?
(a) She needs to fill in a form.
(b) She works for an airline company.
(c) She is transferring between flights.
(d) She has to board an airplane shortly.

W 실례합니다. 제 짐이 수하물 컨베이어에서 안 나왔어요.
M 어떤 항공사를 이용하셨습니까?
W 방금 캘거리에서 글로브 에어웨이를 타고 왔어요.
M 분실 수하물 양식을 작성하셔야 합니다.
W 어디서 할 수 있나요?
M 항공사 직원을 찾아가서 이야기하면 됩니다.

Q 대화에 따르면 여자에 대해 옳은 것은?
(a) 양식을 작성해야 한다.
(b) 항공사에서 일한다.
(c) 비행기를 갈아탈 것이다.
(d) 곧 비행기를 타야 한다.

완전 해설

공항에서 수하물이 분실되었다는 여자에게 관련 양식을 작성해야 한다고 했으므로 (a)가 정답이다. 여자는 승객이므로 (b)는 맞지 않고, 비행기를 갈아타는 상황에 대한 언급이 없으므로 (c)도 오답이다. 이미 비행기에서 내렸으므로 (d)는 답이 될 수 없다.

come off ~에서 떨어지다 **carousel** 수하물 컨베이어 벨트 **airway** 항공사 **missing** 분실한 **baggage** 수하물 **representative** 직원, 대표(부) **fill in[out] a form** 양식을 작성하다

15

M Do you offer next day shipping?
W Within the continental United States, yes.
M How much does it cost to send a letter?
W If it's standard size it is $8.
M OK. I'd like to do that.
W Of course. Tell me where it is going, please.

Q What will the man probably do next?
(a) Pay a bill in cash.
(b) Provide an address.
(c) Write a letter to his friend.
(d) Get a refund from the clerk.

M 익일 배송이 가능한가요?
W 미국 대륙 내에서는 가능합니다.
M 편지 보내는 데 얼마입니까?
W 규격 사이즈이면 8달러입니다.
M 좋아요. 그걸로 할게요.
W 네. 어디로 보내는지 말씀해 주세요.

Q 남자가 다음에 할 것 같은 일은?
(a) 현금으로 청구서 지불.
(b) 주소 정보 제공.
(c) 친구에게 편지 쓰기.
(d) 점원에게 환불받기.

완전 해설

편지를 부치는 상황에서 배송 시간과 가격 등을 확인한 후 해당 서비스를 이용하겠다는 의사를 밝히고 있다. 마지막 말에 직원이 편지를 어디로 보낼 것인지 물었으므로 남자의 응답은 주소를 알려 주는 (b)가 적절하다.

next day shipping 익일 배송 **continental** 대륙의 **standard** 표준, 규격 **clerk** 점원

UNIT 07 교통 · 여행

청해 기초 완전 정복

Answers ⇨ 본책 P 60

1 (b)　　2 (d)　　3 (d)

1

M Are you going to stay in Canada for a while?
W ______________________

(a) I'm not quite sure yet.
(b) I lived there two years ago.
(c) It depends on the situation.
(d) Probably for two or three weeks.

M 캐나다에 한동안 머무실 거예요?
W ______________________

(a) 아직 잘 모르겠어요.
(b) 2년 전에 거기서 살았어요.
(c) 상황에 따라 다르죠.
(d) 아마 이삼 주 정도요.

완전 해설
캐나다에 얼마나 머물 것인지 묻고 있으므로 기간을 말한 (d)가 가장 기본적인 응답이다. 이 외에 (a)나 (c)도 가능한 응답이지만 과거에 살았다는 (b)는 상관없는 내용이다.
for a while 한동안

2

W Do you like driving this car?
M I love it. It handles really well.
W How long have you had it?
M ______________________

(a) Actually, it's not mine.
(b) I've just bought it.
(c) Three weeks now.
(d) It takes one hour.

W 이 차를 운전하는 게 좋으세요?
M 아주 좋아요. 운전하기가 정말 편해요.
W 얼마나 오래 가지고 계셨어요?
M ______________________

(a) 실은 제 차가 아니에요.
(b) 산 지 얼마 안 됐어요.
(c) 이제 3주 됐어요.
(d) 한 시간 걸려요.

완전 해설
차를 소유한 기간을 묻고 있으므로 (c)처럼 기간을 밝히는 응답이 적절하다. 또한 (a)나 (b)와 같은 비전형적인 응답도 가능하다. (d)는 거리상의 소요 시간을 말한 것이므로 답이 될 수 없다.
handle 다루다

3

W Where exactly do you need to go?
M I need to get to 245 Bay Street.
W Well, the quickest way to get there is by subway.
M I'd rather take a taxi there. It's too hot to get on the subway today.
W Then cross the street and hail a taxi from there.
M Got it. Thanks for all your help.

Q What does the woman suggest the man do?
(a) Hitchhike to the next stop.
(b) Ask someone else for help.
(c) Turn on the air conditioner.
(d) Take public transportation.

W 정확하게 어디로 가야 하나요?
M 베이 가 245번지로 가야 해요.
W 가장 빠른 방법은 지하철을 타는 거예요.
M 택시를 타야겠어요. 오늘은 지하철 타기에는 너무 더워요.
W 그러면 길을 건너서 택시를 잡으세요.
M 알겠습니다. 도와주셔서 감사해요.

Q 여자가 남자에게 제안한 것은?
(a) 다음 정거장까지 히치하이크할 것.
(b) 다른 사람에게 도움을 청할 것.
(c) 에어컨을 켤 것.
(d) 대중교통을 이용할 것.

완전 해설
세부 사실을 묻는 문제이므로 대화 내용을 주의해서 듣도록 한다. 여자가 지하철을 타는 것이 가장 빠르다고 했으므로 대중교통을 이용하라는 제안으로 볼 수 있다. 따라서 (d)가 정답이다.
hail a taxi 택시를 잡다　**hitchhike** 남의 차를 얻어 타다
public transportation 대중교통

Answers

→ 본책 P 61

1 (b)	2 (d)	3 (b)	4 (d)	5 (a)	6 (d)	7 (d)	8 (a)	9 (d)	10 (b)
11 (c)	12 (d)	13 (d)	14 (a)	15 (a)					

1

W How long is the flight to Sydney?
M ____________________

(a) It was a long trip.
(b) It's about ten hours.
(c) I'm leaving right now.
(d) I've been there before.

W 시드니까지는 항공편으로 얼마나 걸리나요?
M ____________________

(a) 긴 여행이었어요.
(b) 10시간 정도요.
(c) 저는 지금 출발해요.
(d) 전에 가본 적이 있어요.

완전 해설

How long으로 시작하는 의문문이므로 (b)처럼 걸리는 시간이 답으로 제시되어야 한다. (a)는 이미 다녀온 여행에 대해 힘들었다는 의미이고, (d)는 Have you been to Sydney?라는 질문에 대해 가능한 응답이다.

2

M Hello, I'd like to book a room for the night.
W ____________________

(a) The library is just on the corner.
(b) Sorry, you need to make a reservation.
(c) I'm afraid we have no tables available now.
(d) Give me your credit card information, please.

M 안녕하세요. 오늘 밤에 묵을 객실을 예약하고 싶어요.
W ____________________

(a) 도서관은 바로 모퉁이에 있어요.
(b) 죄송하지만 예약을 하셔야 해요.
(c) 유감스럽지만 지금 빈 테이블이 없어요.
(d) 신용카드 정보를 주세요.

완전 해설

여행 관련 대화에서 가장 흔히 볼 수 있는 호텔 예약 상황이다. 손님이 예약 정보를 주면 그에 필요한 사항을 확인하는 대화가 이어져야 하므로 예약에 필요한 신용카드 정보를 묻는 (d)가 적절한 응답이다. (a)는 대화의 book(예약하다)에서 '책'을 연상한 것을 이용한 오답이다.

book 예약하다 **make a reservation** 예약하다 **credit card** 신용카드

3

M I heard you're going to Italy this summer.
W ____________________

(a) I lived in Rome when I was a kid.
(b) I've been invited by my aunt.
(c) I really enjoyed it there.
(d) I can't wait until you get back.

M 이번 여름에 이탈리아에 간다고 들었어.
W ____________________

(a) 어릴 때 로마에 살았어.
(b) 이모한테 초대를 받았거든.
(c) 거기서 정말 즐거웠어.
(d) 너가 빨리 돌아오면 좋겠어.

완전 해설

앞으로의 여행에 대한 내용이므로 과거 경험에 대해 이야기하는 (a)와 (c)는 어색하다. (d)는 남자가 이어서 할 만한 말이다. 여행을 가게 된 경위를 말한 (b)가 정답이다.

4

W How was your trip to France?
M ____________________

(a) I'm afraid I didn't see them.
(b) Certainly. You can't miss it.
(c) I'm really looking forward to it.
(d) It was a lot of fun except one thing.

W 프랑스 여행은 어땠나요?
M ____________________

(a) 유감이지만 못 봤어요.
(b) 물론입니다. 쉽게 찾을 수 있을 거예요.
(c) 정말 기대하고 있어요.
(d) 한 가지만 빼고는 무척 재미있었어요.

완전 해설

여행이 어땠는지에 대한 물음에 재미있었다고 답한 (d)가 정답이다. (a)는 찾고 있는 물건을 보지 못했다고 할 때 할 수 있는 말이고, (b)는 길 안내를 한 후 마지막에 할 수 있는 말이다. (c)는 미래의 일을 기대한다고 할 때 하는 말이므로 오답이다.

You can't miss it. 쉽게 찾으실 거예요. **look forward to** ~를 기대하다 **except** ~을 제외하고

5

M What took you so long?
W ______________________

(a) I was caught in traffic.
(b) It's more than 3 meters long.
(c) That's why I took another route.
(d) It took me two hours to get there.

M 왜 이렇게 오래 걸렸어요?
W ______________________

(a) 교통체증 때문이에요.
(b) 3미터가 넘는 길이에요.
(c) 그래서 다른 길을 택했어요.
(d) 그곳에 가는 데 두 시간 걸렸어요.

완전 해설

What으로 시작하고 있지만 이유를 묻는 질문임을 파악해야 한다. 무엇 때문에 늦었는지를 물었으므로 그 이유를 설명하는 (a)가 정답이다. 대화의 long이 (b)에서는 '길이'라는 뜻으로 쓰여 내용상 적절하지 않다.

be caught in traffic 교통체증에 발이 묶이다 **route** 길, 루트

6

M Do you know which gate the flight is boarding at?
W Yeah, It's boarding at gate 34.
M I'm going to head over there now.
W ______________________

(a) No, it's absolutely not here.
(b) Please take them to check-in.
(c) Yep, the flight is going to Taipei.
(d) OK, I'll meet you there in five minutes.

M 비행기를 몇 번 게이트에서 탑승하는지 아세요?
W 네, 34번 게이트예요.
M 지금 그쪽으로 가려고요.
W ______________________

(a) 아뇨, 이곳은 절대 아니에요.
(b) 그것들을 들고 가서 탑승 수속을 밟으세요.
(c) 네, 비행기는 타이베이로 갑니다.
(d) 그래요, 5분 후 그곳에서 만나요.

완전 해설

비행기 탑승을 위해 게이트를 확인하고 만나기로 약속하는 대화이다. 남자가 지금 탑승 게이트로 가겠다고 했으므로 5분 후 만나자고 약속하는 (d)가 자연스럽다. head가 '~로 향하다'라는 의미의 동사로 쓰인 것에 유의한다.

boarding 탑승 **head** ~로 향하다 **absolutely** 절대적으로

7

W Have you ever been to Africa?
M Yes. I was in South Africa for two weeks last year.
W I've heard South Africa is totally gorgeous.
M ______________________

(a) I wish I had been.
(b) Don't believe them.
(c) I haven't been there.
(d) I'm sure you'll love it.

W 아프리카에 가본 적이 있니?
M 응, 작년에 남아프리카 공화국에 2주 동안 있었어.
W 남아프리카는 정말 멋지다고 하던데.
M ______________________

(a) 나도 가보았다면 좋았을 텐데.
(b) 그 사람들 말을 믿지 마.
(c) 난 가보지 않았어.
(d) 너도 분명 마음에 들 거야.

완전 해설

남아공에 갔던 경험에 대해 이야기를 하고 있다. 여자는 남아공에 가본 적이 없다고 했고 남자는 가봤다고 했으므로 여자가 가면 분명 마음에 들 거라는 (d)가 자연스럽다. 남자는 이미 2주 동안 갔다 왔다고 했으므로 (a), (c)는 모순된다.

South Africa 남아프리카 공화국 **gorgeous** 멋진

8

M I heard you just got back from a road trip.
W Yep. Shirley and I drove out east for a week.
M Who did most of the driving?
W ______________________

(a) We split it equally.
(b) It was more than 1,500 km.
(c) The two of us drove a rental car.
(d) Yeah, I have my driver's license.

M 자동차 여행에서 막 돌아왔다고 들었어요.
W 네. 셜리와 함께 일주일간 동부로 차를 타고 다녔어요.
M 누가 주로 운전을 했나요?
W ______________________

(a) 공평하게 나눴어요.
(b) 1,500킬로미터가 넘었어요.
(c) 우리 둘 다 렌터카를 운전했어요.
(d) 네, 저는 운전면허가 있어요.

완전 해설

자동차 여행을 다녀온 여자에게 누가 주로 운전을 했는지 묻고 있으므로 번갈아가며 운전했다는 (a)가 응답으로 적절하다. split은 '쪼개다, 나누다'라는 뜻인데, 대화에서는 '운전을 번갈아가며 했다'라는 의미로 쓰였다.

road trip 자동차 여행 **split** 나누다 **rental car** 렌터카
driver's license 운전면허

9

W How do I get to I-95 from here?
M Take Wilkinson Road all the way to Brantford Avenue.
W And which way is Wilkinson Road from here?
M ___________________________

(a) The I-95 goes there.
(b) No, you can't go there.
(c) I'm a stranger here myself.
(d) It's just to the north of here.

W 여기서 95번 고속도로로 어떻게 가나요?
M 윌킨슨 도로를 타고 브랜트퍼드 가까지 가세요.
W 여기서 윌킨슨 도로는 어느 길로 가야 하나요?
M ___________________________

(a) 95번 고속도로가 그곳으로 가요.
(b) 아뇨, 그곳에는 갈 수 없어요.
(c) 저도 여기가 처음이라서요.
(d) 여기서 북쪽으로 가시면 돼요.

완전 해설
여자가 길을 묻고 있으므로 가는 방법을 안내해 주는 (d)가 정답이다. 남자가 길을 가르쳐 주고 있으므로 (b)나 (c)와 같이 말할 수 없고, I-95(95번 고속도로)는 목적지이므로 (a)도 오답이다.
avenue (도시의) 거리 **stranger** 낯선 사람, 이방인

10

M How would you like to go to Montreal?
W I'm easy. What do you think?
M Let's take the train. It's cheaper than flying and more scenic.
W ___________________________

(a) Then we should fly there.
(b) I couldn't agree with you more.
(c) Maybe we had better take a vacation.
(d) But I don't think this city is very scenic.

M 몬트리올에 어떻게 가고 싶어요?
W 전 상관없어요. 당신은 어떻게 생각하세요?
M 기차를 탑시다. 비행기보다 싸고 경치도 좋으니까요.
W ___________________________

(a) 그러면 비행기를 타야 해요.
(b) 저도 동감이에요.
(c) 휴가를 내는 것이 좋겠어요.
(d) 하지만 나는 이 도시 경치가 별로 좋다고 생각하지 않아요.

완전 해설
몬트리올에 가는 교통 수단에 대해 의논하는 상황에서 기차를 타자는 제안에 동의하는 (b)가 정답이다. (c)의 take는 교통 수단 이용이 아닌 '휴가를 내다(take a vacation)'로 쓰인 경우이므로 오답이다.
easy 여유로운, 관대한 **flying** 비행 **scenic** 경치가 좋은 **take a vacation** 휴가를 내다

11

W We have to get down to the terminal immediately.
M When does the boat leave?
W At 6:30, but there might not be any tickets left.
M OK, let me just pack one more thing.
W Meet me in the car, all right?
M Sure. I'll be down in five.

Q What are the man and woman mainly talking about?
(a) The cost of traveling.
(b) Buying tickets for an island tour.
(c) Getting ready for an upcoming boat trip.
(d) The difficulty in getting to a boat terminal.

W 즉시 여객선 터미널로 내려가야 해.
M 배가 언제 떠나는데?
W 6시 30분에 떠나. 그런데 표가 없을지도 몰라.
M 알았어. 짐 하나만 더 쌀게.
W 차에서 만나자, 알았지?
M 그래. 5분 내로 내려갈게.

Q 두 사람은 무엇에 대해 이야기하고 있는가?
(a) 여행 경비.
(b) 섬 투어 표 구매.
(c) 곧 떠날 배 여행 준비.
(d) 여객선 터미널로 가는 것에 대한 어려움.

완전 해설
남자와 여자가 여객선 터미널에 가기 위해 차에서 만나기로 한 상황이므로 승선을 준비한다는 (c)가 정답이다. 섬 투어 표를 사야 한다는 것은 여자가 언급하기는 했지만 대화의 주제로 볼 수 없으므로 (b)는 답이 될 수 없다.
terminal 터미널 **pack** 짐을 싸다 **cost of traveling** 여행 경비 **island tour** 섬 여행 **upcoming** 곧 있을, 다가오는

12

M Do you think I could borrow your car tomorrow?
W Why don't you just sign up for Zipcar?
M Zipcar? I've never heard of that.
W They rent cars by the hour. You can make a reservation online.
M What about gas and insurance, though?
W They pay for it. You're only responsible for the cost of the car.

Q What is the conversation mainly about?
(a) The problems with owning a car.
(b) Selling the woman's vehicle.
(c) Negotiating a rental price.
(d) Using a rental service.

M 내일 차를 빌려줄 수 있어?
W 지프카에 신청하는 게 어때?
M 지프카? 들어본 적 없는데.
W 자동차를 시간당으로 대여해 줘. 인터넷으로 예약할 수 있어.
M 기름과 보험은 어떻게 하는데?
W 그쪽에서 부담해. 자동차 비용만 내면 돼.

Q 주로 무엇에 관한 대화인가?
(a) 차 소유 관련 문제.
(b) 여자의 차 판매.
(c) 대여 가격 협상.
(d) 대여 서비스 이용.

완전 해설

남자가 차를 빌려달라고 하자 여자가 자동차 대여 업체를 소개하면서 몇 가지 정보를 주고 있으므로 (d)가 정답이다. 대화는 차 소유에 대한 내용이 아니므로 (a)는 맞지 않고, 차를 사거나 파는 내용은 언급되지 않았으므로 (b)도 답이 될 수 없다.

borrow 빌리다 **sign up for** ~과 계약하다 **rent** 렌트하다, 임대하다 **insurance** 보험 **own** 소유하다 **vehicle** 차량 **negotiate** 협상하다

13

W Do you have any plans for this summer?
M I'm going to spend a week in Bali.
W Wow! Isn't it expensive, though?
M Yeah, but I've been saving up for a vacation.
W I envy you. So, what are you going to do there?
M Well, I heard they have a lot of water sports there.

Q Which is correct according to the conversation?
(a) The man has been to Bali many times.
(b) The woman is going to travel with the man.
(c) The woman has been saving up for a vacation.
(d) The man plans to enjoy sports during his vacation.

W 이번 여름에 어떤 계획이 있니?
M 발리에서 일주일을 보내려고 해.
W 와! 근데 비싸지 않니?
M 응, 하지만 휴가를 위해 돈을 모으고 있거든.
W 부럽다. 거기 가면 뭐 할 거야?
M 수상 스포츠가 많이 있다고 들었어.

Q 대화에 따르면 옳은 것은?
(a) 남자는 발리에 여러 번 가보았다.
(b) 여자는 남자와 함께 여행을 갈 것이다.
(c) 여자는 휴가를 위해 저축하고 있다.
(d) 남자는 휴가 때 스포츠를 즐길 계획이다.

완전 해설

남자의 여름 휴가 계획에 대한 이야기를 나누고 있다. 휴가를 가서 무엇을 할 것인지에 대한 물음에 수상 스포츠를 언급했으므로 (d)가 정답이다. 수상 스포츠가 많이 있다는 것을 들었다는 것으로 보아 남자는 발리에 처음 가는 것임을 짐작할 수 있으므로 (a)는 오답이다. 휴가를 위해 돈을 저축하는 사람은 남자이므로 (c)도 맞지 않다.

save up 저축하다 **I envy you.** 부러워요. **water sports** 수상 스포츠

14

W You know what we should do when we get to Victoria Falls?
M Go whitewater rafting?
W No. I was thinking about taking a helicopter ride over the falls.
M They do that there? I didn't know that.
W Yeah. I've been looking into it and the experience seems unforgettable.
M I'm fine with doing that as long as it's not too expensive.

Q Which is correct according to the conversation?
(a) The man doesn't know the cost of the trip.
(b) The man has suggested riding a helicopter.
(c) The woman has never been to Africa before.
(d) The woman would like to go whitewater rafting.

W 빅토리아 폭포에 가면 뭘 해야 하는지 아세요?
M 급류 래프팅이요?
W 아니에요. 폭포 위로 헬리콥터를 타고 나는 거예요.
M 거기서 그런 것도 해요? 몰랐어요.
W 네. 알아보고 있는데 잊지 못할 경험인 것 같더라고요.
M 너무 비싸지만 않다면 그걸 하는 것도 좋아요.

Q 대화에 따르면 옳은 것은?
(a) 남자는 여행 경비를 모른다.
(b) 남자는 헬리콥터 타는 것을 제안했다.
(c) 여자는 전에 아프리카에 가본 적이 없다.
(d) 여자는 급류 래프팅을 하러 가고 싶어 한다.

완전 해설

여행지에서 하고 싶은 활동을 의논하고 있다. 남자는 경비가 비싸지 않다면 폭포 위로 헬리콥터를 타고 싶다고 했으므로 여행 경비를 아직 모른다고 할 수 있다. 따라서 (a)가 정답이다. 헬리콥터를 제안한 것은 여자이므로 (b)는 맞지 않고, 여자는 헬리콥터 탑승을 언급했으므로 (d)도 답이 될 수 없다.

fall 폭포 **whitewater** 급류 **rafting** 래프팅 **helicopter ride** 헬리콥터 승선 **unforgettable** 잊을 수 없는

15

M How many flights a day are there to London, England on this airline?
W We fly to London four times a day, at 8:00, 10:30, 14:45 and 23:50.
M Can I book a flight for the 8:00 flight tomorrow morning, please?
W Actually, that flight is already fully booked.
M Oh, is there any room on the 10:30 flight?
W Yes. We have business class and economy class.

Q What can be inferred from the conversation?
(a) The man will probably take the 10:30 flight.
(b) The woman works for a British company.
(c) The woman frequently flies to London.
(d) The man is boarding a plane now.

M 이 항공사에서 영국 런던으로 가는 비행편은 하루 몇 차례 있나요?
W 저희는 런던행이 8시, 10시 반, 2시 45분 그리고 11시 50분으로 하루 4번 있습니다.
M 내일 아침 8시 편으로 예약할 수 있을까요?
W 실은 그 비행 편은 이미 모두 예약되었습니다.
M 아, 10시 반 비행기에는 자리가 있나요?
W 네. 비즈니스석과 이코노미석이 있습니다.

Q 대화에서 추론할 수 있는 것은?
(a) 남자는 아마도 10시 반 비행기를 탈 것이다.
(b) 여자는 영국 회사에서 일한다.
(c) 여자는 런던으로 자주 비행한다.
(d) 남자는 지금 비행기를 탑승하고 있다.

완전 해설

비행기표를 예약하는 상황에서 남자가 런던행 비행기표를 사려 하고 있고 여자는 항공사 직원임을 알 수 있다. 8시 편은 예약이 다 찼고 10시 반 편에 좌석이 있다고 했으므로 남자는 10시 반 비행기를 탈 가능성이 크다. 따라서 (a)가 정답이다. (b)와 (c)는 추론 근거를 찾을 수 없다.

fully 완전히 **room** 공석 **British** 영국의 **frequently** 자주

청해 기초 완전 정복

Answers → 본책 P 66

1 (c) 2 (c) 3 (a)

1

M Did you hear Dr. Perez's keynote speech at the conference?
W ______________________

(a) Yes, it was quite interesting, I think.
(b) No, but I heard it was controversial.
(c) I'd love to, but I won't be able to.
(d) Unfortunately, I missed it.

M 회의에서 페레즈 박사의 기조 연설을 들었어요?
W ______________________

(a) 네, 아주 흥미로웠어요.
(b) 아뇨, 논란이 되었다고 들었어요.
(c) 그러고 싶지만 들을 수 없을 거예요.
(d) 유감스럽게도 놓쳤어요.

완전 해설
강연을 들었는지에 대한 질문에 적절한 답을 찾는 문제이다. 들었다고 대답하는 (a)나, 듣지 못했다는 (b) 모두 답이 될 수 있고, 듣지 못한 데 대해 유감을 표하는 (d)도 어울린다. 미래 시제로 말한 (c)는 답이 될 수 없다.
keynote speech 기조 연설 **controversial** 논쟁의 여지가 있는

2

W I can't find a job for the life of me!
M How long have you been looking?
W For about two weeks.
M ______________________

(a) You have to give it more time than that.
(b) Maybe you should try different methods.
(c) I'm starting to lose confidence in myself.
(d) Finding a decent job is not easy.

W 아무리 해도 일자리를 찾을 수가 없어!
M 얼마나 오래 찾아봤는데?
W 2주 정도.
M ______________________

(a) 더 시간을 두고 찾아봐.
(b) 다른 방법을 시도해야 할 것 같아.
(c) 나는 스스로에 대한 확신을 잃고 있어.
(d) 괜찮은 일자리를 구하는 건 쉬운 일이 아니야.

완전 해설
일자리를 찾을 수 없어 낙심하는 여자를 위로하는 상황이다. 좀 더 기다려 보라는 (a)나, 다른 방법을 써보라는 (b), 위로를 해주는 (d)가 가능한 응답이다. (c)는 직업을 구하지 못한 사람이 할 수 있는 말이므로 답이 될 수 없다.
method 방법 **confidence** 자신감 **decent** 괜찮은, 예의바른

3

W When do you need this report?
M Before the end of today.
W But I'm already tied up with something else.
M I know, but I have to summarize it at tomorrow's meeting.
W Oh. Can you give me until 7 pm to do it, then?
M Sure. Thanks a lot.

Q Which is correct according to the conversation?
(a) The man has a meeting tomorrow.
(b) The man and woman are not on good terms.
(c) The man and woman work in different departments.
(d) The woman will give a presentation tomorrow.

W 이 보고서는 언제 필요하시나요?
M 오늘 퇴근 전까지요.
W 하지만 이미 다른 할 일이 있는데요.
M 알아요, 하지만 내일 아침 회의에서 그 보고서를 요약해야 해요.
W 그럼 오후 7시까지 시간을 줄 수 있어요?
M 네, 정말 고마워요.

Q 대화에 따르면 옳은 것은?
(a) 남자는 내일 회의가 있다.
(b) 두 사람은 사이가 좋지 않다.
(c) 두 사람은 다른 부서에서 일한다.
(d) 여자는 내일 프레젠테이션을 할 것이다.

완전 해설
업무를 빨리 해주기를 부탁하는 상황이다. 남자가 내일 아침 회의에 보고서가 필요하다고 했으므로 (a)가 정답이다. 대화만으로는 서로 다른 부서인지 알 수 없으므로 (c)는 답이 될 수 없다.
tie up 묶다 **summarize** 요약하다 **be on good terms** 사이가 좋다 **department** 부서

Answers

⇒ 본책 P 67

1 (d)	2 (c)	3 (a)	4 (a)	5 (b)	6 (d)	7 (d)	8 (d)	9 (c)	10 (b)
11 (b)	12 (c)	13 (c)	14 (d)	15 (a)					

1

W How was your job interview?
M ______________________

(a) It's going to be tough.
(b) I think you just blew it.
(c) Actually, it was last week.
(d) Nothing went terribly wrong.

W 취업 면접은 어땠어?
M ______________________

(a) 어려울 거야.
(b) 네가 망쳐 버린 것 같아.
(c) 실은 지난주였어.
(d) 크게 잘못된 것은 없었어.

완전 해설
취업 면접을 잘 치렀는지 물었으므로 괜찮았다고 대답하는 (d)가 정답이다. (a)는 시제가 맞지 않고, (b)는 you가 아닌 I가 되어야 한다. 망쳐 버렸다는 표현으로는 I messed it up이나 It was a disaster라고 할 수 있다.
job interview 취업 면접 **blow it** 망치다 **go wrong** 잘못되다

2

M I heard you just got a raise at work.
W ______________________

(a) You deserve a raise.
(b) I used to be a supervisor.
(c) Yeah, I wasn't expecting it.
(d) There won't be a next time.

M 직장에서 급여가 인상됐다고 들었어요.
W ______________________

(a) 당신은 인상받을 자격이 돼요.
(b) 저는 관리자였어요.
(c) 네, 예상하지 못했어요.
(d) 다음 기회는 없을 거예요.

완전 해설
급여 인상 소식을 축하하는 대화이다. 예상하지 못했다면서 겸손을 표현하는 (c)가 가장 적절한 응답이다. (a)는 축하하는 사람이 할 말이며, (b)는 문맥과 어울리지 않는다. (d)는 어떤 일을 미루지 말라는 뜻으로 쓰는 말이다. raise(급여 인상)는 get a raise, ask for a raise와 같이 쓴다.
raise 인상, 승진 **deserve** ~을 받을 만하다 **supervisor** 관리자, 감독

3

M Did you finish the proposal I asked for?
W ______________________

(a) It will be ready by tomorrow afternoon.
(b) I've been working here for a month.
(c) Yes, this document is well written.
(d) He proposed the same thing.

M 제가 요청한 제안서를 마쳤나요?
W ______________________

(a) 내일 오후까지 준비될 거예요.
(b) 여기서 한 달 동안 일했어요.
(c) 네, 이 서류는 잘 썼네요.
(d) 그도 같은 것을 제안했어요.

완전 해설
제안서를 완성했는지 업무 진행을 확인하고 있으므로 완료 시간을 알리는 (a)가 가장 알맞은 응답이다. (d)는 proposal(제안서)에서 연상한 propose(제안하다)로 혼동을 준 오답이다.
proposal 제안, 제안서 **ask for** 요청하다

4

W Why didn't you show up for the seminar?
M ______________________

(a) I got the date mixed up.
(b) There won't be many people.
(c) I realize this is difficult for me.
(d) Sorry, I'm not available tonight.

W 왜 세미나에 오지 않았어요?
M ______________________

(a) 날짜를 혼동했어요.
(b) 사람들이 많지 않을 거예요.
(c) 저한테는 어렵다고 생각해요.
(d) 미안하지만 오늘 밤은 시간이 없어요.

완전 해설
행사에 참여하지 못한 이유를 묻고 있으므로 그 이유를 설명하는 (a)가 적절하다. 과거에 있었던 세미나에 대해 묻는데 나머지는 시제가 모두 어색하다. mixed up(혼동하다)은 confused로 바꿔 쓸 수 있다.
show up 나타나다 **seminar** 세미나, 학회 **mix up** 혼동하다 **available** 이용할 수 있는, 시간이 있는

5

M I've just transferred from the plant in Denver.
W ______________________

(a) I'd prefer to work in the marketing department.
(b) I'm Lily and work in product development.
(c) I'll put you through to the manager.
(d) Please hold while I transfer you.

M 덴버 공장에서 얼마 전 부서 이동했어요.
W ______________________

(a) 저는 마케팅부에서 일하는 것이 더 좋아요.
(b) 저는 릴리이고 제품 개발부에 있어요.
(c) 관리자에게 연결해 드릴게요.
(d) 연결할 동안 기다려 주세요.

완전 해설

남자가 새로 이동한 부서에서 자신을 소개하는 상황이므로, 이에 대응하여 상대방도 자신을 소개하는 (b)가 자연스러운 응답이다. (c)는 관리자를 연결해 주겠다는 전화 표현이며, (d)의 transfer는 전화 대화에서 '연결해 주다'라는 의미로 쓰여 적절하지 않다.

transfer 부서 이동하다 **product development** 제품 개발 **put A through** A를 연결하다 **manager** 관리자; 본부장

6

M How's work going these days?
W Not bad. I'm kind of bored with my job, though.
M Why? Don't you like your job?
W ______________________

(a) My boss is Dean Cooke.
(b) It is usually nine to five.
(c) I usually get to work by bus.
(d) I do but it's not very challenging.

M 요즘 일은 어때?
W 나쁘지 않아. 그렇지만 좀 지루해.
M 왜? 일이 마음에 들지 않아?
W ______________________

(a) 나의 상사는 딘 쿡이야.
(b) 보통 9시에서 5시까지야.
(c) 보통은 버스로 출근해.
(d) 좋긴 한데 별로 도전적이지가 않아.

완전 해설

남자가 일이 지루한 이유를 물었으므로 대답과 더불어 이유를 설명하는 (d)가 어울린다. (b)는 업무 시간, (c)는 통근 방법을 묻는 질문에 대한 응답이다.

How's A going? A는 어때? **be bored with** ~로 지루하다

7

W Do you know if the company sports day this Saturday is mandatory?
M I don't think it's mandatory, but you should go if you can.
W Well, I have a funeral to attend that day.
M ______________________

(a) In that case, let's go there right now.
(b) Well, my favorite event is tug of war.
(c) Honestly, I've never been to a funeral.
(d) Then I think they'll make an exception for you.

W 이번 토요일 회사 체육대회는 의무인가요?
M 그렇지는 않지만 갈 수 있다면 가야 해요.
W 음, 저는 그날 장례식에 참석해야 해요.
M ______________________

(a) 그렇다면 지금 당장 가요.
(b) 음, 제가 가장 좋아하는 경기는 줄다리기예요.
(c) 실은 저는 한번도 장례식에 가본 적이 없어요.
(d) 그런 경우라면 예외로 인정해 줄 거예요.

완전 해설

여자가 장례식이 있는데 회사 체육대회에 꼭 참석해야 하는 것인지 묻고 있으므로 예외가 인정될 것이라고 하는 (d)가 정답이다.

sports day 체육대회 **mandatory** 의무의 **funeral** 장례식 **tug of war** 줄다리기 **make an exception** 예외로 하다

8

M You should apply for the position that opened up in sales.
W Why do you say that?
M It's right up your alley, selling directly to clients in Europe.
W ______________________

(a) Congratulations! That's perfect for you!
(b) I'm not very familiar with this alley.
(c) I really hope you get the job!
(d) Thanks, I think I'll do that.

M 영업부에 채용 공고 난 자리에 지원해 보세요.
W 왜 그런 말씀을 하세요?
M 유럽의 고객에게 직접 판매하는 일인데, 딱 맞겠는데요.
W ______________________

(a) 축하해요! 당신한테 딱이네요!
(b) 이 골목은 별로 익숙하지 않아요.
(c) 정말 당신이 그 일자리를 얻기 바래요!
(d) 고마워요. 해봐야겠어요.

완전 해설

일자리 지원을 권유받았으므로 감사를 표하며 지원해 보겠다고 답하는 (d)가 가장 적절하다. right up one's alley는 '~에게 딱 어울리는'이라는 뜻의 관용 표현이다.

be familiar with ~에 익숙하다 **right up one's alley** 능력·취미에 맞는

9

W Why weren't you at the last departmental meeting?
M I was at home. My kids were both sick.
W Are they better now?
M ____________________

(a) No, they're both fine again.
(b) Right, it was an important meeting.
(c) Oh, they're completely healthy now.
(d) No, I still feel a bit under the weather.

W 지난번 부서 회의에 왜 안 왔어요?
M 집에 있었어요. 아이들이 둘 다 아파서요.
W 지금은 괜찮아졌어요?
M ____________________

(a) 아뇨, 아이들은 둘 다 다시 괜찮아요.
(b) 네, 중요한 회의였어요.
(c) 아, 이제 건강해요.
(d) 아뇨, 저는 아직도 몸이 좋지 않아요.

완전 해설

아팠던 아이들이 지금은 나아졌는지 물었으므로 건강 상태를 말하는 (c)가 어울린다. (a)는 No라는 대답과 이어지는 내용이 모순되고, 회의 자체에 대한 질문이 아니므로 (b)도 어색하다.

departmental meeting 부서 회의 **feel under the weather** 몸이 편치 않다

10

M Does the office close early on the day before a long weekend?
W Yeah. Everyone can go home at 3 pm.
M That's incredible.
W ____________________

(a) No, I already had a long vacation.
(b) Yeah, I wasn't really expecting it.
(c) I'm going to need an extension.
(d) 4 pm is still pretty good.

M 연휴 전날은 퇴근을 빨리 하나요?
W 네, 오후 3시면 모두 집에 갈 수 있어요.
M 정말 좋네요.
W ____________________

(a) 아뇨, 저는 이미 긴 휴가를 가졌어요.
(b) 네, 저는 사실 기대하지 않았어요.
(c) 저는 기간 연장이 필요해요.
(d) 오후 4시도 꽤 괜찮죠.

완전 해설

연휴 전날은 일찍 퇴근할 수 있다는 소식에 남자가 incredible(믿을 수 없는)이라고 말한 것은 기쁨의 표현이므로 이에 동의하는 (b)가 정답이다. (c)의 extension은 '연장, 연기'라는 뜻이다.

incredible 믿을 수 없는, 놀라운 **extension** 연장, 연기

11

M Did they really schedule Alicia's retirement party for a Saturday night?
W Why? That ensures everyone can be there.
M It also means I can't go away for the weekend!
W Well, I think it is the least you can do for her.
M I suppose. And I really do like her.
W I do, too.

Q What are the man and woman talking about?
(a) A worker who was recently let go of.
(b) A special event for a co-worker.
(c) The man's retirement party.
(d) New company regulations.

M 얼리셔의 퇴직 파티가 토요일 밤으로 계획된 거야?
W 왜? 그렇게 하면 모두가 올 수 있잖아.
M 하지만 주말에 놀러 갈 수가 없잖아!
W 글쎄, 네가 그녀를 위해 할 수 있는 최소한일 거야.
M 그런 것 같아. 나는 그녀를 정말 좋아하거든.
W 나도 그래.

Q 두 사람은 무엇에 대해 이야기하고 있는가?
(a) 최근에 해고된 직원.
(b) 동료 직원을 위한 특별 행사.
(c) 남자의 퇴직 파티.
(d) 회사의 새 규정.

완전 해설

회사 동료의 퇴직 파티(retirement party)에 관한 대화이므로 (b)가 정답이다. 남자를 위한 파티가 아니므로 (c)는 오답이고, 얼리셔는 퇴직하는 것이므로 (a)도 적절하지 않다.

schedule 일정을 잡다 **retirement** 퇴직 **ensure** 보장하다 **go away** 떠나다 **let go of** 해고하다 **co-worker** 동료 직원 **regulation** 규정, 규제

12

W Are you going to the sales meeting?
M I thought we had to.
W Actually, this one's optional.
M In that case, I might not go.
W Me either. I have too much work.
M Yeah, and I've got a deadline to meet.

Q What is the dialogue mainly about?
(a) A mandatory sales meeting.
(b) The results of a recent conference.
(c) A decision on attending a meeting.
(d) The objective of an upcoming event.

W 영업 회의에 가세요?
M 가야 하는 줄 알았는데요.
W 사실은 선택할 수 있어요.
M 그렇다면 안 갈까 봐요.
W 저도요. 일이 너무 많아서요.
M 네, 저도 마감 기한을 맞춰야 해요.

Q 대화는 주로 무엇에 관한 것인가?
(a) 의무적인 영업 회의.
(b) 최근 회의의 결과.
(c) 미팅에 참석할지에 대한 결정.
(d) 다가오는 행사의 목적.

완전 해설
회의 참석은 선택 사항(optional)이라고 했으므로 (a)는 맞지 않고, 아직 이루어지지 않은 회의이므로 (b)도 답이 될 수 없다. 두 사람은 참석 여부를 의논 중이므로 (c)가 가장 적절하다. mandatory(의무적인)의 동의어로는 obligatory가 있다.
sales meeting 영업 회의 **optional** 선택의 **deadline** 마감 기한 **mandatory** 의무적인, 필수의 **conference** 회의 **objective** 목적 **upcoming** 다가오는

13

W What time is your job interview tomorrow?
M 3:30. I think the job is mine but I'm still nervous.
W Why? You've been to tons of job interviews.
M True, but none where my uncle would be part of the interview panel.
W Seriously? Is that how you heard about this job in the first place?
M Exactly. I don't want to miss this opportunity.

Q Which is correct about the man according to the conversation?
(a) He does not believe he will get the job.
(b) His first job interview ever is tomorrow.
(c) He learned of the job from a family member.
(d) The company he is applying at is owned by his uncle.

W 내일 취업 면접은 몇 시야?
M 3시 반이야. 내 직장이 될 거라고 생각하지만 그래도 떨리네.
W 왜? 면접이라면 많이 봤잖아.
M 맞아. 하지만 삼촌이 면접관 중 한 명인 적은 없었지.
W 정말이야? 그래서 처음부터 이 일자리에 대해 알게 된 거였어?
M 그래. 이 기회를 놓치고 싶지 않아.

Q 대화에 따르면 남자에 대해 옳은 것은?
(a) 일자리를 얻게 될 거라고 생각하지 않는다.
(b) 첫 취업 면접은 내일이다.
(c) 가족으로부터 일자리에 대해 알게 되었다.
(d) 지원하는 회사는 그의 삼촌 소유이다.

완전 해설
취업 면접을 앞두고 있는 남자와 면접에 대한 이야기를 나누고 있다. 삼촌이 면접관이며 일자리를 소개해 주었다고 했으므로 (c)가 정답이다. 회사가 삼촌 소유라는 근거는 언급되지 않았으므로 (d)는 답이 될 수 없다.
nervous 불안한, 떨리는 **tons of** 수많은 **panel** 패널, 전문가 집단 **in the first place** 첫째로, 원래

14

M The coffeemaker is broken again!
W Rachel from accounting went out and bought some coffee.
M Where is it?
W She put it in the staff kitchen.
M How thoughtful of her! Did she pay for it herself?
W She did, but the company will reimburse her.

Q Which is correct according to the conversation?
(a) Employees are not allowed to drink coffee at work.
(b) The woman bought the coffee herself.
(c) The company paid for the coffee.
(d) The coffeemaker is not working.

M 커피메이커가 또 고장 났어요!
W 회계 부서의 레이첼이 나가서 커피를 사왔어요.
M 어디 있는데요?
W 그녀가 직원 식당에 갖다 놓았어요.
M 정말 배려심이 많군요! 그녀가 계산한 건가요?
W 네. 하지만 회사에서 지급해 줄 거예요.

Q 대화에 따르면 옳은 것은?
(a) 직원들은 근무 중 커피 마시는 것이 허용되지 않는다.
(b) 여자가 직접 커피를 샀다.
(c) 회사는 커피값을 지불했다.
(d) 커피메이커가 작동되지 않는다.

완전 해설

커피메이커가 고장 나 레이첼이 커피를 사왔다고 했으므로 (d)가 옳은 진술이다. 커피메이커가 회사에 있고 커피를 사왔다고 했으므로 (a)는 내용과 상반되고, 회사가 커피값을 지불할 것이라고 했으므로 이미 지불했다는 (c)는 맞지 않다.

coffeemaker 커피메이커 **accounting** 회계, 경리 **staff kitchen** 직원 식당 **thoughtful** 사려 깊은 **reimburse** 상환하다

15

W We're doing a Secret Santa for Christmas.
M So you're exchanging a gift with a random colleague?
W Yep. I was about to go get my gift, actually.
M Can I tag along? I need something for my wife.
W Sure. Let's hit BMV Department Store.
M Sounds perfect.

Q What will the speakers probably do next?
(a) Go gift shopping for Christmas.
(b) Take part in an office event.
(c) Buy a costume for a party.
(d) Have a meal together.

W 크리스마스에 비밀 산타를 하기로 했어.
M 무작위로 지정된 동료 직원과 선물을 교환하겠구나?
W 응. 사실 선물을 사러 막 나가려던 참이었어.
M 따라가도 돼? 나도 아내를 위한 뭔가가 필요해.
W 그래. BMV 백화점에 가보자.
M 좋은 생각이야.

Q 화자들이 다음에 하게 될 일은?
(a) 크리스마스 선물 사러 가기.
(b) 회사 행사에 참가.
(c) 파티용 의상 구매.
(d) 함께 식사하기.

완전 해설

회사 동료를 위한 크리스마스 선물을 사러 간다는 말에 남자도 따라간다고 했으므로 함께 쇼핑을 하러 갈 것이라는 (a)를 짐작할 수 있다. (b)는 여자에게 결국 일어날 일이지만 대화의 바로 다음에 할 일이라고는 볼 수 없고, (c)와 (d)는 내용과 관계가 없다.

exchange with ~와 교환하다 **random** 임의의, 무작위의 **colleague** 동료 **be about to** ~하려는 참이다 **tag along** 따라가다 **take part in** ~에 참여하다 **costume** 의상 **meal** 식사

UNIT **09** 학교 · 교육

청해 기초 완전 정복

Answers

본책 P 72

1 (c) 2 (d) 3 (a)

1

W This science assignment is a real pain to do.
M ______________________

(a) Let me help you out.
(b) It gives me a headache.
(c) I didn't study much, either.
(d) You probably should ask for an extension.

W 이 과학 숙제는 정말 골칫거리야.
M ______________________

(a) 내가 도와줄게.
(b) 그것 때문에 머리가 아파.
(c) 나도 별로 공부하지 못했어.
(d) 기간을 연장해 달라고 해야 할 것 같아.

완전 해설

pain에는 신체적 고통뿐 아니라 '골칫거리'라는 뜻이 있다. 숙제에 대해 우려하는 상황이므로 도움이나 해결책을 제안하거나 동조하는 (a), (b), (d)가 가능하다. (c)는 시험에 대해 걱정하는 말에 대해서나 가능한 응답이다.

assignment 과제 **pain** 고통 **extension** 기간 연장

2

M How did you do on the test?
W I'm pretty happy with my mark.
M So what did you get?
W ______________________

(a) Let's just say I did better than everyone else.
(b) Actually, I'm keeping it a secret for now.
(c) I got 86 percent so I'm pretty happy.
(d) As you probably know, I took a test.

M 시험 어떻게 봤어요?
W 점수에 꽤 만족해요.
M 몇 점 받았는데요?
W ______________________

(a) 다른 사람들보다 잘했다고만 해둘게요.
(b) 실은, 지금은 비밀로 하고 있어요.
(c) 86점이라서 꽤 만족해요.
(d) 알고 있겠지만 저는 시험을 봤어요.

완전 해설

시험 결과를 이야기하며 구체적으로 몇 점인지 물었으므로 간접적으로 결과를 말하거나 비밀이라며 알려 주지 않는 응답, 점수를 직접 언급하는 응답 모두 가능하다. (d)는 이미 말한 정보를 불필요하게 반복하고 있어 적절하지 않다.

mark 점수 **keep A secret** A를 비밀로 하다

3

M How can you study with that music on?
W Listening to classical music really helps me concentrate.
M I'm totally the opposite. I need total silence and lots of light.
W I kind of like it when it's dark all around me.
M And are you like me and prefer studying at the library?
W Nope. I love studying at home.
Q What can be inferred about the man and woman?

(a) They would not study well together.
(b) They are both excellent students.
(c) They go to different schools.
(d) They are closely related.

M 어떻게 음악을 틀어놓고 공부할 수 있어?
W 클래식 음악을 들으면 정말 집중이 잘 돼.
M 나는 정반대야. 완전히 조용하고 조명이 밝아야 해.
W 나는 주변이 어두운 것을 좋아하는데.
M 그러면 너도 나처럼 도서관에서 공부하는 걸 좋아하니?
W 아니. 나는 집에서 공부하는 것이 좋아.
Q 두 사람에 대해 추론할 수 있는 것은?
(a) 함께 잘 공부하지 못할 것이다.
(b) 모두 뛰어난 학생들이다.
(c) 서로 다른 학교에 다닌다.
(d) 가까운 친척 관계이다.

완전 해설

서로 선호하는 학습 환경에 대한 의견을 나누고 있다. 소음이나 조명, 공부하는 장소 면에서 남자와 여자는 서로 취향이 반대이므로 함께 공부하기는 힘들 것이라는 (a)가 가능한 추론이다. 나머지 선택지들은 관련된 근거를 찾을 수 없다.

classical music 클래식 음악 **concentrate** 집중하다 **silence** 침묵 **related** 친척의; 관련된

Answers

⇒ 본책 P 73

1 (a)	2 (d)	3 (b)	4 (a)	5 (a)	6 (a)	7 (b)	8 (d)	9 (b)	10 (d)
11 (c)	12 (c)	13 (d)	14 (b)	15 (d)					

1

M Professor Hill, I have a question for you.
W ______________________

(a) OK, if it's a short question.
(b) That's not easy to answer.
(c) I'm ready to pop the question.
(d) I'm sure you'll do better next time.

M 힐 교수님, 질문이 있어요.
W ______________________

(a) 좋아요, 짧은 질문이라면.
(b) 그건 대답하기 쉽지 않네요.
(c) 저는 청혼할 준비가 됐어요.
(d) 다음 번에는 잘할 거라고 믿어요.

완전 해설

질문을 해도 되냐는 말에 조건부 긍정으로 짧은 질문이면 괜찮다고 말한 (a)가 적절하다. 어떤 질문인지 언급되지 않았으므로 (b)는 어색하고, (c)의 pop the question은 '청혼하다'라는 뜻으로, 질문에 대한 응답으로 적절하지 않다.

pop the question 청혼하다

2

M How did you do on the math test?
W ______________________

(a) Everything is in order now.
(b) I'm looking forward to it.
(c) It was really dirty.
(d) I think I did OK.

M 수학 시험은 어떻게 봤어?
W ______________________

(a) 이제 모든 것이 제자리를 찾았어.
(b) 그걸 기대하고 있어.
(c) 그것은 너무 지저분했어.
(d) 그럭저럭 괜찮은 것 같아.

완전 해설

시험 결과에 대해 물었으므로 괜찮게 봤다고 대답하는 (d)가 가능하다. 미래의 일을 기대한다는 (b)는 적절하지 않다. (a)와 (c)는 math/ mess의 발음 유사성을 이용한 오답이다.

math 수학 **in order** 정돈되어, 제자리에 **look forward to** ~를 기대하다

3

M How long have you been learning Chinese?
W ______________________

(a) I want to study Chinese, too.
(b) I just started this semester.
(c) I've always wanted to learn.
(d) I practice speaking it every day.

M 중국어를 얼마나 오래 배웠니?
W ______________________

(a) 나도 중국어를 공부하고 싶어.
(b) 이번 학기에 막 시작했어.
(c) 항상 배우고 싶었어.
(d) 나는 중국어 말하기를 매일 연습해.

완전 해설

중국어를 얼마 동안 배웠는지 물었으므로 시작한 시기를 밝히는 (b)가 가장 적절하다. 매일 연습한다는 것과 언제부터 배웠는지는 상관없는 내용이므로 (d)는 답이 될 수 없다.

Chinese 중국어 **semester** 학기 **practice** 연습하다

4

W Are you going to take Mr. Hubert's course?
M ______________________

(a) I'm still shopping around.
(b) We're in the same class.
(c) Unfortunately, I failed it.
(d) No, I haven't taken any.

W 휴버트 선생님 강의를 들을 거니?
M ______________________

(a) 아직 알아보는 중이야.
(b) 우리는 같은 반이야.
(c) 유감스럽지만 낙제했어.
(d) 아니, 아무것도 수강하지 않았어.

완전 해설

특정 과목을 수강 신청할 것인지 물었으므로 강의가 시작되지 않은 학기 초임을 알 수 있다. 따라서 낙제했다는 (c)는 답이 될 수 없다. shop around는 '구직하러 다니다, 강좌를 알아보러 다니다'라는 뜻도 있으므로 (a)가 가장 어울리는 응답이다.

course 코스, 강좌 **shop around** 강좌를 알아보러 다니다

5

W Could I audit your class?
M ______________________

(a) You're welcome to sit in on my class.
(b) But you have to pass the audition.
(c) Well, it's not in the classroom.
(d) It's time to hit the books now.

W 교수님 강의를 청강해도 될까요?
M ______________________

(a) 청강은 얼마든지 환영이에요.
(b) 오디션을 통과해야 해요.
(c) 음, 교실에 있지 않아요.
(d) 이제 열심히 공부할 시간이에요.

완전 해설

(a)의 sit in on class는 audit과 마찬가지로 '청강하다'라는 뜻으로 적절하다. (b)는 audit의 명사형인 audition을 이용한 오답이며, (c)와 (d)는 문맥에 어울리지 않는다.

audit 청강하다 **sit in on a class** 청강하다 **audition** 오디션 **hit the books** 벼락치기 공부하다; 열심히 공부하다

6

W When is graduation?
M Well, the last day of school is this Friday and the graduation ceremony is next Monday.
W You must be really excited.
M ______________________

(a) I sure am thrilled about it.
(b) I'd rather participate in it.
(c) No, I don't think it is over.
(d) We have school this week.

W 졸업이 언제예요?
M 음, 마지막 수업이 이번 금요일이고 졸업식은 다음 주 월요일이에요.
W 굉장히 신나겠어요.
M ______________________

(a) 정말 흥분돼요.
(b) 저는 거기 참가하는 게 낫겠네요.
(c) 아뇨, 끝나지 않았다고 생각해요.
(d) 이번 주에는 수업이 있어요.

완전 해설

곧 있을 졸업에 대해 여자가 신나겠다며 인사를 한 것에 대해 정말 흥분된다며 맞장구치는 (a)가 정답이다. (d)는 여자의 마지막 말에 대한 반응으로 어울리지 않는다.

graduation ceremony 졸업식 **thrilled** 흥분한 **participate in** ~에 참가하다 **school** 수업

7

M Have you heard back from Princeton yet?
W Yep. They just sent me a response.
M And did you get in?
W ______________________

(a) It's in New Jersey, I believe.
(b) It was a long shot but I actually did.
(c) I'm applying to Princeton University.
(d) Unfortunately, I have a math exam this week.

M 프린스턴에서 소식이 왔어요?
W 네. 막 응답을 보내 왔어요.
M 합격했어요?
W ______________________

(a) 제 생각에는 뉴저지에 있는 것 같아요.
(b) 승산이 거의 없었지만 결국 합격했어요.
(c) 프린스턴 대학교에 지원하려고 해요.
(d) 유감이지만 이번 주에 수학 시험이 있어요.

완전 해설

get in은 '들어가다, 입학하다'라는 뜻으로 쓰였으므로 대학에 합격했다고 말한 (b)가 정답이다. long shot은 '승산이 거의 없는 시도'를 말한다. (c)는 이미 알고 있는 사실이므로 대답으로 어울리지 않는다.

response 응답, 대응 **long shot** 승산 없는 시도

8

W What's it like living in a dorm?
M It's a lot of fun but I never get any work done.
W How long have you been living there?
M ______________________

(a) I'd like to move out.
(b) But I can't complain.
(c) It's called Sanderson Hall.
(d) More than six months now.

W 기숙사에서 사는 건 어때?
M 매우 재미있지만 전혀 일을 못하고 있어.
W 거기서 얼마나 살았어?
M ______________________

(a) 이사 가고 싶어.
(b) 하지만 불평할 수 없지.
(c) 샌더슨 홀이라고 불려.
(d) 이제 6개월 넘었어.

완전 해설

기숙사에서 얼마나 지냈는지를 물었으므로 기간에 대해 언급한 (d)가 응답으로 가장 알맞다. (b)의 I can't complain은 '불평할 정도는 아니다, 그럭저럭 괜찮다'라는 표현이다.

dorm 기숙사 **get work done** 일을 해내다 **move out** 이사 나가다

9

M What's the chemistry test on next Tuesday?
W It's on the periodic table.
M I hate memorizing the periodic table.
W ______________________

(a) Yeah, I guess it does.
(b) I know. It's really hard.
(c) It doesn't need a period.
(d) I agree that it's pretty fun.

M 다음 주 화요일 화학 시험에는 무엇을 보나요?
W 주기율표에 관한 거예요.
M 저는 주기율표 외우는 건 딱 질색이에요.
W ______________________
(a) 네, 그런 것 같아요.
(b) 맞아요. 정말 어려워요.
(c) 마침표가 필요 없어요.
(d) 저도 그게 꽤 재미있다고 생각해요.

완전 해설
시험 범위 암기가 힘들다고 말했으므로 이에 동조하는 (b)가 적절한 응답이다. (d)는 I agree와 이어지는 내용이 모순되므로 적절하지 않다.
chemistry 화학 **periodic table** 주기율표 **period** 마침표

10

W I heard you're thinking of applying to graduate school.
M Yes. I want to get an MBA.
W I didn't know you were interested in going into business.
M ______________________

(a) Yes, my small business has taken off.
(b) I hear UCLA has an excellent Ph.D. program.
(c) But you were originally enrolled in anthropology.
(d) Well, I want to keep as many doors open as possible.

W 대학원 진학을 고려하고 있다고 들었어.
M 응, MBA를 하고 싶어서.
W 사업하는 데 관심이 있는 줄은 몰랐는걸.
M ______________________
(a) 응, 내 작은 사업이 잘되고 있어.
(b) UCLA에 훌륭한 박사과정이 있다던데.
(c) 하지만 원래는 인류학에 등록했잖아.
(d) 음, 가능하면 많은 가능성을 열어 놓고 싶어.

완전 해설
여자가 남자의 MBA 진학에 의외라는 반응을 보이자, 가능성을 열어 두기 위한 선택이라고 말하는 (d)가 응답으로 자연스럽다.
graduate school 대학원 **take off** 날아오르다 **Ph.D. program** 박사과정 **enroll in** ~에 등록하다 **anthropology** 인류학

11

W Did you hear that we have a school assembly tomorrow morning?
M Yeah. What's that about?
W I don't know, but now our music class has to be rescheduled.
M Awesome. I'm not such a big fan of music these days.
W I know. Mr. Mason is such a perfectionist!
M Tell me about it.
Q What are the man and woman mainly talking about?
(a) The time of a music test.
(b) The content of a school assembly.
(c) The reason for a class's cancellation.
(d) A permanent change in the class schedule.

W 내일 아침에 학교 조회가 있다는 말 들었어?
M 응. 무엇에 관한 거야?
W 몰라. 하지만 이제 음악 수업 일정을 다시 조정해야 해.
M 잘됐다. 요즘 음악 수업을 별로 좋아하지 않아서 말이야.
W 맞아. 메이슨 선생님은 너무 완벽주의야!
M 그러니까 말야.
Q 두 사람은 무엇에 대해 이야기하고 있는가?
(a) 음악 시험 시간.
(b) 학교 조회 내용.
(c) 수업 취소 이유.
(d) 수업 일정 영구 조정.

완전 해설
학교에 조회가 있어 음악 수업 일정이 변경된다는 것이 대화의 중심 내용이므로 (c)가 정답이다. 수업 일정이 조회 때문에 일시적으로 조정되는 것이므로 (d)는 답이 될 수 없다.
assembly 조회 **reschedule** 일정을 재조정하다 **awesome** 멋진, 굉장한 **perfectionist** 완벽주의자 **content** 내용 **cancellation** 취소 **permanent** 영구적인

12

M Where are you planning on living next year?
W I'd love to get some roommates and rent a house.
M Really? I was thinking of the same thing!
W We should live together! What do you think?
M Great idea. How many other people should we find as roommates?
W I think there shouldn't be more than four of us in total.

Q What is the conversation mainly about?
(a) Finding four new roommates.
(b) Dealing with a problem roommate.
(c) The speakers' future housing plans.
(d) The woman's current housing situation.

M 내년에 어디서 살 계획이야?
W 룸메이트를 구해서 집을 빌렸으면 해.
M 정말? 나도 똑같은 생각을 하고 있었는데!
W 우리 같이 살자! 어떻게 생각해?
M 좋은 생각이야. 룸메이트를 몇 사람이나 더 찾아야 할까?
W 우리까지 네 명이면 될 거야.

Q 무엇에 관한 대화인가?
(a) 네 명의 새 룸메이트 찾기.
(b) 룸메이트 문제 다루기.
(c) 화자들의 미래 주거 계획.
(d) 여자의 현재 주거 상황.

완전 해설

주제를 찾는 문제이므로 대화에서 전반적으로 다뤄지는 내용을 포괄할 수 있는 선택지가 답이 되어야 한다. 룸메이트를 찾는 것은 주거 계획의 일부라고 볼 수 있으므로 (c)가 정답이다. 룸메이트를 두 명 더 찾아야 하므로 (a)는 맞지 않다.

plan on -ing ~할 계획이다 **rent a house** 집을 빌리다 **in total** 다해서 **deal with** ~를 다루다 **housing** 주거, 주택

13

M Have you seen the school's new science lab?
W I've only seen it from the outside.
M It looks pretty awesome, huh?
W Yeah, very futuristic and modern.
M Science might actually be fun now.
W I don't know if I'd go that far.

Q Which is correct according to the conversation?
(a) The woman carried out a test.
(b) The man likes to study science.
(c) The man conducts experiments.
(d) The woman has not been in the new lab.

M 새 과학실 봤어?
W 밖에서만 봤어.
M 꽤 근사해 보이지?
W 응, 아주 미래적이고 현대적이지.
M 이제 과학이 재미있어질 것 같아.
W 그렇게까지 될지는 모르겠는데.

Q 대화에 따르면 옳은 것은?
(a) 여자는 테스트를 시행했다.
(b) 남자는 과학 공부를 좋아한다.
(c) 남자는 실험을 진행한다.
(d) 여자는 새 과학실에 가보지 않았다.

완전 해설

여자가 새 과학실을 밖에서만 봤다(only seen it from the outside)고 했으므로 (d)가 정답이다. (a)와 (c)는 experiment, test와 같이 science lab에서 연상되는 표현을 사용한 오답이다. 남자가 이제 과학이 재미있어질 것 같다고 했지 과학 수업을 좋아한다는 것은 아니므로 (b)는 적절하지 않다.

lab 연구실, 과학실 **futuristic** 미래의, 선진적인 **carry out** ~을 수행하다 **conduct** 수행하다 **experiment** 실험

14

W I can't believe the principal expelled Deborah for plagiarism!
M You know it's not the first time she's done that, right?
W I cannot believe this. Are you serious?
M Completely. She's been caught plagiarizing on two other occasions in the past.
W Oh, I never knew that about Deborah.
M Honestly, I think the principal did the right thing in this case.

Q Which is correct according to the conversation?
(a) The man does not support the principal's decision.
(b) Deborah has been caught plagiarizing in the past.
(c) The woman is good friends with Deborah.
(d) Deborah was suspended for her actions.

W 교장 선생님이 표절 때문에 데보라를 퇴학시키셨다니 믿을 수 없어!
M 그녀가 그런 일을 한 게 처음이 아닌 건 알지?
W 믿을 수가 없는 걸. 정말이야?
M 응. 전에도 두 번 표절로 잡힌 적이 있었어.
W 아, 데보라가 그런 줄은 전혀 몰랐네.
M 솔직히 교장 선생님이 이번 일에는 옳은 행동을 하신 것 같아.

Q 대화에 따르면 옳은 것은?
(a) 남자는 교장의 결정을 지지하지 않는다.
(b) 데보라는 과거에 표절로 잡힌 적이 있다.
(c) 여자는 데보라의 친한 친구이다.
(d) 데보라는 그녀의 행동으로 정학을 당했다.

완전 해설

퇴학을 당한 한 학생에 대해 이야기를 나누고 있다. 전에 표절로 발각된 적이 있다고 했으므로 (b)가 맞는 내용이다. 남자가 교장이 옳은 일을 한 것 같다고 했으므로 (a)는 맞지 않고, 대화에서 데보라와 여자가 친하다는 근거가 나오지 않았으므로 (c)도 오답이다.

principal 교장 **expel** 쫓아내다 **plagiarism** 표절
be caught -ing ~로 발각되다, 잡히다 **be good friends with** ~와 친하다 **suspend** 정학 처분하다

15

M They posted the psychology midterm results.
W It doesn't matter. I bombed it.
M But I thought you studied hard for it.
W I couldn't. I had three midterms come up at once!
M Oh, sorry to hear that.
W Fortunately, the midterm is only worth 20% of the final grade.

Q What can be inferred from the conversation?
(a) The woman did well on the final exam.
(b) The man did poorly on the midterm exam.
(c) The man is probably going to take a makeup test.
(d) The woman did not study enough for the psychology test.

M 심리학 중간고사 결과가 방금 게시됐어.
W 상관없어. 난 망쳤어.
M 하지만 열심히 공부했잖아.
W 그럴 수 없었어. 중간고사가 세 과목이나 겹쳤거든.
M 저런. 안됐구나.
W 다행히 중간고사는 전체 평점의 20%만 반영돼.

Q 대화로부터 추론할 수 있는 것은?
(a) 여자는 기말고사를 잘 봤다.
(b) 남자는 중간고사를 잘 보지 못했다.
(c) 남자는 아마도 재시험을 치를 것이다.
(d) 여자는 심리학 시험을 위해 충분히 공부하지 않았다.

완전 해설

중간고사 결과를 두고 시험 성적에 대한 이야기를 나누고 있다. 여자가 시험을 망친 이유에 대해 한꺼번에 세 과목을 치루었기 때문이라고 했으므로 충분한 준비를 하지 못했다는 (d)가 정답이다. 시험을 잘 못 본 사람은 여자이므로 (b)는 맞지 않고, 기말고사나 재시험에 대해서는 언급된 내용이 없으므로 (a), (c)는 답이 될 수 없다.

post 게시하다 **psychology** 심리학 **midterm** 중간고사
bomb 망치다 **makeup test** 재시험

10 건강

청해 기초 완전 정복

Answers → 본책 P 78

1 (a)   2 (a)   3 (a)

1

M I'm feeling under the weather.
W ______________________

(a) The weather is beautiful, though.
(b) You'd better go to see a doctor.
(c) You seem to need some rest.
(d) Just call in sick today then.

M 몸이 좋지 않아요.
W ______________________

(a) 날씨는 아주 좋은데요.
(b) 의사한테 가보는 게 좋겠어요.
(c) 휴식이 필요한 것 같아요.
(d) 전화해서 오늘 못 간다고 해요.

완전 해설
남자가 몸이 좋지 않다고 했으므로 (b), (c), (d)처럼 상태를 개선할 수 있는 제안을 할 수 있다. under the weather는 '몸이 좋지 않다'라는 관용 표현인데, 날씨와는 상관없으므로 (a)는 적절하지 않다.
rest 휴식 **call in sick** 전화로 병가를 내다

2

M What do you do to stay in shape?
W I go jogging in the park three times a week.
M I work out five times a week.
W ______________________

(a) They'll probably work things out soon.
(b) No wonder you're in such great shape.
(c) I can't believe you exercise that much!
(d) That must be really hard to keep up with.

M 몸매 관리를 위해 무엇을 하세요?
W 일주일에 세 번 공원에서 달리기를 합니다.
M 저는 일주일에 다섯 번 운동해요.
W ______________________

(a) 그들은 곧 문제를 해결할 거예요.
(b) 몸이 그렇게 좋은 것이 당연하군요.
(c) 그렇게 운동을 많이 하신다니 놀랍네요!
(d) 그걸 꾸준히 해나가기는 힘들 텐데요.

완전 해설
일주일에 다섯 번 운동을 한다는 말에 칭찬이나, 감탄, 다른 형태의 관심 표명 등이 응답으로 가능하다. (a)의 work out은 '(문제를) 해결하다'라는 뜻으로 대화 내용과 어울리지 않는다.
stay in shape 몸매를 유지하다 **work out** 운동하다
no wonder ~하는 것도 당연하다 **keep up with** ~를 정기적으로 하다

3

W I've been having problems with my back lately.
M That's rough.
W Yeah. I've been exercising a lot but that hasn't helped.
M Have you tried doing yoga?
W Yep. It hasn't helped either.
M Let me give you the name of my chiropractor.

Q What does the man suggest the woman do?
(a) See a specialist.
(b) Stop doing yoga.
(c) Get lots more rest.
(d) Talk to a psychiatrist.

W 요즘 허리에 문제가 많아요.
M 힘들겠네요.
W 네. 운동을 열심히 하고 있지만 도움이 되지 않아요.
M 요가 해보셨어요?
W 네, 그것도 도움이 되지 않아요.
M 제 척추지압사 이름을 알려 드릴게요.

Q 남자가 여자에게 제안하고 있는 것은?
(a) 전문가를 찾을 것.
(b) 요가를 중지할 것.
(c) 휴식을 더 많이 취할 것.
(d) 정신과의사와 상담할 것.

완전 해설
남자가 자신의 척추지압사를 소개해 준다는 것은 전문가에게 가보라는 제안이므로 (a)가 정답이다. 다른 선택지들은 대화에서 제시되지 않은 내용이다. 대화에 나오는 doing yoga를 반복한 (b)를 고르지 않도록 한다.
back 허리 **rough** 힘든; 거친 **chiropractor** 척추지압사
specialist 전문가 **psychiatrist** 정신과의사

Answers

⇨ 본책 P 79

1 (d)	2 (d)	3 (d)	4 (c)	5 (d)	6 (d)	7 (c)	8 (d)	9 (a)	10 (d)
11 (a)	12 (d)	13 (b)	14 (c)	15 (d)					

1

M I feel so much better today.
W ______________________

(a) Sure, that's fine with me.
(b) Really? It hurts my feelings.
(c) It was better than I imagined.
(d) Good. I was worried about you!

M 오늘은 한결 몸이 괜찮아요.
W ______________________

(a) 물론, 저는 괜찮아요.
(b) 정말요? 제 마음이 아프네요.
(c) 그건 생각했던 것보다 더 좋았어요.
(d) 잘됐네요. 걱정했어요!

완전 해설

상대가 몸이 더 좋아졌다고 했으므로 걱정했다면서 같이 기뻐해 주는 (d)가 정답이다. (a)는 제안에 대해 '상관없다, 괜찮다'라는 의미이고, (c)는 어떤 대상에 대해 평가하는 말이므로 남자의 몸 상태에 대한 대응으로 어울리지 않는다.

hurt 상처 입히다 **feeling** 감정, 기분

2

M My wife broke her arm.
W ______________________

(a) She must be disappointed.
(b) It costs an arm and a leg.
(c) Don't be critical of her.
(d) I'm sorry to hear that.

M 아내의 팔이 부러졌어요.
W ______________________

(a) 아내가 실망이 크셨겠군요.
(b) 엄청난 돈이 들어요.
(c) 그녀를 비난하지 마세요.
(d) 정말 안됐네요.

완전 해설

아내가 다쳤다는 말에 유감이나 놀람을 표하는 것이 어울리므로 안됐다고 말하는 (d)가 가능한 응답이다. (a)의 disappointed는 몸이 아픈 상황과 어울리지 않는 형용사이다. (b) It costs an arm and a leg는 '엄청난 비용이 들다'라는 뜻의 관용 표현으로, 대화와는 상관없는 내용이다.

disappointed 실망한 **cost an arm and a leg** 엄청난 비용이 들다 **critical** 비판적인

3

W Something about you looks different.
M ______________________

(a) That's a different story.
(b) You must have lost weight.
(c) I like your new hair style a lot.
(d) I've been working out a lot lately.

W 당신 뭔가 달라 보이는데요.
M ______________________

(a) 그건 다른 이야기예요.
(b) 체중이 줄었나 봐요.
(c) 당신의 새 헤어 스타일이 아주 맘에 들어요.
(d) 요즘 운동을 열심히 했어요.

완전 해설

뭔가 달라 보인다는 말은 상대 외모의 변화에 대한 표현인데, 운동을 많이 했다고 이유를 말하는 (d)가 적절하다. (c)와 같이 달라 보인다는 말에 대해 오히려 상대방의 새 헤어 스타일을 칭찬하는 것은 문맥상 어울리지 않는다.

lose weight 체중을 감량하다 **work out** 운동하다

4

M I've got a toothache.
W ______________________

(a) Even aspirin doesn't work.
(b) I have a sweet tooth, too.
(c) You'd better see a dentist.
(d) He's a real pain in the neck.

M 치통이 있어요.
W ______________________

(a) 아스피린도 효과가 없어요.
(b) 저도 단것을 좋아해요.
(c) 치과에 가보는 것이 좋겠어요.
(d) 그는 정말 골칫덩어리예요.

완전 해설

치통이 있다고 했으므로 치과 진료를 권하는 (c)가 정답이다. (d)의 a pain in the neck은 신체의 통증보다는 '골칫거리'라는 표현이므로 내용상 적절하지 않다. 이 밖에 신체 부위가 들어간 관용 표현으로는 a sweet tooth(단것을 좋아하는), no stomach for(~를 먹고 싶지 않은) 등이 있다.

toothache 치통 **a sweet tooth** 단것을 좋아함 **dentist** 치과의사 **a pain in the neck** 골칫거리

5

W What kind of diet are you on?
M ______________________

(a) I'm always on your side.
(b) You need to go on a diet.
(c) You should watch your weight.
(d) I have just been exercising a lot.

W 어떤 다이어트를 하고 있어요?
M ______________________

(a) 저는 항상 당신 편입니다.
(b) 당신은 다이어트를 해야 해요.
(c) 당신은 체중에 신경 써야 해요.
(d) 운동을 많이 하고 있어요.

완전 해설

어떤 다이어트를 하고 있는지에 대한 질문에 운동을 하고 있을 뿐이라고 말한 (d)가 선택지 중에서 가장 적절하다. (c)의 watch one's weight는 '~의 체중에 신경 쓰다'라는 뜻이다.

on one's side ~의 편인 **go on a diet** 다이어트를 하다
watch one's weight ~의 체중에 신경 쓰다

6

M My father was just diagnosed with cancer.
W I'm so sorry to hear that.
M Do you know anyone who's ever had cancer?
W ______________________

(a) My friend had the flu once.
(b) I agree that cancer is awful.
(c) In that case, let's go right now.
(d) There is one colleague at work.

M 아버지가 암 진단을 받으셨어.
W 정말 안됐다.
M 전에 암에 걸렸던 사람을 알고 있니?
W ______________________

(a) 내 친구가 전에 독감에 걸렸어.
(b) 암이 끔찍하다는 것에 동감이야.
(c) 그렇다면 당장 가자.
(d) 직장 동료 중에 한 명 있어.

완전 해설

주변에 암 투병 경험이 있는 사람을 알고 있는지 물었으므로 직장 동료 중에 그런 사람이 있다고 말해 주는 (d)가 정답이다. (a)의 had the flu는 '감기에 걸리다'라는 뜻이다.

be diagnosed with ~로 진단받다 **cancer** 암, 종양 **flu** 독감 **awful** 끔찍한 **colleague** 직장 동료

7

W It's incredible how unhealthy people are these days.
M Tell me about it! Few people are concerned about their bodies anymore.
W Why do you think that is?
M ______________________

(a) I'd say avocados are my favorite fruit.
(b) They are getting more health-conscious.
(c) I think people have just gotten lazy.
(d) People wouldn't agree with you.

W 요즘 사람들의 건강이 얼마나 나쁜지 놀라울 지경이야.
M 정말 그래! 자기 몸에 대해 걱정하는 사람이 별로 없는 것 같아.
W 왜 그렇다고 생각해?
M ______________________

(a) 아보카도는 내가 가장 좋아하는 과일이야.
(b) 그들은 점점 더 건강에 신경 쓰고 있어.
(c) 사람들이 게을러진 것 같아.
(d) 사람들은 너와 동의하지 않을 거야.

완전 해설

현대인들이 건강에 소홀해지고 있는 현상에 대해 사람들이 게을러져 건강을 돌보지 않아서라는 (c)가 알맞은 응답이다.

incredible 믿을 수 없는 **Tell me about it.** 그러게 말이야.
health-conscious 건강을 조심하는

8

M I heard you're doing a lot of stretching these days.
W I am. I find it really helps me deal with my stress effectively.
M Is that so?
W ______________________

(a) It's so bad for you it hurts.
(b) Well, I doubt it, though.
(c) No, I don't find it all that helpful.
(d) Yeah, it's totally relaxing and soothing.

M 요즘 스트레칭을 열심히 한다고 들었어요.
W 네. 스트레스를 효과적으로 해소하는 데 정말 도움이 되는 것 같아요.
M 그래요?
W ______________________

(a) 아프다니 정말 안됐네요.
(b) 글쎄, 그렇게 생각하지 않는데요.
(c) 아뇨, 그리 도움이 되지 않아요.
(d) 네, 몸이 정말 편안해지고 진정이 돼요.

완전 해설

스트레칭이 스트레스 해소에 도움이 된다고 하자 상대방이 정말 그러는지 확인하는 질문을 하고 있다. 응답으로는 원래 주장을 뒷받침하는 세부 사항이 나와야 하므로 (d)가 정답이다.

do stretching 스트레칭을 하다 **deal with** ~을 다루다
effectively 효과적으로 **soothing** 진정시키는

9

W I need to go on a diet.
M Are you kidding? You have a fantastic figure!
W No, my legs and belly are huge these days.
M ____________________

(a) I think you're being too hard on yourself.
(b) Well, most people say my legs are skinny.
(c) I want to get back into shape as fast as possible.
(d) But everyone says your skin glows these days.

W 다이어트를 해야겠어요.
M 농담이죠? 몸매가 정말 멋진데요!
W 아니에요. 다리하고 배에 요즘 살이 많이 쪘어요.
M ____________________

(a) 자신에게 너무 엄격한 것 같아요.
(b) 음, 대부분의 사람들이 제 다리가 가늘다고 해요.
(c) 나는 가능한 한 빨리 예전 몸매로 돌아가고 싶어요.
(d) 하지만 모두가 요즘 당신 피부에서 빛이 난다고 하던데요.

완전 해설
다이어트를 해야겠다고 자기 생각을 고집하는 여자에게 스스로에게 너무 엄격한 것 같다고 말하는 (a)가 응답으로 적절하다.
figure 몸매, 모양 **belly** 배 **be hard on oneself** 스스로에게 엄격한 **skinny** 마른 **glow** 빛나다

10

M Do you still have your cold?
W Yeah, it's going on three days now.
M How do you think you caught it?
W ____________________

(a) It's been very hard on me lately.
(b) No, I don't think I caught it from him.
(c) I'm taking some over-the-counter medication.
(d) I think it is from my niece I saw on Saturday.

M 아직도 감기에 걸려 있어요?
W 네, 오늘로 3일째예요.
M 어쩌다 걸린 것 같아요?
W ____________________

(a) 최근 매우 힘들었어요.
(b) 아뇨, 그한테 옮은 것 같지 않아요.
(c) 약국에서 파는 일반 약을 먹고 있어요.
(d) 토요일에 만난 조카한테 옮은 것 같아요.

완전 해설
감기에 걸린 이유를 물었으므로 그 이유에 대한 설명이 나와야 한다. 따라서 조카에게서 옮았을 거라고 하는 (d)가 가능한 대답이다. (c)는 Have you done anything about it?과 같은 질문에 대한 응답으로 어울린다.
have a cold 감기에 걸리다 **over-the-counter** (처방전 없이 살 수 있는) 일반 판매약의 **medication** 약 **niece** 여자 조카

11

M Carla, how often do you eat red meat?
W I'd say maybe once or twice a month.
M That's it? I think I eat red meat in some form every other day.
W That's not very healthy, Jay.
M Yeah, in a perfect world I'd only eat it once a week.
W Be realistic. Try and cut down to eating it just twice a week at first.

Q What is the conversation mainly about?
(a) Red meat consumption.
(b) The farming of red meat.
(c) The woman's overeating of red meat.
(d) The health risks associated with red meat.

M 칼라, 육류를 얼마나 자주 먹어요?
W 한 달에 한두 번 정도요.
M 그게 다예요? 저는 어떤 형태로든 이틀에 한 번은 먹는 것 같아요.
W 그건 별로 건강에 좋지 않아요, 제이.
M 네, 이상적으로는 일주일에 한 번만 먹어야 해요.
W 현실적으로 생각하세요. 우선 일주일에 두 번 정도로 줄여 보세요.

Q 주로 무엇에 관한 대화인가?
(a) 육류 섭취.
(b) 육류 사육.
(c) 여자의 육류 과다 섭취.
(d) 육류와 관련된 건강의 위험들.

완전 해설
두 사람은 육류 섭취 빈도에 대한 의견을 나누고 있으므로 (a)가 정답이다. 여자는 육류를 많이 먹지 않는다고 했으므로 (c)는 내용과 상반된다. '이틀에 한 번 먹는 것은 별로 건강에 좋지 않다'라고 언급되었을 뿐 구체적인 건강상의 위험에 대해서는 나오지 않았으므로 (d)도 맞지 않다.
red meat 붉은색 고기 **every other day** 이틀에 한 번 **realistic** 현실적인 **cut down** ~를 줄이다 **consumption** 섭취, 소비 **farming** 사육, 경작 **overeating** 과다 섭취 **risk** 위험 **associated with** ~와 관련된

12

W My greatest fear in the world is developing Alzheimer's.
M There are ways you can help stave it off.
W Really? I thought there was no cure for Alzheimer's.
M Right, but there are activities you can do to reduce your chances of getting it.
W What are they?
M Doing crossword puzzles is an example.

Q What is the man mainly doing?
(a) Lecturing the woman on her unhealthy lifestyle.
(b) Warning the woman about a common syndrome.
(c) Relaying his fear of developing Alzheimer's.
(d) Describing ways to help prevent a disease.

W 알츠하이머에 걸릴까 봐 제일 걱정돼.
M 알츠하이머를 예방할 수 있는 방법이 있어.
W 정말? 치료법이 없는 줄 알았어.
M 맞아. 하지만 발병 확률을 줄일 수 있는 활동들이 있어.
W 그게 뭔데?
M 퍼즐 맞추기가 한 예지.

Q 남자가 주로 하고 있는 것은?
(a) 여자의 건강하지 않은 생활 습관에 대해 설교하기.
(b) 여자에게 일반적인 증후군에 대해 경고하기.
(c) 알츠하이머 발병에 대한 두려움을 전파하기.
(d) 질병을 예방하는 방법에 대해 이야기하기.

완전 해설

알츠하이머라는 병에 대해 이야기하며 여자가 그에 대한 두려움을 호소하자 남자가 예방법 중의 하나를 알려 주고 있다. 따라서 (d)가 정답이다. disease는 '질병'이라는 뜻으로, 대화에 나온 알츠하이머를 가리킨다.

fear 두려움 **develop** 발병하다; 개발하다 **Alzheimer's (disease)** 알츠하이머, 치매 **stave off** ~을 방지하다, 막다 **cure** 치료 **chance** 확률, 가능성 **crossword puzzle** 낱말 맞추기 퍼즐 **lecture** 설교하다 **syndrome** 증후군 **relay** 전파하다

13

M I have an appointment with my dentist at five today.
W Is anything wrong with your teeth?
M No, I'm just going to get them cleaned and looked at.
W Oh, I probably should do that, too.
M Yeah, I do it every six months.
W There's nothing worse than getting a cavity filled.

Q Which is correct according to the conversation?
(a) The woman has a doctor's appointment.
(b) The man has a routine dental checkup.
(c) The woman suffers from a toothache.
(d) The man had a few cavities filled.

M 오늘 다섯 시에 치과 예약이 있어요.
W 치아에 문제가 있나요?
M 아뇨. 클리닝하고 검진받으려고요.
W 아. 저도 해야 되겠네요.
M 네. 저는 6개월마다 한 번씩 해요.
W 충치 치료받는 것만큼 괴로운 일도 없을 거예요.

Q 대화에 따르면 옳은 것은?
(a) 여자는 병원 진료 예약이 있다.
(b) 남자는 정기 치과 검진이 있다.
(c) 여자는 치통으로 고생하고 있다.
(d) 남자는 충치를 몇 개 치료했다.

완전 해설

남자가 6개월마다 치과에 가서 검진을 받는다고 했으므로 정기적으로 검진을 한다는 (b)가 정답이다. (a)는 남녀의 입장을 바꾼 것이므로 주의해야 한다. (c)와 (d)는 대화 내용으로는 알 수 없다. get[have] a cavity filled는 '충치 치료를 하다'라는 표현이다.

appointment 약속, 예약 **dentist** 치과의사 **get[have] a cavity filled** 충치 치료를 하다 **routine** 정기적인 **suffer from** ~로 고생하다 **toothache** 치통

14

M I'm tired of being out of shape.
W Try exercising more regularly.
M But I just want to watch TV after work.
W You need a personal trainer to motivate you to work out.
M Aren't they expensive, though?
W A little, but your health is worth it.

Q Which is correct about the man according to the conversation?
(a) He is currently looking for a new job.
(b) He is trying to be active in his daily life.
(c) He is worried about the cost of hiring a trainer.
(d) He is encouraging the woman to take care of her health.

M 몸이 허약한 것도 이제 지겨워.
W 좀 더 규칙적으로 운동을 해봐.
M 하지만 퇴근한 후에는 TV만 보고 싶어.
W 운동하도록 의욕을 북돋워 줄 개인 트레이너가 있어야겠다.
M 개인 트레이너는 비싸지 않아?
W 약간, 하지만 네 건강은 그만한 가치가 있어.

Q 대화에 따르면 남자에 대해 옳은 것은?
(a) 현재 새 일자리를 구하고 있다.
(b) 일상 생활을 활동적으로 하려고 노력한다.
(c) 트레이너 고용 비용에 대해 걱정한다.
(d) 여자가 건강을 잘 돌보도록 독려하고 있다.

완전 해설

건강하지 못하다고 말하는 남자에게 여자가 개인 트레이너 고용을 권유하고 있다. 마지막 말에서 개인 트레이너는 비싸지 않냐고 물었으므로 (c)가 정답이다. 남자는 퇴근 후 TV만 보고 싶다고 했으므로 (a)와 (b)는 맞지 않다.

be tired of ~에 싫증나다 **out of shape** 몸이 쇠약한 **trainer** 트레이너 **motivate** 동기를 부여하다, 북돋다 **worth** ~의 가치가 있는 **encourage** 독려하다

15

M You look fabulous, Erin!
W Stop it. I'm fat and I know it.
M Come on, every woman feels self-conscious when they're pregnant.
W Yeah, but I'm particularly huge.
M No, You are radiant and nothing short of beautiful.
W Well, thank you for saying so, Daniel.

Q What can be inferred from the conversation?
(a) The man is her doctor.
(b) The woman is on a diet.
(c) The man and woman are a couple.
(d) The woman is expecting a baby.

M 에린, 정말 멋진데요!
W 그만해요. 뚱뚱한 거 알아요.
M 이봐요, 모든 여자들은 임신하면 남을 의식하게 돼요.
W 네, 하지만 전 유독 살이 쪘다구요.
M 아니에요, 정말 눈부시게 아름다워요.
W 음, 그렇게 말해 주니 고마워요, 대니얼.

Q 대화로부터 추론할 수 있는 것은?
(a) 남자는 여자의 의사이다.
(b) 여자는 다이어트 중이다.
(c) 남자와 여자는 부부이다.
(d) 여자는 임신 중이다.

완전 해설

남자가 모든 여자들이 임신하면 의식하게 된다고 말한 것에서 여자가 임신 중인 것을 알 수 있다. 따라서 (d)가 정답이다. expect a baby는 '임신 중이다, 출산 예정이다'라는 뜻이다.

fabulous 근사한, 멋진 **self-conscious** 의식하는 **pregnant** 임신한 **radiant** 빛나는 **nothing short of** ~와 다름없는 **expect a baby** 임신 중이다

UNIT 11 안내 · 공지

청해 기초 완전 정복

Answers ➾ 본책 P 84

1 (a) 2 (a) 3 (d)

1

(a) The 8th Annual New York Kite Tournament will be held on June 19 at Central Park. Participants will have more space to fly their kites than ever before. (b) Organizers are also expecting more people to sign up than in the past, which is a sign that this could be the most competitive event in the past eight years. (c) People can register for the tournament by going to www.centralparkkite.com. The winner of the tournament will receive $1,000 in cash.

(a) 제8회 연례 뉴욕 연날리기 대회가 6월 19일 센트럴 파크에서 열립니다. 참가자들은 역대 가장 넓은 공간에서 연을 날릴 수 있게 됩니다. (b) 주최측은 또한 전보다 더 많은 사람들이 등록할 것으로 예상하고 있어, 이번 대회가 지난 8년 동안 가장 경쟁이 치열한 대회가 될 것으로 전망됩니다. (c) 참가자들은 www.centralparkkite.com에 방문하여 등록하면 됩니다. 토너먼트 우승자에게는 현금 천 달러가 상금으로 수여됩니다.

완전 해설

대회, 행사 등을 알리는 공지문이다. 공지의 목적은 어떤 행사가 언제 어디서 열리는지를 알리는 것이므로 주요 내용이 제시된 (a)가 주제문이다. 공지의 주제문은 주로 맨 앞에 나오며, 대회 일정, 참가 방법 등의 세부 내용이 이어진다.

annual 연례의 **kite** 연 **tournament** 승자 진출전 **participant** 참가자 **organizer** 주최측 **sign up** 등록하다 **competitive** 경쟁이 치열한 **register** 등록하다

2

Hello, Mr. Mathers. This is Tim Gray phoning from Central Bank. (a) I got your message about the international transfer you wanted to make. (b) It's no problem to make the transfer, but you will have to come down to the bank to do it in person. (c) I'm sorry to say it cannot be done by phone or by Internet. Feel free to call me back at your earliest convenience. I look forward to hearing from you. Talk soon.

마더스 씨, 안녕하세요. 센트럴 은행의 팀 그레이입니다. (a) 원하시는 국제 송금에 대한 메시지를 받았습니다. (b) 송금을 하는 데는 문제가 없지만 직접 은행에 나오셔야 합니다. (c) 죄송하게도 전화나 인터넷으로는 거래가 되지 않습니다. 가급적 빨리 전화주시기 바랍니다. 그럼 연락 기다리겠습니다. 조만간 뵙죠.

완전 해설

전화 녹음 메시지는 일반적으로 전화 건 사람이 누구인지 먼저 밝힌 후, 용건과 세부 내용을 설명한 다음 인사를 하는 구성을 따른다. 따라서 주제는 메시지를 남기는 목적이 제시된 (a)이다. 뒤 문장들은 세부 사항에 해당된다.

transfer 송금 **in person** 직접, 손수 **feel free to** 마음대로 ~하다 **at one's earliest convenience** 가급적 빨리

3

May I have your attention, please? The 3:25 train to Atlanta has been delayed due to maintenance work on the train tracks. It will now be leaving at 4:15 and still from Track 8. Also, please be aware that all of the restrooms on the track level are currently being serviced. Should you need to visit a restroom, please proceed to the second floor or to any of the restaurants located in front of the train station. Thank you.

Q What can be inferred from the announcement?
(a) The train station has more than three floors.
(b) Passengers are encouraged to use the dining car.
(c) There are only restrooms in one area of the train station.
(d) The train to Atlanta was supposed to leave from Track 8.

안내 말씀드립니다. 3시 25분 애틀랜타행 열차가 선로 보수 작업으로 지연되고 있습니다. 4시 15분에 같은 8번 선로에서 출발할 것입니다. 또한 선로 층의 모든 화장실은 현재 보수 중입니다. 화장실을 가시려면 2층으로 가시거나 기차역 앞에 위치한 식당으로 가시기 바랍니다. 감사합니다.

Q 안내 방송에서 추론할 수 있는 것은?
(a) 기차역은 세 층 이상이다.
(b) 승객들은 식당칸을 이용하도록 권장된다.
(c) 기차역의 한 구역에는 화장실만 있다.
(d) 애틀랜타행 열차는 8번 선로에서 출발할 예정이었다.

완전 해설

기차역에서 승객들에게 선로 보수 작업으로 인한 지연을 안내하는 내용으로, 보수 작업 후에도 같은 8번 선로에서 출발한다고 한 (d)가 정답이다.

delay 지연시키다 **maintenance** 유지 보수 **track** 선로 **level** (건물의) 층 **currently** 현재 **service** 점검하다 **proceed** 나아가다 **dining car** 식당차

Answers

➡ 본책 P 85

1 (a)	2 (d)	3 (d)	4 (d)	5 (c)	6 (b)	7 (a)	8 (a)	9 (a)	10 (b)

1

May I have your attention, please? The photo ID session originally scheduled for this afternoon at 2 pm has been canceled due to technical difficulties. These photos are required to make company IDs for all new employees. The photo session has been rescheduled for tomorrow morning at 9 am. Please ensure you are in room 205 at least 10 minutes prior to this. If this presents a problem for anyone, please see Harold Reynolds in human resources as soon as possible. Thank you.

Q What is the main idea of the announcement?
(a) A scheduled event has been moved to another day.
(b) A training session will take place tomorrow morning.
(c) All employees must talk to Mr. Reynolds as soon as possible.
(d) New employees must have their picture taken this afternoon.

직원 여러분께 알려 드립니다. 원래 오늘 오후 2시로 예정되어 있던 신분증 사진 촬영이 기술 문제로 취소되었습니다. 이 사진은 모든 신입사원들을 위한 사원증을 만드는 데 필요한 것입니다. 사진 촬영은 내일 아침 9시로 다시 일정이 잡혔습니다. 적어도 10분 전까지 205호로 와 주시기 바랍니다. 문제가 있는 분은 가급적 빨리 인사부의 해럴드 레이놀즈에게 알려 주시기 바랍니다. 감사합니다.

Q 공지의 주제는?
(a) 예정된 행사가 다른 날로 옮겨졌다.
(b) 내일 아침에 교육이 있을 것이다.
(c) 모든 직원들은 가능한 한 빨리 레이놀즈 씨에게 이야기해야 한다.
(d) 신입사원들은 오늘 오후에 사진을 찍어야 한다.

완전 해설

사원증을 만들기 위한 사내 사진 촬영 일정이 변경되었음을 알리는 안내문이다. 일반적인 안내문과 같이, 첫 부분에서 주제가 소개된 후 그에 대해 부연 설명을 하고 있다. session은 '수업'이라는 의미로도 쓰이지만 여기서는 '사진 촬영 시간'을 나타내므로 (b)와 혼동하지 않도록 한다.

session 기간, 수업 **difficulties** 곤경, 장애 **reschedule** 일정을 다시 잡다 **prior to** ~이전에 **human resources** 인사부(HR)

2

J&S Department Store is having the biggest blowout sale in its history on March 1. After 26 years, J&S is closing its doors for good and every single piece of inventory will be marked down as much as 75%. You have never before experienced a sale like this. Everything must go: men's and women's apparel, electronics, health and beauty items, toys and games—absolutely every product we carry will be on sale. Doors open at 9 am and close at 9 pm.

Q What is the main idea of the announcement?
(a) A luxury brand's annual sale is going to happen.
(b) A new line of women's apparel has been launched.
(c) Customers are invited to the grand opening of a store.
(d) A department store is having a going-out-of-business sale.

J&S 백화점은 3월 1일에 사상 최대의 파격 세일을 합니다. J&S는 영업 26년 만에 영구 폐점하며, 모든 재고 품목을 최대 75%까지 할인합니다. 이런 할인 행사는 한 번도 경험하신 적이 없을 것입니다. 남성 및 여성 의류, 전자 제품, 건강 및 미용 제품, 완구류 및 게임을 비롯한 모든 것을 처분하며 전 품목을 세일합니다. 오전 9시부터 오후 9시까지 개장합니다.

Q 공지의 주제는?
(a) 명품 브랜드의 연례 할인 행사가 있을 것이다.
(b) 새로운 여성 의류 라인이 출시되었다.
(c) 고객들은 매장 오픈 행사에 초대되었다.
(d) 백화점이 폐업 세일을 한다.

완전 해설

백화점의 세일 안내 공지문으로, 백화점이 폐점하게 되어 최대 할인 행사가 있을 예정이라고 했으므로 going-out-of-business sale을 알리는 (d)가 정답이다. closing its doors for good을 going-out-of-business로 패러프레이징했다.

blowout sale 파격 세일 **for good** 영구히 **inventory** 재고 **mark down** 가격을 내리다 **apparel** 의류 **launch** 출시하다 **grand opening** 개장, 개점 **going-out-of-business sale** 폐업 세일

3

Patrick and Cindy Marleau are pleased to announce the arrival of their first child, Christina Allison Marleau. Christina was born at 5:43 pm on Friday, June 4 at St. Michael's Hospital in downtown Toronto. She weighed seven pounds, seven ounces at birth. The Marleaus, who were married just 10 months ago at York Downs Golf & Country Club, were ecstatic and would like to thank all their friends and family for their love and support during Cindy's pregnancy.

Q What is the announcement mainly about?
(a) A couple's recent wedding.
(b) A woman's upcoming delivery.
(c) The arrival of a couple's first son.
(d) The birth of a newlywed's first child.

패트릭과 신디 말로는 첫 아이인 크리스티나 앨리슨 말로의 출생을 알리게 되어 기쁩니다. 크리스티나는 6월 4일 금요일 오후 5시 43분, 토론토 시내의 성 미카엘 병원에서 태어났습니다. 아기는 태어났을 때 체중이 7파운드 7온스였습니다. 10개월 전 요크 다운스 골프 컨트리 클럽에서 결혼한 말로 부부는 매우 기뻐하고 있으며, 신디가 임신한 동안 사랑과 지원을 아끼지 않은 모든 가족과 친구들에게 감사를 전하는 바입니다.

Q 무엇에 관한 공지인가?
(a) 부부의 최근 결혼.
(b) 여성의 예정 출산.
(c) 부부의 첫 아들 탄생.
(d) 신혼부부의 첫 아이 탄생.

완전 해설

신혼부부인 패트릭과 신디 말로가 첫 아이 크리스티나의 출생을 알리고 있는 공지이므로 (d)가 정답이다. 크리스티나는 여자 아이이고 이미 아이가 태어났으므로 다른 선택지들은 내용과 맞지 않다. 출산과 관련하여 delivery(분만), arrival(출생), expect a baby(임신 중이다) 등의 표현이 자주 쓰인다.

arrival 출생; 신생아 **weigh** 무게가 나가다 **ounce** 온스 **at birth** 출생 시 **ecstatic** 뛸 듯이 기쁜 **pregnancy** 임신 (기간) **delivery** 출산 **newlywed** 신혼부부

4

This is Jerry Willow with your Eye in the Sky six o'clock traffic report. Well, folks, it's slowgoing into the downtown core after a truck jackknifed on Interstate 34. Emergency crews are on the scene and doing the best they can to free up traffic, but they're estimating it could be upwards of at least another hour before they clear up the debris and traffic returns to normal. I'll be back thirty minutes from now with another traffic update.

Q What is the speaker's main point?
(a) Emergency crews are racing to the scene of an accident.
(b) A truck has flipped over in the downtown core.
(c) Traffic is reportedly much heavier than normal.
(d) An accident has occurred on a freeway.

아이 인더 스카이의 6시 교통 정보를 맡은 제리 윌로우입니다. 여러분, 34번 주간 고속도로에서 트럭 한 대가 찌그러진 사고 이후 도심으로의 교통이 정체되고 있습니다. 긴급 구조반이 현장에 도착하여 교통을 정리하기 위해 최선을 다하고 있지만 잔해를 모두 정리하고 교통이 정상화되기까지는 최소 한 시간 정도가 더 걸릴 것으로 예상됩니다. 다른 교통 속보를 가지고 30분 후 찾아 뵙겠습니다.

Q 화자의 요점은 무엇인가?
(a) 긴급 구조반이 사고 현장으로 달려가고 있다.
(b) 트럭 한 대가 도심에서 뒤집혀 있다.
(c) 교통이 평소보다 훨씬 더 혼잡하다.
(d) 고속도로에서 사고가 한 건 발생했다.

완전 해설

교통 방송에서 고속도로에서 일어난 사고를 보도하고 있으므로 정답은 (d)이다. jackknife가 동사로 쓰일 경우 자동차가 사고로 구부러진 것을 뜻하므로 (b)는 맞지 않고, 교통이 지체되고 있지만 그 원인이 교통량 증가는 아니므로 (c)도 오답이다.

slowgoing 속력이 느린 **jackknife** (잭나이프처럼) 접히다, 구부러지다 **emergency crew** 긴급 구조반 **on the scene** 현장에서 **free up** 풀어 주다 **estimate** 추정하다 **upwards of** ~이상, 약 **debris** 잔해 **flip over** 뒤집히다 **reportedly** 전하는 바에 따르면

5

Thank you, everyone, for joining us here at the 23rd annual Modern and Contemporary Art Symposium. My name is Eileen Rogers and I'll be your moderator for the first talk of the day, entitled "Change and Substance: Understanding New Art Movements." It's an honor and a thrill to be here. Now, joining me on stage are three distinguished scholars in the art history field. Let me introduce you to Mark Hanna, Geraldine Peters and Anne Wong.

Q Which is correct according to the talk?
(a) There are two moderators for the event.
(b) Artists will be talking at the symposium.
(c) The subject of the talk is modern art.
(d) Eileen Rogers is an art historian.

제23회 연례 근현대 미술 심포지엄에 참가해 주신 모든 분들께 감사드립니다. 제 이름은 아일린 로저스이며 오늘의 첫 강연 '변화와 본질: 새로운 예술 운동의 이해'의 사회를 맡았습니다. 이 자리에 서게 되어 큰 영광이고 무척 기쁩니다. 이제 미술사 분야에서 저명한 학자 세 분을 무대로 모시겠습니다. 마크 한나, 제럴딘 피터스, 그리고 앤 웡 씨를 소개합니다.

Q 담화에 따르면 옳은 것은?
(a) 행사에는 사회자가 두 명이다.
(b) 예술가들이 심포지엄에서 이야기할 것이다.
(c) 담화의 주제는 근대 예술이다.
(d) 아일린 로저스는 예술 사학자이다.

완전 해설

미술 관련 행사를 소개하는 안내문이다. 사회를 맡은 사람은 화자 한 명이므로 (a)는 맞지 않고, 이야기할 사람들은 미술사 분야의 학자라고 했으므로 (b)도 오답이다. 심포지엄의 제목이 '새로운 예술 운동의 이해'라고 했으므로 (c)가 정답이다.

annual 연례의 **contemporary** 현대의 **symposium** 심포지엄 **moderator** 사회자, 중재자 **of the day** 오늘의 **entitle** 제목을 붙이다 **substance** 본질, 실체 **distinguished** 저명한 **scholar** 학자

6

A Fast Solutions cargo plane with three crew members on board crashed Wednesday outside Riyadh, Saudi Arabia officials said. There was no immediate word on casualties. The plane went down near a busy highway intersection about 21 kilometers northwest of Riyadh's international airport at about 6:30 am local time, Fast Solutions spokesperson Dan Emerald said. Emerald confirmed the plane had three crew members on board but did not say whether there were any casualties.

Q Which is correct according to the report?
(a) Three people died in the plane crash.
(b) The plane crash took place in the morning.
(c) A passenger jet went down outside Riyadh.
(d) There was a major accident in a European city.

승무원 3명이 탑승한 패스트 솔루션 화물기가 수요일 리야드 외곽에서 추락했다고 사우디아라비아 관리들이 밝혔습니다. 사상자에 대한 즉각적인 보고는 없었습니다. 비행기는 현지 시각으로 오전 6시 반경 리야드 국제 공항에서 21킬로미터 북서부로 떨어진 혼잡한 고속도로 교차로 부근에 떨어졌다고 패스트 솔루션의 댄 에메랄드 대변인이 말했습니다. 그는 비행기에 세 명의 승무원이 타고 있었다는 것은 확인했지만 사상자가 있는지는 말하지 않았습니다.

Q 보도에 따르면 옳은 것은?
(a) 비행기 사고로 세 명이 죽었다.
(b) 비행기 사고는 아침에 일어났다.
(c) 여객기가 리야드 외곽에서 추락했다.
(d) 유럽의 한 도시에서 큰 사고가 있었다.

완전 해설

화물기 사고와 관련된 보도이다. 사고 발생 시간이 오전 6시 반경이라고 밝혔으므로 (b)가 정답이다. 아직 사상자 보고가 없다고 했으므로 (a)는 맞지 않고, 여객기가 아니라 화물기이며, 유럽이 아니라 아랍 지역이므로 (c)와 (d) 모두 오답이다.

cargo 짐, 화물 **crew** 선원, 승무원 **on board** 탑승한 **crash** 추락하다 **official** 관리 **casualty** 사상자 **go down** 추락하다 **spokesperson** 대변인 **passenger jet** 여객기

7

Hi, Sheryl. This is Tom Peters over in HR. First of all, great presentation this morning. I think you really knocked the socks off of everyone in attendance. Anyhow, the reason I'm calling is that you left your briefcase in the presentation room. Not to worry, though. It's safe and sound with me right now. Do me a favor and give me a call when you get back from lunch, will you? OK. Bye now.

Q Which is correct according to the message?
(a) Sheryl is out to lunch now.
(b) They work in the HR department.
(c) Tom Peters made a successful presentation earlier.
(d) The woman's briefcase is in the presentation room.

안녕하세요, 셰릴. 인사부의 톰 피터스입니다. 먼저, 오늘 아침 프레젠테이션은 매우 훌륭했어요. 참석한 모든 사람들의 마음을 사로잡은 것 같아요. 어쨌든, 회의실에 가방을 두고 가셔서 전화 드렸어요. 하지만 걱정하지 않아도 돼요. 지금 제가 안전하게 가지고 있어요. 점심 먹고 돌아오면 전화 주실래요? 그럼 안녕히 계세요.

Q 메시지에 따르면 옳은 것은?
(a) 셰릴은 지금 점심 식사하러 나갔다.
(b) 그들은 인사부에서 일한다.
(c) 톰 피터스는 좀 전에 성공적인 프레젠테이션을 했다.
(d) 여자의 서류 가방이 회의실에 있다.

완전 해설

남자가 여자에게 프레젠테이션에 대한 칭찬과 함께 잊은 물건을 맡아 두고 있다는 내용의 메시지를 남기고 있다. 마지막 말에서 점심 먹고 돌아오면 연락 달라고 했으므로 현재 그녀는 점심 식사를 하러 나간 것으로 볼 수 있다. 따라서 (a)가 정답이다. 회의실에 두고 갔던 서류 가방은 남자가 가지고 있다고 했으므로 (d)는 맞지 않다.

HR (department) 인사부 **knock the socks off of** ~를 사로잡다, 때려 눕히다 **attendance** 참석, 출석 **briefcase** 서류 가방 **sound** 이상 없는 **give a call** 전화하다 **be[go] out to lunch** 점심 먹으러 나가다

8

Please keep in mind that all internal position openings at Halliburton College will be announced on our website under the Human Resources tab. Position openings will remain posted until the position is filled. Position opening announcements will include all relevant information that potential candidates should consider before filling out an application such as position title, eligibility requirements, location, department, and job-related selection criteria. However, Halliburton College reserves the right to hire applicants from outside the college when necessary.

Q According to the notice, which is correct about the college's hiring procedure?
(a) Outside applicants may be considered.
(b) Currently there is no job opening at the college.
(c) Candidates must have a bachelor's degree or higher.
(d) Applications take a minimum of two weeks to process.

할리버튼 대학의 모든 내부 공석은 본교 웹사이트의 인력개발부서 탭에 발표됩니다. 공석이 채워질 때까지 게시될 것입니다. 공석 발표에는 후보들이 서류를 작성하기 전에 고려해야 하는 직위, 자격 요건, 위치, 부서 및 업무 관련 선택 기준 등 모든 관련 정보가 포함될 것입니다. 하지만 할리버튼 대학은 필요하다면 대학 외부 지원자들을 채용할 권한이 있습니다.

Q 공지에 따르면 대학의 채용 절차에 대해 옳은 것은?
(a) 외부 지원자들도 고려될 수 있다.
(b) 현재 대학 내 공석이 없다.
(c) 후보들은 학사 학위 이상의 학력이 필요하다.
(d) 지원서를 처리하는 데 적어도 2주 걸린다.

완전 해설

세부 사항 문제이므로 선택지를 하나하나 지문과 비교하며 풀어야 한다. 마지막에 대학 외부 지원자들을 채용할 수도 있다고 밝혔으므로 (a)가 옳은 진술이다. 현재 공석이 있는지의 여부와 자격 요건, 지원서 처리 기간은 언급되지 않았으므로 나머지 선택지들은 맞지 않다.

internal 내부의 **opening** 결원, 공석 **relevant** 관련된 **potential** 잠재적인 **candidate** 후보 **application** 지원(서) **position title** 직위 **eligibility requirement** 자격 요건 **criteria** 기준 **reserve** (권한 등을) 갖다 **bachelor's degree** 학사 학위 **process** 처리하다

9

Please be advised that due to scheduled maintenance, the air conditioning system will not be working tomorrow from 1 to 5 pm. We apologize for the inconvenience. In order to make sure the air conditioning system is running at optimum levels throughout the summer, we must carry out regular mechanical work on it. We understand this will be a challenge, especially because of the expected highs tomorrow. Therefore, we will be distributing fans for each office by the end of today's work day.

Q What will the speaker talk about next?

(a) Where to pick up the fans.

(b) When to request maintenance.

(c) How to run the air conditioning system.

(d) Who to complain to about the problem.

예정된 보수 작업 때문에 에어컨이 내일 오후 1시부터 5시까지 작동되지 않음을 알려 드립니다. 불편을 끼쳐 죄송합니다. 여름 내내 에어컨이 최상의 수준으로 작동되도록 하기 위해 정기적으로 기계 정비 작업을 해야 합니다. 특히 내일은 고온이 예상되기 때문에 이것은 쉽지 않을 것입니다. 따라서, 오늘 업무 시간이 끝날 때까지 각 사무실에 선풍기를 나눠 드리겠습니다.

Q 화자가 다음으로 이야기할 것은?

(a) 어디서 선풍기를 받아야 하는지.

(b) 언제 보수를 요청해야 하는지.

(c) 에어컨을 어떻게 작동하는지.

(d) 문제에 대해 누구에게 불평해야 하는지.

완전 해설

에어컨 보수 작업에 대해 공지하고 있다. 마지막 말에서 선풍기를 나눠 준다고 했으므로 구체적으로 선풍기를 받는 방법을 안내하는 (a)가 다음에 올 내용으로 적절하다.

maintenance 유지, 보수 **air conditioning system** 냉방 시스템 **inconvenience** 불편 **optimum** 최적의 **mechanical** 기계의 **high** 최고 기온 **distribute** 배부하다, 나눠 주다 **fan** 선풍기

10

Hey, Ellen. It's Marc phoning. I know you're gone for the long weekend and won't be back until Sunday, but would you give me a call first thing Monday morning? There have been some changes to the meeting on Tuesday and I need to let you know what they are at once. You are now responsible for the PowerPoint presentation and not the sales figure analysis. Also, we will only have 20 minutes to present, not 30. Talk to you soon.

Q What can be inferred from the message?

(a) The presentation needs accurate sales figures.

(b) They will talk about the changes on Monday.

(c) Marc is going to give a presentation for her.

(d) They do not work in the same department.

안녕하세요, 엘렌. 마크입니다. 연휴에 휴가를 떠나 일요일에 돌아온다고 알고 있는데요, 월요일 아침에 오자마자 전화해 주시겠어요? 화요일 아침 회의에 변경 사항이 있어서 즉시 그것에 대해 알려 드리려고 합니다. 이제 당신은 매출액 분석 대신 파워포인트 프레젠테이션을 맡게 되었습니다. 또한 발표 시간이 30분이 아니라 20분이 될 것입니다. 그럼 조만간 얘기합시다.

Q 메시지에서 추론할 수 있는 것은?

(a) 프레젠테이션에는 정확한 매출 수치가 필요하다.

(b) 그들은 월요일에 변경 사항에 대해 이야기할 것이다.

(c) 마크가 그녀 대신 프레젠테이션을 할 것이다.

(d) 그들은 같은 부서에서 일하지 않는다.

완전 해설

업무 관련 내용의 전화 녹음 메시지로, 화요일에 있을 회의에 대한 변경 사항을 알리는 것이 용건이다. 월요일에 오자마자 전화해 달라고 했으므로 두 사람은 변경 사항에 대해 이야기를 나눌 것이다. 따라서 (b)가 정답이다.

phone 전화하다 **at once** 즉시 **be responsible for** ~를 맡다, 책임지다 **presentation** 발표, 프레젠테이션 **sales** 매출, 영업 **figure** 수치, 숫자 **analysis** 분석 **present** 발표하다 **accurate** 정확한

UNIT 12 광고

청해 기초 완전 정복

Answers

→ 본책 P 90

1 (c)　　2 (b)　　3 (b)

1

(a) At Top Electronics, we understand that everyone has their own needs when it comes to technology. (b) For the past 12 years, we have provided technology solutions for small and large businesses across the country by offering a wide range of electronics products and special offers on electronics orders. (c) If you or your company needs any kind of electronics, call one of our sales representatives at 412-245-6666 or visit us online at topelectronics.com.

(a) 톱 일렉트로닉스는 기술에 관한 한 모두 각자의 필요가 있다는 사실을 잘 알고 있습니다. (b) 지난 12년 동안 우리는 다양한 전자 제품 공급과 전자 기술 관련 주문에 대한 특별 할인을 통해, 전국의 크고 작은 기업을 위한 기술 솔루션을 제공해 왔습니다. (c) 고객님이나 회사에 필요한 전자 기술이 있다면 412-245-6666으로 전화하셔서 저희 영업 사원과 통화하시거나 홈페이지 topelectronics.com을 방문해 주시기 바랍니다.

완전 해설

전자 기술 관련 상품과 서비스를 제공하는 회사의 광고문으로, 주의를 끄는 도입부와 자신들이 하는 일의 설명, 연락 방법이 제시되는 일반적인 구성을 따르고 있다. 따라서 광고 대상과 연락 방법이 소개된 (c)가 주제문으로 적절하다.

electronics 전자 기술 **when it comes to** ~에 관한 한 **solution** 해결책 **a wide range of** 다양한 **special offer** 특별 할인 **sales representative** 영업 사원

2

(a) Timing is everything in today's competitive real estate market. Many good homes, apartments and condominiums are sold before they are ever advertised. (b) Beat other homebuyers to the hottest new places for sale in White Plains by using Best Homes Real Estate Agency. (c) Our certified agents will find you the home you want —and at a price you can afford. Get in touch with one of our real estate agents today!

(a) 오늘날처럼 경쟁이 치열한 부동산 시장에서는 타이밍이 가장 중요합니다. 좋은 주택, 아파트, 콘도들은 광고도 하기 전에 팔려 나가는 실정입니다. (b) 베스트 홈 부동산 중개소를 통해 화이트 플레인의 최고 인기 매물들을 다른 주택 구입자들보다 먼저 차지하십시오. (c) 저희 공인 중개사들이 고객님이 원하는 집을 적절한 가격으로 찾아 드릴 것입니다. 오늘 저희 부동산 중개소로 연락해 주십시오!

완전 해설

부동산 중개소의 광고문으로, 업체명이 제시되고 특징을 강조한 후 마지막에 자신들의 업체를 이용해 달라고 당부하고 있다. 따라서 광고주, 광고 대상, 목적이 제시된 (b)가 주제문으로 적절하다.

competitive 경쟁이 치열한 **real estate** 부동산 **condominium** 콘도, 분양 아파트 **beat** 이기다 **homebuyer** 주택 구입자 **hot** 인기 있는 **agency** 대행업체 **certified** 공인된 **get in touch with** ~와 연락하다

3

Looking for a rewarding career in national security? Then join forces with the Canadian Security Intelligence Service (CSIS). The CSIS helps make Canada one of the safest and most enjoyable countries to reside in anywhere in the world. We offer a wide variety of exciting and challenging career opportunities at our headquarters, which is located in Ottawa. Visit our website today and learn more about some great career opportunities for Canadians.

Q What can be inferred from the advertisement?
(a) The CSIS only has offices in Canada.
(b) Applicants must be Canadian citizens.
(c) The job has already been given to someone else.
(d) People can get more information in person or by phone.

국가 안보 분야에서 보람 있는 직업을 찾고 계십니까? 그렇다면, 캐나다 안보 정보 서비스(CSIS)에 합류하십시오. CSIS는 캐나다를 전세계에서 가장 안전하고도 살기 좋은 나라 중의 하나로 만드는 데 일조하고 있습니다. 우리는 오타와에 위치한 본부에서 흥미롭고 도전적인 다양한 직업의 기회를 제공합니다. 오늘 저희 웹사이트를 방문하셔서 캐나다 국민들을 위한 멋진 구직 기회에 대해 자세히 알아보시기 바랍니다.

Q 광고에서 추론할 수 있는 것은?
(a) CSIS는 캐나다에만 사무실이 있다.
(b) 지원자는 캐나다 시민이어야 한다.
(c) 일자리는 벌써 다른 사람에게 주어졌다.
(d) 사람들은 직접 또는 전화로 더 많은 정보를 얻을 수 있다.

완전 해설

CSIS에서 일할 직원을 모집하는 구인 광고로, 마지막 문장에서 캐나다 국민들을 위한 기회라고 했으므로 (b)를 추론할 수 있다.

rewarding 보람 있는 **security** 보안 **join forces** 힘을 합치다 **reside** 거주하다 **headquarters** 본사 **applicant** 지원자 **in person** 직접

Answers

⇒ 본책 P 91

1 (c)	2 (b)	3 (c)	4 (b)	5 (c)	6 (a)	7 (c)	8 (c)	9 (c)	10 (b)

1

You know that your baby deserves the best and there is nothing better than Churchill baby products. The Churchill change table is just one of many fine products in a long line of fine items that make life better for your child. Its polished and refined lines add a sense of sophistication and class to your nursery. Plus, its two large open shelves make it a stylish though practical change table, with the perfect amount of storage for diapers, baby wipes and towels.

Q What is being advertised?
(a) A nursery program for young children.
(b) An assortment of fine baby products.
(c) A product for babies.
(d) A baby carriage.

당신의 아기는 가장 좋은 것을 누릴 자격이 있다는 것을 아실 겁니다. 처칠 유아용품보다 더 좋은 것은 없습니다. 처칠의 기저귀 교환 테이블은 당신의 아기에게 더 나은 삶을 제공하기 위한 여러 제품들 중 하나입니다. 이 제품은 우아하고 품위 있는 디자인으로 당신의 육아에 세련됨과 품격을 더해 드릴 것입니다. 또한 두 개의 넓은 개방형 선반에는 기저귀와 아기 물수건, 타월 등을 넉넉히 수납할 수 있어 스타일뿐 아니라 실용성까지 만족시켜 드립니다.

Q 광고되고 있는 것은?
(a) 유아들을 위한 보육 프로그램.
(b) 우수 유아용품 모음.
(c) 유아용품.
(d) 유모차.

완전 해설

광고 대상을 묻는 가장 일반적인 문제로, 유아용품 회사의 기저귀 교환 테이블 광고이므로 (c)가 정답이다. 광고에서는 기저귀 테이블 한 품목만 언급되었으므로 '우수 유아용품 모음'이라고 한 (b)는 답이 될 수 없다.

deserve ~할 자격이 있다 **change table** 기저귀 교환 테이블 **line** (제품)군 **polished** 우아한 **refined** 품위 있는 **sophistication** 세련됨 **class** 품격 **nursery** 탁아소 **shelf** 선반 **storage** 저장, 보관 **diaper** 기저귀 **wipe** 물수건 **assortment** 모음 **baby carriage** 유모차

2

Get Logan's Excalibur 1000 today! This beautiful watch comes in a titanium case, features a black carbon fiber dial and is water resistant up to 100 meters. Its self-winding chronograph mechanism allows for greater precision and durability. Hurry now to get yours because they won't last long. This limited edition men's watch is currently on sale for $150, down from its regular price of $295. The Excalibur 1000 is available everywhere fine watches are sold.

Q What is the main idea of the advertisement?
(a) A new watch has just hit the market.
(b) A limited edition watch is now on sale.
(c) A watch by Logan has recently sold out.
(d) There is a special offer on limited edition watch models.

오늘 로건의 엑스칼리버 1000을 구매하십시오! 티타늄 케이스에 검정색 탄소 섬유 글자판으로 이루어진 이 아름다운 시계는 수심 100미터까지 방수 기능을 자랑합니다. 자동 태엽 크로노그래프 장치가 정확성과 내구성을 더해 줍니다. 물량이 많지 않으니 서둘러 구매하시기 바랍니다. 이 한정판 남성용 시계는 정가 295달러에서 할인된 150달러에 판매되고 있습니다. 엑스칼리버 1000은 고급 시계를 판매하는 곳이면 어디서든 구매하실 수 있습니다.

Q 광고의 주제는?
(a) 새 시계가 막 출시되었다.
(b) 한정판 시계가 현재 판매 중이다.
(c) 로건의 시계가 최근에 품절됐다.
(d) 한정판 시계들을 특가 판매한다.

완전 해설

한정판 시계 모델을 할인 판매하고 있다는 광고이므로 (b)가 정답이다. 막 출시되었다는 정보는 제시되어 있지 않으므로 (a)는 답이 될 수 없고, 한 가지 제품만 광고하므로 (d)도 맞지 않다.

titanium 티타늄 **carbon fiber** 탄소 섬유 **dial** 글자판, 숫자판 **water resistant** 방수의 **self-winding** 자동 태엽 장치의 **chronograph** 크로노그래프(시간을 정확히 기록하는 장치) **precision** 정확함, 정밀도 **durability** 내구성 **limited edition** 한정판 **on sale** 세일 중인 **hit the market** 시장에 출시되다 **sold out** 다 팔린

3

At Coffee Mania, we only sell fairly traded coffees. Fairly traded coffees are those which are bought at a premium that reflects the care and attention put into the production of the coffee by the producer. This allows for the producer to reinvest in their land and employees, while also ensuring the sustained development of high-quality coffee. Come visit any of the more than one hundred Coffee Manias in the city and pick up your fairly traded coffee today.

Q What is the advertisement mainly about?
(a) Fairly traded beverages.
(b) A coffee chain's expansion plans.
(c) Coffee Mania's purchasing process.
(d) An upcoming sale on special types of coffee.

커피 마니아에서는 공정 무역 커피만을 판매합니다. 공정 무역 커피는 생산자가 커피 생산에 쏟은 주의와 관심을 반영하여 프리미엄을 붙여서 사들인 커피입니다. 이렇게 함으로써 생산자가 토지와 고용인들에게 재투자하는 한편, 고품질 커피의 지속적인 생산을 보장할 수 있습니다. 오늘 바로 시내 백여 개 커피 마니아 중 어느 곳이든 방문하여 공정 무역 커피를 골라 보시기 바랍니다.

Q 주로 무엇에 관한 광고인가?
(a) 공정 무역 음료들.
(b) 커피 체인점의 확장 계획.
(c) 커피 마니아의 구매 절차.
(d) 곧 있을 특별한 종류의 커피의 할인 판매.

완전 해설

공정 무역 커피를 판매하는 커피 매장에서 커피를 구매하는 과정과 그 효과에 대해 밝히고 있다. 따라서 (c)가 요지로 적절하다. 공정 무역 커피에 대한 내용이므로 (a)는 지나치게 범위가 넓고, (b), (d)는 언급되지 않았다.

fairly traded 공정 무역의 **at a premium** 프리미엄을 붙여서, 액면 이상으로 **reflect** 반영하다 **producer** 생산자 **ensure** 보장하다 **sustained** 지속된, 한결같은 **beverage** 음료 **expansion** 확장 **upcoming** 다가오는

4

This winter, make the right decision when it comes to getting the boots you really need. You're sure to find something you'll love among Cougar's extensive line of long-lasting and fashionable boots. All of our boots are lined with leather. Plus, you'll find them lighter, softer and more durable in the sole than any other boot on the market. The best part is that all our boots come with a three-year warranty.

Q What is being advertised?
(a) A recently released boot.
(b) A boot company's products.
(c) An extensive line of women's boots.
(d) A new warranty being offered on boots.

올 겨울 정말 필요한 부츠 구매를 위한 올바른 결정을 내리십시오. 쿠가의 오래가고 멋스러운 다양한 부츠 라인에서 마음에 드는 상품을 고르실 수 있습니다. 모든 제품은 가죽으로 안감을 댔습니다. 또한 시중의 어떤 부츠보다도 밑창이 가볍고 부드러우며 튼튼합니다. 가장 좋은 점은 모든 상품에 대해 3년간의 품질 보증이 제공된다는 것입니다.

Q 광고의 대상은?
(a) 최근 출시된 부츠.
(b) 한 부츠 회사의 제품들.
(c) 다양한 여성 부츠 제품군.
(d) 부츠에 제공되는 새로운 품질 보증.

완전 해설

신발 브랜드의 겨울철 부츠 상품을 광고하고 있으므로 (b)가 정답이다. 여성 부츠에 국한되거나 출시 시기는 언급되지 않았으므로 (a), (c)는 적절하지 않고, 품질 보증이 언급되기는 했지만 광고의 직접적인 대상이라고 볼 수 없으므로 (d)도 오답이다.

extensive 다양한, 광범위한 **be lined with** ~로 안감을 대다 **durable** 내구성 있는 **sole** (신발의) 밑창 **come with** ~이 딸려 오다 **warranty** 품질 보증

5

At Rickman Brothers, we are pleased to offer you a variety of affordable and flexible financing options designed to suit your personal credit needs. Come and visit us at one of our stores or call one of our sales associates to learn more about quick and convenient payment plans through LKT Financial. Rickman Brothers accepts the following methods of payment: cash, certified check, money order, Visa, MasterCard, American Express, and debit. Some restrictions apply. Contact a sales associate for more details.

Q Which is correct according to the advertisement?

(a) LKT is introducing an exclusive credit card offer.

(b) There are no restrictions when people want to pay.

(c) Rickman Brothers offers different ways to finance purchases.

(d) Sales associates must be visited in person for more information.

릭맨 브라더스에서는 고객 여러분의 개인적인 신용 대출 필요에 따라 설계된 저렴하고 융통성 있는 다양한 자금 조달 옵션을 제공해 드립니다. 저희 매장을 방문하시거나 영업 사원에게 전화하셔서 LKT 파이낸셜을 통한 신속하고 편리한 지불 계획에 대해 알아 보시기 바랍니다. 릭맨 브라더스는 현금, 지불 보증수표, 우편환, 비자 · 마스터 · 아메리칸 익스프레스 카드 및 직불 카드 결제가 가능합니다. 몇 가지 제한이 적용되므로 더 자세한 내용을 원하시면 영업 사원에게 연락하시기 바랍니다.

Q 광고에 따르면 옳은 것은?

(a) LKT는 독점적인 신용 카드제를 도입하고 있다.

(b) 지불을 원할 때 제한이 없다.

(c) 릭맨 브라더스는 구매에 대한 다양한 지불 방법을 제공한다.

(d) 자세한 내용을 알아보려면 영업 사원을 직접 만나야 한다.

완전 해설

신용 대출과 자금 조달을 제공하는 금융 서비스 광고이다. 따라서 구매 대금을 결제할 수 있는 다양한 방법을 제공한다는 (c)가 정답이다. 신용 카드를 제공하는 것은 아니며, 몇 가지 지불 제한이 있다고 밝히고 있고, 자세한 정보를 원하면 영업 사원과 통화하라고 했으므로 나머지 선택지들은 답이 될 수 없다.

flexible 융통성 있는 **financing** 자금 조달 **sales associate** 영업 사원 **certified check** 지불 보증수표 **money order** 우편환 **debit** 직불 카드 **restriction** 제한, 규제 **exclusive** 독점적인 **in person** 직접

6

The University of London's ULO Arch program is a new concept of learning, one which promotes new ways of thinking and practicing architecture. The academic core of the program is the ULO Arch Master of Architecture degree, which combines advanced theoretical and design-based research and production. Students are granted their degree after one year (or two terms spread out over any length of time) of full-time study. The ULO Arch program consists of 60 credits and is taught entirely in English.

Q Which is correct about the program according to the announcement?

(a) It is taught in one language.

(b) It is a Bachelor level degree.

(c) It must be completed within one calendar year.

(d) It teaches students about advancements in engineering.

런던대학교의 ULO 아치 프로그램은 새로운 개념의 학습으로서 건축에 대한 새로운 사고와 실행 방법을 진흥하기 위한 것입니다. 이 프로그램의 학술적 핵심은 ULO 아치 건축학 석사 학위로, 고급 이론 및 설계 기반 조사와 제작을 결합한 것입니다. 학생들은 일 년 동안의 (또는 기간에 상관없이 두 학기) 정규 과정 후 학위를 받게 됩니다. ULO 아치 프로그램은 60학점을 이수해야 하며, 모든 수업은 영어로 진행됩니다.

Q 광고에 따르면 프로그램에 대해 옳은 것은?

(a) 한 언어로 가르친다.

(b) 학사 학위 수준이다.

(c) 1년 이내에 이수해야 한다.

(d) 학생들에게 공학 기술 발전에 대해 가르친다.

완전 해설

대학교에서 제공하는 건축 관련 교육 과정에 대한 광고로, 마지막 부분에서 영어로만 수업이 진행된다고 했으므로 (a)가 정답이다. 석사 과정이라고 했으므로 (b)는 맞지 않고, 기간에 상관없이 두 학기도 가능하므로 (c)도 오답이다. 건축의 이론과 실제를 가르친다고 했으므로 토목 공학의 발전을 언급한 (d)도 답이 될 수 없다.

architecture 건축 **core** 핵심 **Master** 석사, 마스터 **degree** 학위 **combine** 결합하다 **advanced** 고급의 **theoretical** 이론상의 **design-based** 설계 기반의 **grant** 부여하다 **term** 학기; 기간 **spread out** 미루다; 질질 끌다 **consist of** ~로 구성되다 **credit** 학점 **Bachelor** 학사 **advancement** 발전 **engineering** 공학 기술

7

Trust Johnson & Johnson for all your translation needs. Our in-house translators are fluent in a total of 26 languages, including Asian, European and African languages. In addition, our translation services range from simple document translations to interpretation services to research to setting up websites. With our staff of highly qualified translators, interpreters, proofreaders and researchers, Johnson & Johnson can deliver the results you need.

Q Which of the following services does the company provide?
(a) Global networking.
(b) International financing.
(c) Research in other languages.
(d) Classes in more than 20 languages.

존슨 앤 존슨에 여러분의 모든 번역 업무를 맡겨 주세요. 저희 사내 번역가들은 아시아, 유럽, 아프리카어를 포함한 총 26개국 언어에 능통합니다. 또한 단순한 문서 번역부터 웹사이트 구축을 위한 조사에 이르는 다양한 통 · 번역 서비스를 제공하고 있습니다. 우수한 실력을 갖춘 통 · 번역사, 교정자 및 연구원들과 함께 존슨 앤 존슨은 여러분이 원하는 결과를 제공할 것입니다.

Q 다음 서비스 중 회사가 제공하는 것은?
(a) 세계적인 정보망 형성.
(b) 국제 금융.
(c) 다른 언어로 조사.
(d) 20여개국 언어로 하는 수업.

완전 해설

번역 서비스를 제공하는 한 회사의 광고이다. 회사가 제공하는 서비스를 물었으므로 광고 대상을 찾는 질문이라고 볼 수 있다. 단순 통 · 번역 서비스 외에도 웹사이트 구축을 위한 리서치를 제공한다고 했으므로 (c)가 정답이다.

translation 번역 **in-house** 사내의 **fluent** 유창한 **range from A to B** A에서 B까지 걸쳐 있다 **interpretation** 통역 **set up** 세우다, 구축하다 **qualified** 자격을 갖춘 **proofreader** 교정자 **deliver** (결과를) 내놓다 **networking** 정보망 형성 **financing** 금융

8

Interested in a great golf getaway? Then grab your golf clubs and let Globe Travel do the hard work for you. We offer a number of specially designed vacation golf packages at famous courses around the world. Whether it's Hawaii, California, Scotland or Australia, Globe Travel can make your dream golf vacation come true. All packages include hotel accommodations, car rental, rounds of golf and carts. What's more, three-night trips start for as little as $319. You won't beat that price anywhere.

Q According to the advertisement, which is correct about the package deals?
(a) None of them are offered for less than $400.
(b) They include the cost of breakfast and dinner.
(c) They are offered in multiple destinations around the world.
(d) Some of them include entrance fees to nearby attractions.

멋진 골프 여행에 관심이 있으십니까? 그렇다면 골프채를 챙기신 후 나머지는 글로브 여행사에 맡겨 주십시오. 저희는 전세계 유명 골프 코스에서 특별히 설계된 많은 휴양 골프 패키지를 제공합니다. 하와이, 캘리포니아, 스코틀랜드, 호주 어디라도, 글로브 여행사는 당신이 꿈꾸던 골프 휴가를 실현시켜 드립니다. 모든 패키지에는 호텔 숙박, 자동차 렌트, 골프 라운드, 카트 이용이 포함됩니다. 또한 3박 일정의 여행이 319달러부터 시작합니다. 이 같은 가격은 어디서도 접하실 수 없을 겁니다.

Q 광고에 따르면 패키지 상품에 대해 옳은 것은?
(a) 400달러 미만의 상품은 제공되지 않는다.
(b) 아침과 저녁 식사 비용이 포함된다.
(c) 전세계 여러 장소에서 제공된다.
(d) 일부는 근처 관광 명소의 입장료를 포함한다.

완전 해설

골프 여행 패키지 상품을 소개하고 있다. 전세계 유명 골프 코스를 포함한다고 했으므로 (c)가 정답이다. 319달러부터 시작한다고 했으므로 (a)는 맞지 않고, (b)와 (d)는 패키지 상품 내역에 포함되지 않는다.

getaway 단기 휴가 **grab** (기회를) 잡다 **a number of** 많은 **come true** (꿈이) 실현되다 **accommodation** 숙박, 편의 **round** (골프의) 한 라운드 **What's more** 게다가 **beat** 이기다, 능가하다 **multiple** 다양한 **destination** 목적지 **entrance fee** 입장료 **attraction** 명소

9

DB&J Commercial Systems requires an Import/ Export Trade Compliance Specialist immediately. The successful candidate will support the company by analyzing financial tariff classifications and working on free trade agreements. A minimum of five years' experience is required, as is a bachelor's degree. If hired, the successful candidate will spend 20 percent of their time traveling. If you're interested in a career as a financial analyst, don't hesitate. For more information, call 1-700-DB&J.

Q What can be inferred about the job opening?
(a) People with a master's degree cannot apply.
(b) DB&J Commercial Systems is looking for a bilingual person.
(c) The successful candidate should have some background in finance.
(d) Applicants with little experience but a high level of education can apply.

DB&J 통상은 수입 및 수출 교역 감사 전문가를 급구합니다. 합격자는 재무 관세 유형을 분석하는 일과 FTA 업무를 담당하게 됩니다. 학사 학위와 해당 분야에서 최소 5년 이상의 경력이 필요합니다. 채용되면 20% 정도의 시간은 출장을 갈 것입니다. 재무 분석가로서의 경력에 관심이 있다면 주저하지 마십시오. 자세한 내용은 1-700-DB&J번으로 문의하시기 바랍니다.

Q 일자리에 대해 추론할 수 있는 것은?
(a) 석사 학위가 있는 사람은 지원할 수 없다.
(b) DB&J 통상은 2개 언어 능통자를 찾고 있다.
(c) 지원자는 금융 분야의 배경이 있어야 한다.
(d) 경험이 거의 없어도 교육 수준이 높은 사람은 지원할 수 있다.

완전 해설

구인 광고의 경우 지원 자격 및 조건을 잘 파악해야 한다. 학사 학위와 최소 5년 이상의 경력이 필요하다고 했으므로 (c)가 정답이다. (a)와 (d)는 지문 내용과 맞지 않고, (b)는 언급되지 않았다.

commercial 상업의 **import** 수입(하다) **export** 수출(하다) **trade** 교역 **compliance** 순응; 규정 준수 **candidate** 지원자 **analyze** 분석하다 **tariff** 관세 **classification** 유형 **free trade agreement** 자유무역협정(FTA) **financial analyst** 재무 분석가 **hesitate** 주저하다 **bilingual** 2개 언어의 **background** 배경

10

Radio Max is the Internet's top online site to stream radio stations from every continent in the world. Listen to thousands of Internet radio stations featuring music in every style, including hip hop, jazz, new age, rock, classical, oldies, and more. You can listen for free, or if you become a VIP member for just $5 a month, you'll enjoy uninterrupted music without any advertisements. Check us out today and try one of our free 10-day VIP tours.

Q What can be inferred about Radio Max?
(a) It is a non-profit organization.
(b) Its free service has advertisements.
(c) Its VIP members pay an annual fee.
(d) It offers music in a limited number of genres.

라디오 맥스는 전세계 모든 대륙으로부터 라디오 방송을 송출하는 최고의 온라인 사이트입니다. 힙합, 재즈, 뉴에이지, 록, 클래식, 흘러간 명곡 등을 포함한 모든 종류의 음악을 틀어주는 수천 개 인터넷 라디오 방송을 들어 보십시오. 무료로 들으시거나, 월 5달러만 내고 VIP 회원에 가입하시면 광고 없이 무제한으로 음악 방송을 즐길 수 있습니다. 오늘 확인하시고 무료 10일 VIP 회원권을 체험해 보십시오.

Q 라디오 맥스에 대해 추론할 수 있는 것은?
(a) 비영리 기관이다.
(b) 무료 서비스에는 광고가 있다.
(c) VIP 회원들은 연회비를 낸다.
(d) 제공하는 음악 장르에는 제한이 있다.

완전 해설

인터넷 라디오 방송국의 콘텐츠와 회원 가입 등에 대한 광고문이다. 유료 회원에 가입하면 광고 방해를 받지 않고 음악을 들을 수 있다는 내용으로 보아, 무료 서비스에는 광고가 삽입된다는 것을 추론할 수 있으므로 (b)가 정답이다.

stream 연속적으로 데이터를 전송하다 **oldie** 흘러간 유행가[영화] **uninterrupted** 방해받지 않는 **non-profit organization** 비영리 기관 **annual fee** 연회비 **genre** 장르

UNIT 13 인문과학

청해 기초 완전 정복

Answers ⇒ 본책 P 96

1 (b) 2 (a) 3 (a)

1

(a) You might remember that in my last talk I touched on the land bridge which joined present-day Alaska and Russia about 70,000 years ago and lasted until approximately 14,500 years ago. (b) Today I'd like to go into more detail about this bridge that "rose" from the ocean as vast amounts of ocean water became locked in the massive glaciers of the last ice age, (c) exposing the broad continental shelves now covered by the Bering Strait.

(a) 지난 시간에 약 7만 년 전 현재의 알래스카 지역과 러시아를 연결하여 약 만 4천 5백 년 전까지 지속되었던 지협에 대해 이야기했던 것을 기억할 것입니다. (b), (c) 오늘은 엄청난 양의 해수가 마지막 빙하기의 거대한 빙하에 갇혀 바다에서 '솟아올라' 지금은 베링 해협으로 덮인 광대한 대륙붕을 노출시킨 이 지협에 대해 더 자세히 살펴보겠습니다.

완전 해설

(b) Today I'd like to go into more detail about 뒤에 이어지는 내용이 강의 주제이며, (c)는 부연 설명에 해당한다.

land bridge 지협 **go into detail** 자세히 설명하다 **vast** 막대한 **glacier** 빙하 **ice age** 빙하기 **expose** 노출시키다 **continental shelf** 대륙붕 **the Bering Strait** 베링 해협

2

(a) Today we will examine what many consider to be the most influential work of English literature in the modern era: *Ulysses*. (b) Although Joyce started writing his magnum opus in 1914, he had been planning it since 1906. His intention was to create a fictional "Everyman," a modern-day Odysseus. (c) Joyce always thought Homer's epic story was the most well-rounded portrait of a human being in literature. This, along with *A Portrait of the Artist as a Young Man*, is the most popular work of his.

(a) 오늘은 근대 영국 문학에서 가장 영향력 있는 작품으로 여겨지는 〈율리시즈〉에 대해 고찰해 보겠습니다. (b) 조이스가 이 걸작을 쓰기 시작한 것은 1914년이었지만 그는 1906년부터 이미 이 작품을 계획하고 있었습니다. 그의 의도는 허구의 '보통 사람,' 즉 현대판 오디세우스를 창조하는 것이었습니다. (c) 조이스는 호머의 이 서사시가 문학에서 볼 수 있는 인간에 대한 가장 균형 잡힌 묘사라고 항상 생각했습니다. 이 작품은 〈젊은 예술가의 초상〉과 더불어 가장 인기 있는 작품입니다.

완전 해설

처음에 다뤄질 내용인 주제를 소개하고 이어서 구체적인 내용이 나오는 구조로, 도입부의 Today we will examine 뒤에 중심 소재가 제시된 (a)가 주제문이다.

influential 영향력 있는 **magnum opus** 걸작 **fictional** 허구의 **epic** 서사시, 서사극 **well-rounded** 균형 잡힌, 다재다능한 **portrait** 초상, 묘사

3

Now, I'd like to talk about the Man Booker Prize, or the Booker as it is commonly called, which is arguably the most prestigious literary award in the English-speaking world. First given out in 1968, the Booker is given to the best novel of the year by an author from the Commonwealth or the Republic of Ireland. The winner of the Booker Prize receives £50,000. Winners in the past have included Michael Ondaatje, Salman Rushdie, Margaret Atwood and Ian McEwan.

Q Which is correct according to the lecture?
(a) Winners of the award receive some money.
(b) Irish people are not eligible for the award.
(c) Michael Ondaatje is the world's most famous author.
(d) The Man Booker Prize and the Booker are different awards.

이제 의심의 여지 없이 영어권 국가에서 가장 권위 있는 문학상이자 흔히 부커상이라고도 하는 맨 부커상에 대해 말씀드리겠습니다. 1968년에 최초로 시상된 부커상은 영연방 및 아일랜드 공화국의 작가가 쓴 최고의 소설에 주어집니다. 부커상 수상자는 5만 파운드를 받게 됩니다. 과거 수상자로는 마이클 온다치, 살만 루슈디, 마거릿 애투드 및 이안 맥이완 등이 있습니다.

Q 강의 내용에 따르면 옳은 것은?
(a) 수상자는 상금을 받게 된다.
(b) 아일랜드 사람들은 수상 자격이 없다.
(c) 마이클 온다치는 세계에서 가장 유명한 작가이다.
(d) 맨 부커상과 부커상은 서로 다른 상이다.

완전 해설

가장 권위 있는 문학상인 맨 부커상에 대한 설명으로, 수상자에게는 5만 파운드가 지급된다고 했으므로 (a)가 정답이다.

arguably 거의 틀림없이 **prestigious** 권위 있는 **literary** 문학의 **author** 작가 **the Commonwealth** 영연방 **the Republic of Ireland** 아일랜드 공화국 **Irish** 아일랜드의 **eligible** 적격의

Answers

⇒ 본책 P 97

1 (d) 2 (c) 3 (b) 4 (b) 5 (c) 6 (c) 7 (d) 8 (d) 9 (d) 10 (d)

1

Malcolm Gladwell is a journalist, writer, and speaker. He is the author of four non-fiction books, the most recent being *What the Dog Saw And Other Adventures*. Gladwell has a unique way of looking at social phenomena. Instead of writing about one subject and dissecting it empirically, he adopts a comparative approach, taking two seemingly opposite phenomena and drawing links between them. This has earned him both a loyal following and made him one of the most influential writers in the world today.

Q What is the main idea of the lecture?
(a) People learn more from non-fiction than they do from fiction.
(b) Malcolm Gladwell is the most influential writer in the world.
(c) A comparative approach is better than an empirical one.
(d) A writer has a distinctive way of looking at social issues.

말콤 글래드웰은 언론인이자 작가이며 연설가입니다. 가장 최근작인 〈그 개는 무엇을 보았나〉를 포함한 4권의 논픽션 저자입니다. 글래드웰은 사회 현상을 바라보는 독특한 시각을 가지고 있습니다. 하나의 주제에 대해 쓰고 경험적으로 그것을 해부하는 대신, 비교 접근법을 취하여 서로 반대되는 것처럼 보이는 두 가지 현상에서 관련성을 찾습니다. 이 독특한 방식으로 그는 수많은 추종자들과 함께 오늘날 전세계에서 가장 영향력 있는 작가 중의 한 사람이 되었습니다.

Q 강의의 주제는?
(a) 사람들은 소설보다 실화에서 더 많은 것을 배운다.
(b) 말콤 글래드웰은 세계에서 가장 영향력 있는 작가이다.
(c) 비교 접근법이 경험적 방법보다 더 낫다.
(d) 한 작가가 사회 문제를 바라보는 독특한 시각을 가지고 있다.

완전 해설

한 작가를 소개하는 담화로, 그 중에서도 비교 접근법이라는 그의 독특한 시각에 중점을 두고 있다. 따라서 전체를 아우르는 주제는 (d)이다. (a), (c)는 언급된 적이 없고, (b)는 전체 주제로 볼 수 없는 지엽적인 내용이다.

journalist 언론인 **phenomena** 현상 **dissect** 해부하다 **empirically** 경험적으로 **adopt** 채택하다 **comparative** 비교를 통한, 상대적인 **link** 관련성 **following** 추종자 **distinctive** 독특한

2

The Battle of Borodino was fought on September 7, 1812. The Russians lost the battle tactically and let Napoleon's army march into Moscow. Once in the Russian capital, Napoleon expected Tsar Alexander I to surrender. When this did not happen, Napoleon and his French army were forced to retreat west due to a lack of supplies. By this time it was October and deathly cold. When Napoleon finally made it back onto friendly soil, his army had been decimated by the intense cold and starvation.

Q What is the main topic of the lecture?
(a) Tsar Alexander's deception of Napoleon in a battle.
(b) Russians' valiance shown in the Battle of Borodino.
(c) A historically significant battle in Borodino.
(d) The French army's defeat in 1812.

보로디노 전투는 1812년 9월 7일에 치러졌습니다. 러시아인들은 전략적으로 그 전투에 패하여 나폴레옹 군대가 모스크바로 진군하도록 유도했습니다. 일단 러시아 수도에 들어가자, 나폴레옹은 알렉산더 1세 황제가 항복할 것으로 기대했습니다. 예상했던 대로 이루어지지 않자, 나폴레옹과 프랑스 군대는 보급품 부족으로 서쪽으로 퇴각해야 했습니다. 이때는 10월이었고 치명적일 정도로 추웠습니다. 나폴레옹이 마침내 고국으로 되돌아갔을 때 그의 군대는 혹한과 기근으로 그 수가 격감해 있었습니다.

Q 강의의 중심 소재는?
(a) 알렉산더 황제가 전투에서 나폴레옹을 기만.
(b) 러시아인들이 보로디노 전투에서 보여준 용맹.
(c) 보로디노에서 있었던 역사적으로 중요한 전투.
(d) 1812년에 있은 프랑스 군대의 패배.

완전 해설

강의는 1812년 러시아와 프랑스 군 사이에 있었던 보로디노 전투에 대한 내용이므로 (c)가 정답이다. (a)는 지엽적인 사실이므로 주제로 보기 어렵고, (b)는 구체적으로 언급되지 않았다. 프랑스 군대는 1812년의 전투 자체는 승리했으므로 (d)는 답으로 어울리지 않는다.

tactically 전략적으로 **surrender** 항복하다 **retreat** 퇴각하다 **supplies** 보급품, 비품 **deathly** 치명적으로 **decimate** 격감시키다, 많은 사람을 죽이다 **intense cold** 혹한 **starvation** 굶주림, 기근 **deception** 기만 **valiance** 용맹, 용기

3

Rohinton Mistry's *A Fine Balance* is a story of how India's state of emergency in the 1970s led to the destruction of personal relationships and families. On the one hand, Dina must conquer her fear of losing her apartment to help Ishvar and Om, who in turn must deal with the destruction brought upon their family as a result of stepping outside the caste system. When Ishvar and Om are caught up twice in the Indian government's cruelly administered policies, their family is eventually torn apart.

Q What is the main topic of the lecture?
(a) Why the Indian government took measures to implement a state of emergency.
(b) How government policies in India hurt the population in the 1970s.
(c) What led to Ishvar and Om stepping outside the caste system.
(d) Who was responsible for tearing apart Dina's family.

로힌튼 미스트리의 〈파인 밸런스〉는 1970년대 인도의 비상 사태가 어떻게 인간 관계와 가족의 붕괴를 가져왔는지에 대한 이야기입니다. 한편으로 디나는 이쉬바와 옴을 돕기 위해 아파트를 잃을지 모르는 두려움을 이겨내야 했고, 그들은 카스트 제도를 벗어난 결과로 가족에게 닥친 파멸에 직면해야 했습니다. 이쉬바와 옴은 인도 정부의 잔인하게 집행된 정책에 두 번이나 휘말렸고 결국 가족들은 뿔뿔이 흩어졌습니다.

Q 강의의 중심 소재는?
(a) 인도 정부가 왜 비상 사태를 시행하기 위해 조치를 취했는지.
(b) 인도 정부 정책이 1970년대 국민들에게 어떻게 피해를 주었는지.
(c) 무엇이 이쉬바와 옴이 카스트 제도를 벗어나도록 만들었는지.
(d) 디나의 가족들을 흩어지게 한 책임이 누구에게 있는지.

완전 해설

〈파인 밸런스〉라는 책에 대한 소개로, 인도 정부의 비상 사태에 피해를 입은 국민들에 대한 내용이므로 (b)가 정답이다. 책임 소재를 밝히는 것보다는 그 과정을 묘사하는 것에 더 중점을 두고 있으므로 (d)는 답이 될 수 없다.

conquer 정복하다 **destruction** 파멸, 파괴 **step outside** 벗어나다 **caste system** 카스트 제도 **be caught up** 연루되다 **cruelly** 잔인하게 **administer** 집행하다 **tear apart** ~을 떼어 놓다 **take a measure** 조치를 취하다 **implement** 시행하다

4

When world education rankings were released by the Paris-based Organization for Economic Co-operation and Development, quite a few people were surprised at the findings. Some of the wealthiest nations, including the United States, Germany and the United Kingdom, were not at the top of the list. Indeed, South Korea ranked number one, followed by Finland, Canada, New Zealand and Japan. The results come from numeracy, literacy and science tests that 470,000 15-year-olds took in OECD member nations around the world.

Q What is the lecture mainly about?
(a) A brief history of the OECD's world education rankings.
(b) Unexpected countries top-ranked on the OECD standardized tests.
(c) The criteria used to judge how well students are doing in OECD nations.
(d) Theories on why the richest nations did not score well in an education report.

파리에 본부가 있는 경제협력개발기구에서 전세계 교육 순위를 발표하자, 꽤 많은 사람들이 결과에 놀랐습니다. 미국, 독일, 영국을 포함한 일부 선진국들이 상위권 순위에 들지 않았기 때문입니다. 실제로, 한국이 1위를 차지했고, 핀란드, 캐나다, 뉴질랜드, 일본이 그 뒤를 이었습니다. 순위는 전세계 OECD 회원국의 15세 청소년 47만 명이 수리, 읽기 및 과학 시험을 치른 결과에 따른 것입니다.

Q 주로 무엇에 관한 강의인가?
(a) OECD 세계 교육 순위의 간단한 역사.
(b) OECD 표준 테스트에서 상위를 차지한 예상 외의 국가들.
(c) OECD 국가에서 학생들을 평가하는 데 사용된 기준들.
(d) 선진국들이 교육 보고서에서 좋은 점수를 얻지 못한 이유에 대한 이론.

완전 해설

한 교육 보고서의 예상 외의 결과에 대해 소개하는 담화이다. 테스트 결과를 소개하고 그에 따라 선정된 교육 순위 상위권 국가들에 선진국이 빠져 있어 의외였다는 것이 주된 내용이므로 (b)가 정답이다.

ranking 순위 **finding** 결과, 발견 **numeracy** 수리, 셈 **literacy** 읽고 쓸 줄 아는 능력 **standardized** 표준화된 **criteria** 기준 **score** 점수를 받다

5

Many of you probably think Christopher Columbus was the first European to reach the Americas. However, Leif Erikson and his fellow Vikings reached what is today northern Newfoundland—Canada's easternmost province—in about 1001 A.D. He established a settlement at a place called L'ans aux Meadows. Thus, the Vikings, and not Columbus, were the first Europeans to encounter the aboriginal population of North America.

Q Which is correct according to the lecture?
(a) The Vikings were responsible for killing the native population of Newfoundland.
(b) Columbus was the first European to meet a native from North America.
(c) The Vikings set up a colony in what is today Canada.
(d) Europeans reached North America before 1000 A.D.

여러분들 중 많은 사람들이 크리스토퍼 콜럼버스가 아메리카 대륙에 도달한 최초의 유럽인이라고 생각할 것입니다. 하지만 리이프 에릭슨과 그의 동료 바이킹들이 캐나다 최동쪽인 현재의 북부 뉴펀들랜드에 도착한 것은 서기 약 1001년이었습니다. 그는 랑스 오 메도우즈라는 정착촌을 건설했습니다. 따라서 콜럼버스가 아니라 바이킹들이 북아메리카 원주민들을 가장 먼저 만난 유럽인이었습니다.

Q 강의 내용에 따르면 옳은 것은?
(a) 바이킹들이 뉴펀들랜드의 원주민들을 살상했다.
(b) 콜럼버스가 북아메리카의 원주민을 만난 최초의 유럽인이다.
(c) 바이킹들은 오늘날의 캐나다에 해당하는 곳에 거주지를 건설했다.
(d) 유럽인들은 서기 1천 년 이전에 북아메리카에 도달했다.

완전 해설

콜럼버스와 아메리카 대륙의 발견에 대한 담화문으로, 콜럼버스 이전에 바이킹들이 북아메리카 뉴펀들랜드 캐나다 지역에 정착촌을 건설했다고 한 (c)가 정답이다. (a)는 언급되지 않았고, (b)에 대한 반박이 이 담화의 주제라고 할 수 있다.

viking 바이킹, 해적 **easternmost** 가장 동쪽의 **establish** 설립하다 **encounter** 만나다 **aboriginal** 원주민의 **native population** 원주민 **set up** 설립하다 **colony** 공동체; 식민도시

6

Today, I'd like to look at another early human practice. Did you know that long before mankind could farm or make complex tools, we could create jewelry? People began making metal tools about 6,000 years ago and the agrarian revolution took place 10,000 years ago. However, men and women have been making jewelry in one form or another for thousands of years longer. In fact, the oldest known jewelry is a collection of beads made from Nassarius shells that dates back about 100,000 years.

Q Which is correct according to the lecture?
(a) People have been making jewelry for 10,000 years.
(b) Metal tools and jewelry were developed around the same time.
(c) Man learned to farm before he learned how to make metal tools.
(d) The creation of jewelry was more important than the development of farming.

오늘은 또 하나의 초기 인류의 관행에 대해 살펴보겠습니다. 인류가 경작을 하거나 복잡한 도구를 만들기 훨씬 전에 이미 장신구를 만들었다는 걸 아십니까? 사람들이 금속 도구를 만들기 시작한 것은 약 6천 년 전 정도이고, 농업 혁명은 1만 년 전에 일어났습니다. 하지만 사람들은 어떤 형태로든 수천 년 동안 장신구를 만들어 왔습니다. 사실 가장 오래된 장신구는 10만여 년 전까지 거슬러 올라가는 나사리우스 조개 껍데기로 만든 구슬 소장품입니다.

Q 강의에 따르면 옳은 것은?
(a) 사람들은 1만 년 동안 장신구를 만들어 왔다.
(b) 금속 도구와 장신구는 거의 비슷한 시기에 개발되었다.
(c) 사람들은 금속 도구 만드는 법을 알기 전에 경작을 배웠다.
(d) 장신구 제작은 경작의 발달보다 더 중요했다.

완전 해설

초기 인류의 관습 중에서 장신구에 대해 소개하고 있다. 가장 오래된 장신구가 10만 년 전에 만들어졌다고 한 것은 금속 도구보다 훨씬 이전의 일이므로 (a), (b)는 맞지 않다. 금속 도구가 만들어지기 시작한 것은 6천 년 전이고, 농업 혁명은 1만 년 전에 일어났다고 했으므로 (c)가 정답이다.

practice 관습, 관행 **farm** 경작하다 **agrarian** 농업의 **revolution** 혁명 **bead** 구슬 **date back** 시기를 거슬러 올라가다

7

Some of the earliest inhabitants of southern Africa were the San and Khoekhoe peoples, both of whom were living there for thousands of years before the first Europeans arrived. While the San were largely hunter-gatherers, the Khoekhoe were a pastoral people that lived in areas close to bodies of water. When Europeans arrived at the tip of the continent, the Khoekhoe succumbed to diseases like smallpox en masse. This is part of the reason that they have essentially disappeared as an identifiable group over the centuries.

Q Which is correct according to the talk?
(a) Africans are largely hunter-gatherers.
(b) Southern Africa has a tumultuous history.
(c) The San and Khoekhoe peoples were fierce competitors.
(d) The Khoekhoe are no longer around because of European migration.

남아프리카의 초기 원주민 가운데는 산족과 코이코이족이 있는데, 이 둘 모두 최초의 유럽인들이 도착하기 전에 이미 수천 년 동안 살고 있었습니다. 산족의 대부분이 주로 수렵 채집인이었던 것에 반해, 코이코이족은 물가에 사는 유목 민족이었습니다. 유럽인들이 대륙 끝에 도착했을 때 코이코이족은 집단으로 천연두와 같은 질병에 걸렸습니다. 이것이 부분적인 이유가 되어 결국 그들은 수세기에 걸쳐 고유 집단으로서 자취를 감추게 된 것입니다.

Q 담화에 따르면 옳은 것은?
(a) 아프리카인들은 대부분이 수렵 채집인이다.
(b) 남아프리카는 격동의 역사를 가졌다.
(c) 산족과 코이코이족은 맹렬한 경쟁자였다.
(d) 코이코이족은 유럽인들의 이주로 더 이상 존재하지 않게 되었다.

완전 해설

산족과 코이코이족이라는 원주민을 소개한 후, 그들이 사라진 이유를 밝히고 있다. 유럽인들의 이주와 함께 퍼진 전염병이 부족 소멸의 부분적인 원인이 되었다고 했으므로 (d)가 정답이다. 산족이 수렵 채집인이고 코이코이족은 유목민이었다고 했으므로 (a)는 맞지 않고, (b), (c)는 언급되지 않은 내용이다.

inhabitant 주민, 거주자 **hunter-gatherer** 수렵 채집인 **pastoral** 전원의, 유목의 **tip** 끝 **continent** 대륙 **succumb to** ~에 굴복하다, (병에) 쓰러지다 **smallpox** 천연두 **en masse** 집단으로 **identifiable** 구별이 되는 **tumultuous** 격동의 **fierce** 맹렬한 **competitor** 경쟁자 **migration** 이주

8

Today, we will examine modern art in South Korea, which first took root in the 1960s. During this decade, artists from the small East Asian country began incorporating more geometrical shapes and intangible subjects into their art. While the connection between man and nature was a common theme at this time as well, by the 1980s social issues began appearing as subjects in the country's art. Most modern Korean masterpieces can today be seen at Seoul's National Museum of Korea.

Q What is probably true about modern Korean art?
(a) Its roots lie in the social issues of the 1980s.
(b) It is seen as the greatest East Asian art today.
(c) Most people in the West are not familiar with it.
(d) Not all of it is housed at the National Museum of Korea.

오늘은 1960년대에 처음 뿌리내린 한국의 현대 예술에 대해 고찰해 보겠습니다. 10년 동안 이 작은 동아시아 국가의 예술가들은 좀 더 기하학적인 형태와 추상적인 주제들을 작품에 접목시키기 시작했습니다. 인간과 자연의 관계가 당시의 흔한 주제였고, 1980년대에 들어서는 사회적 이슈들이 한국 예술의 주제로 등장하기 시작했습니다. 대부분의 한국 현대 미술의 걸작은 서울 국립 박물관에서 볼 수 있습니다.

Q 한국 현대 미술에 대해 옳은 것은?
(a) 그 뿌리는 1980년대 사회적 이슈에 있다.
(b) 오늘날 최고의 동아시아 예술로 여겨진다.
(c) 대부분의 서구 사람들은 그것에 익숙하지 않다.
(d) 모든 작품이 국립 박물관에 소장되어 있는 것은 아니다.

완전 해설

1960년대 이후 한국의 현대 예술에 관한 강의로, 도입부에서 1960년대에 뿌리내렸다고 했으므로 (a)는 맞지 않고, (b), (c)는 담화에 나오지 않은 내용이다. 대부분의 걸작이 국립 박물관에 있다고 한 것을 모든 작품이 소장되었다고 볼 수는 없으므로 (d)가 정답이다.

take root 뿌리내리다 **decade** 10년 **incorporate** 포함하다, 담아내다 **geometrical** 기하학적인 **intangible** 손에 잡히지 않는, 추상적인 **connection** 연결 **theme** 주제 **masterpiece** 걸작 **house** 보관하다, 소장하다

9

Now, I'd like to talk about Arabic, one of the world's most important and most widely spoken languages. It is spoken in countries from Morocco and Egypt to Saudi Arabia and Yemen. What most people do not realize, however, is that Arabic has many colloquial dialects, which sometimes differ enough to be mutually incomprehensible. Because of this, most educated Arabs must be able to speak both their local dialects and their school-taught standard Arabic. Furthermore, if they are engaged in international business, they typically speak either English or French as well.

Q What can be inferred from the talk?
(a) More people speak Arabic in Africa than in Asia.
(b) Arabic is the most widely spoken language in Asia.
(c) Native Arabic speakers use one dialect around the world.
(d) Many Arab-speaking businesspeople can speak more than one language.

이제 전세계에서 가장 중요하고 널리 쓰이는 언어 중의 하나인 아랍어에 대해 이야기하겠습니다. 아랍어는 모로코와 이집트부터 사우디아라비아와 예멘에 이르기까지 여러 나라에서 사용되고 있습니다. 하지만 대부분의 사람들이 잘 모르는 것은 소통이 되지 않을 정도로 서로 다른 구어 방언이 아랍어에 많다는 사실입니다. 이로 인해 교육을 받은 아랍인들은 지역 방언과 학교에서 가르치는 표준 아랍어를 모두 구사할 수 있어야 합니다. 게다가 해외 업무에 종사하는 이들이라면 일반적으로 영어뿐만 아니라 불어도 사용합니다.

Q 담화로부터 추론할 수 있는 것은?
(a) 아시아보다 아프리카에서 더 많은 사람들이 아랍어를 쓴다.
(b) 아랍어는 아시아에서 가장 널리 쓰이는 언어이다.
(c) 아랍어 원어민 화자들은 세계적으로 하나의 방언을 쓴다.
(d) 많은 아랍어권 사업가들은 두 개 이상의 언어를 구사할 줄 안다.

완전 해설

아랍어 사용에 대한 강의이다. (a)는 추론 근거가 담화에 제시되어 있지 않고, 아랍어는 전세계에서 널리 쓰이는 언어 중의 하나라고 했으므로 (b)도 적절하지 않다. 아랍의 사업가들은 영어 또는 불어를 사용한다고 했으므로 (d)가 정답이다.

Arabic 아랍어 **widely** 널리, 폭넓게 **colloquial** 구어체의 **dialect** 방언 **mutually** 상호적인 **incomprehensible** 이해할 수 없는 **typically** 일반적으로, 보통

10

Legend has it that a 9th-century Ethiopian man named Kaldi was the first person to recognize the energizing effect of the coffee bean plant. He noticed this after his goats ate some coffee beans and could not sleep that night. However, the first evidence of people cultivating coffee for human use goes back to the 13th century. It was Ethiopia's Kefficho People who are credited with this feat. Over the next few centuries, coffee would be exported to every corner of the world.

Q What can be inferred from the lecture?
(a) Goats are probably allergic to coffee beans.
(b) An Ethiopian named Kaldi tried eating coffee beans.
(c) Coffee was exported to other countries in the 12th century.
(d) Mankind might not have known about coffee in the 9th century.

전설에 따르면 9세기 에티오피아의 칼디라는 사람이 커피 나무 열매가 원기를 회복시키는 효과가 있다는 것을 처음으로 발견한 사람이라고 합니다. 그는 자신이 기르는 염소들이 커피 열매를 먹은 후 그날 밤에 잠을 자지 못하는 것을 보고 이 사실을 알았습니다. 하지만 사람들이 음용하기 위해 커피를 재배한 최초의 증거는 13세기로 거슬러 올라갑니다. 이를 이루어낸 것은 에티오피아의 케피초 족이었습니다. 그 후 몇 세기에 걸쳐 커피는 전세계 각지로 수출되었습니다.

Q 강의로부터 추론할 수 있는 것은?
(a) 염소는 아마 커피 원두에 알레르기가 있을 것이다.
(b) 칼디라는 이름의 에티오피아인이 커피 원두를 먹어 보았다.
(c) 커피는 12세기에 다른 나라들로 수출되었다.
(d) 9세기에 인류는 커피에 대해 알지 못했을 수도 있다.

완전 해설

커피의 기원에 대한 담화로 그와 관련된 일화를 소개하고 있다. Legend has it that(전설에 따르면 ~이다)으로 시작하는 문장은 입증된 사실이 아니라는 뜻이므로 (d)가 정답이다. 커피 열매를 먹은 염소의 알레르기에 대한 언급은 없고, 커피 재배의 최초 증거가 13세기에 발견되었다고 했으므로 (a), (c)는 오답이다.

legend has it that ~라고 전해진다 **energizing** 원기를 돋우는 **coffee bean** 커피 원두 **cultivate** 재배하다 **be credited with** ~의 공을 인정받다 **feat** 업적 **allergic to** ~에 알레르기가 있는

UNIT 14 사회과학

청해 기초 완전 정복

Answers → 본책 P 102

1 (a) 2 (b) 3 (c)

1

(a) Now, I'd like to talk about Canada's new Tax-Free Savings Account, a general-purpose savings vehicle. The TFSA allows Canadian citizens to earn tax-free investment income. (b) The TFSA complements existing registered savings plans like the Registered Education Savings Plans. Any Canadian resident who is 18 or older can contribute up to $5,000 a year to a TFSA. (c) What's great about the TFSA is that investment income earned through it is tax-free, while withdrawals from a TFSA are tax-free as well.

(a) 이제 캐나다의 다목적 저축 상품인 새로운 면세 저축 계좌(TFSA)에 대해 알아보겠습니다. 캐나다 국민들은 TFSA로 면세 투자 소득을 올릴 수 있습니다. (b) TFSA는 기존의 저축 방식인 교육 적금(RESP)을 보완한 것입니다. 18세 이상의 캐나다 거주자는 누구든지 TFSA에 연 5천 달러까지 적립할 수 있습니다. (c) TFSA의 좋은 점은 투자 소득이 면세라는 것과 TFSA 인출 역시 면세라는 점입니다.

완전 해설

한 금융 상품에 대해 설명하는 내용으로, 첫 부분의 TFSA라는 저축 상품에 대해 알아보겠다고 언급한 (a)가 주제로 적절하다.

tax-free 면세의 **savings account** 저축 계좌 **general-purpose** 다목적 **vehicle** 수단 **complement** 보완하다 **resident** 거주자 **contribute** 적립하다 **withdrawal** 인출

2

(a) Many of you are probably aware that the Tea Party is gaining momentum in the United States. (b) But did you know that on the weekend of March 27 and 28, 2010 roughly 7,000 Tea Partyers met in Searchlight, Nevada to kick off the group's 42-city bus tour? (c) This was the start of an important event which came just days after President Obama's historic health care legislation was signed into law, a policy that the Tea Party strongly opposes.

(a) 여러분 중 대다수는 조세 저항 단체가 미국에서 세력을 키워가고 있다는 것을 알고 있을 것입니다. (b) 하지만 2010년 3월 27일과 28일 주말에 약 7천 명의 조세 저항 단체원들이 네바다의 서치라이트에서 만나 42개 도시 버스 투어를 시작했다는 사실을 알고 계셨나요? (c) 이는 중요한 사건의 시작으로, 조세 저항 단체가 강력하게 반대하고 있던 오바마 대통령의 역사적인 의료 보험 법안이 제정되고 바로 며칠 후에 일어났습니다.

완전 해설

화자가 소개하려고 하는 사건은 조세 저항 단원들이 주도한 정치적인 의미를 띤 버스 투어로, 주제 문장은 (b)에 제시되어 있다.

Tea Party 조세 저항 단체 **gain momentum** 세력을 얻다 **roughly** 대략 **kick off** 시작하다 **legislation** 입법 **sign A into law** A를 법률로 제정하다 **oppose** 반대하다

3

While many of you are probably aware that helping others is a form of selflessness, there is little doubt that it benefits the person helping out as well. Over the years, social scientists have determined a number of ways that charitable behavior can lead to benefits for the giver, whether economically through tax breaks; whether socially through increasing one's social status; or whether psychologically through a feeling of euphoria that accompanies a supposed "selfless" act.

Q What can be inferred from the lecture?

(a) Charitable acts cannot make the givers happy at all.
(b) Satisfaction only comes from helping others.
(c) Selfless acts are not entirely selfless.
(d) Self-interests rarely motivate people.

여러분들 중 많은 수가 다른 사람들을 돕는 것은 일종의 이타심이라고 생각하겠지만 그 행위가 돕는 사람 자신에게도 이득이 된다는 사실에는 의심의 여지가 없습니다. 지난 몇 년 동안 사회 과학자들은 자선 행위가 행위자 자신에게 도움이 되는 몇 가지 방법을 규정했는데, 경제적으로는 세금 우대 조치, 사회적으로는 개인의 사회적 지위 향상, 또는 심리적으로는 이른바 '이타적인' 행위를 수반하는 행복한 감정을 통해서입니다.

Q 강의 내용으로부터 추론할 수 있는 것은?

(a) 자선 행위는 베푸는 사람을 전혀 행복하게 만들지 않는다.
(b) 만족은 다른 사람을 돕는 것으로부터만 온다.
(c) 이타적 행위가 전적으로 이타적인 것만은 아니다.
(d) 개인의 이익은 좀처럼 사람들에게 동기를 부여하지 못한다.

완전 해설

이타심에 대해 고찰하고 있는 강의로, 요지는 타인을 돕는 행위가 궁극적으로는 스스로에게도 도움이 된다는 것이므로 정답은 (c)이다.

selflessness 이타심 **charitable** 자선의 **tax break** 세금 우대 조치 **social status** 사회적 지위 **euphoria** 행복감 **accompany** 수반하다 **self-interest** 이기심

TEPS Listening Practices

Answers

⇒ 본책 P 103

1 (a)	2 (d)	3 (b)	4 (b)	5 (c)	6 (d)	7 (d)	8 (d)	9 (b)	10 (b)

1

Childhood obesity has become a huge problem. Children need to learn about more nutritious food. Programs like the Growing Classroom help connect students to the food they eat every day. They grow their own vegetables and learn to care about the environment. They eventually farm and cook with the ingredients they grow. Studies show that children are more likely to consume something when they've helped to make it. We need to reduce the amount of junk food kids eat and get them to make better dietary choices.

Q What is the speaker mainly talking about?
(a) A school program encouraging children to eat healthy.
(b) Relation between obesity and fast food in society.
(c) How to eliminate junk food from school cafeteria.
(d) Farming the food people eat themselves.

아동 비만은 심각한 문제가 되었습니다. 어린이들은 좀 더 영양가 있는 음식에 대해 알아야 합니다. 그로잉 클래스룸과 같은 프로그램은 학생들이 매일 먹는 음식과 스스로 더 친숙해지도록 돕습니다. 학생들은 스스로 먹을 채소를 가꾸고 환경을 돌보는 법을 배우게 됩니다. 그리고 스스로 가꾼 식재료를 수확하고 요리합니다. 연구에 따르면 학생들은 스스로 만드는 과정에 참여한 음식을 더 잘 먹는 경향이 있다고 합니다. 우리는 아이들이 먹는 인스턴트 식품의 양을 줄이고 좀 더 현명하게 음식을 고를 수 있도록 도와줘야 합니다.

Q 화자가 주로 이야기하고 있는 것은?
(a) 어린이들이 건강한 식생활을 하도록 장려하는 학교 프로그램.
(b) 사회에서 비만과 패스트푸드의 관계.
(c) 학교 식당에서 인스턴트 식품을 없애는 방법.
(d) 스스로 먹을 음식을 경작하는 것.

완전 해설

화자는 먼저 아동 비만의 심각성과 식단 교육의 필요성을 말한 다음, 학교에서 진행하고 있는 프로그램인 그로잉 클래스룸에 대해 자세히 설명하고 있다. 따라서 전체를 포괄하는 (a)가 정답이다.

obesity 비만 **nutritious** 영양이 풍부한 **connect** 연결시키다 **vegetable** 채소 **farm** 경작하다 **ingredient** 재료 **consume** 섭취하다, 소비하다 **junk food** 정크푸드(열량이 높고 영양가 없는 인스턴트 음식) **dietary** 식사의 **eliminate** 제거하다

2

Now, I'd like to talk about distance learning. It started in the early 19th century with correspondence classes but has really evolved over the last century with the development of new media, especially with the advent of computers and the Internet. The Internet has had the most profound impact on distance education, as students are now able to read and respond to all correspondence. This allows them to learn as much from each other as from the instructor.

Q What is the main idea of the talk?
(a) Distance education is now available for everyone.
(b) Internet courses are popular among the younger generation.
(c) Students can learn from someone other than the teacher.
(d) The advent of new media influenced distance learning greatly.

이제 원격 학습에 대해 이야기해 보겠습니다. 원격 학습은 19세기 초반 통신 강좌와 함께 시작되었지만 지난 세기 새로운 매체, 특히 컴퓨터와 인터넷이 도래하면서 확실히 진화했습니다. 인터넷은 학생들이 모든 서신을 읽고 응답할 수 있도록 해줌으로써 원격 학습에 가장 큰 영향을 미쳤습니다. 이를 통해 학습자들은 강사뿐만 아니라 서로 간에 배울 수 있게 되었습니다.

Q 담화의 주제는?
(a) 이제 원격 교육은 누구나 이용할 수 있다.
(b) 인터넷 강좌는 젊은 층에게 인기가 있다.
(c) 학생들은 이제 교사가 아닌 다른 사람으로부터 배울 수 있다.
(d) 새로운 매체의 등장이 원격 교육에 큰 영향을 미쳤다.

완전 해설

인터넷이라는 새로운 매체가 원격 학습에 영향을 준 것에 대해 주로 이야기하고 있으므로 주제는 (d)이다. (a), (b)는 담화에서 직접 제시되지 않았고, (c)는 맞는 내용이긴 하지만 전체 주제로 보기에는 지엽적이다. 이처럼 직접 언급되지 않고 상식에 근거한 내용이 오답으로 나오는 경우가 있으므로 주의한다.

distance learning 원격 학습 **correspondence** 서신, 통신 **evolve** 진화하다 **with the advent of** ~가 도래하면서 **profound** 심대한 **instructor** 강사, 교관 **available** 이용 가능한

3

Although it had a negative effect at the time, the Asian Financial Crisis provided some tangible and very useful information to economists about currency trading and the management of national accounts. The crisis was basically a series of currency devaluations that spread through many Asian markets beginning in the summer of 1997. The currency markets first failed in Thailand, with currency declines spreading rapidly throughout South Asia. Indonesia and South Korea both had their economies severely affected by the financial crisis, too.

Q What is the lecture mainly about?
(a) The Asian Financial Crisis destabilizing stock markets.
(b) A financial crisis started from currency devaluations.
(c) Reasons for weak currency markets in Thailand.
(d) The impact of a financial crisis on South Asia.

당시에는 부정적 영향을 미쳤지만 아시아 금융 위기는 경제학자들에게 오환 거래와 국가 계정 관리에 대한 몇 가지 실제적이고 매우 유용한 정보를 제공하였습니다. 위기는 기본적으로 1997년 여름에 시작되어 여러 아시아 시장에 퍼진 일련의 평가절하 현상이었습니다. 통화 시장이 태국에서 처음 붕괴하자, 남아시아 전역으로 통화 하락이 급속하게 퍼졌습니다. 인도네시아와 한국 경제 또한 금융 위기의 심각한 타격을 받았습니다.

Q 주로 무엇에 관한 강의인가?
(a) 주식 시장을 불안정에 빠뜨린 아시아 금융 위기.
(b) 통화 가치 평가절하에서 비롯된 금융 위기.
(c) 태국의 통화 시장이 취약한 이유.
(d) 남아시아에 미친 금융 위기의 영향.

완전 해설

아시아의 금융 위기를 소개하는 글로, 기본적으로 통화의 평가절하가 계속되면서 남아시아 지역까지 파급되었다고 했다. 이어지는 내용은 지역 및 파급 효과 등의 세부 내용이므로 전체 주제로는 (b)가 적절하다. 주식 시장에 대해서는 언급되지 않았으므로 (a)는 맞지 않고, 영향보다는 전개 과정에 초점이 맞춰져 있으므로 (d) 역시 답으로 보기 어렵다.

tangible 실체가 있는, 유형의 **currency trading** 통화 거래 **account** 계정, 계좌 **devaluation** (통화 가치의) 절하 **severely** 심하게 **destabilize** 불안정하게 만들다 **impact** 영향

4

A recent report in a prestigious journal caused a stir in the weight loss community. It added more evidence that goes against conventional thinking when it comes to obesity and weight loss. The study is not conclusive yet as it was small and the findings will need to be replicated. Still, it does lend more credibility to the very sobering possibility that despite our best efforts, once we become fat, most of us will in all likelihood stay fat.

Q What is the lecture mainly about?
(a) The pointlessness of dieting to lose weight.
(b) A new report about obesity and weight loss.
(c) A way to lose weight without going on a diet.
(d) An encouraging finding about exercise and appetite.

유수 저널에 실린 최근의 한 보고서가 체중 감량 업계에 논란을 일으켰습니다. 보고서는 비만과 체중 감량에 대한 일반적인 생각과 상반되는 증거를 추가로 제시하였습니다. 연구가 소규모였고 결과는 재검증되어야 하므로 아직 확정적인 것은 아닙니다. 하지만 연구는 아무리 노력해도 한번 뚱뚱해지면 계속 그 상태로 남을 가능성이 많다는 냉정한 현실에 더욱 무게를 실어주고 있습니다.

Q 주로 무엇에 관한 강의인가?
(a) 체중 감량을 위한 다이어트의 무의미함.
(b) 비만과 체중 감량에 대한 새로운 보고서.
(c) 다이어트 없이 체중을 감량하는 방법.
(d) 운동과 식욕에 대한 고무적인 발견.

완전 해설

비만과 체중 감량에 대한 새로운 보고서가 발표되었는데 이는 기존의 관념과 상반되며, 인위적인 노력이 체중 감량에 크게 도움이 되지 않는다는 것이 주된 내용이다. 첫 문장에서도 보고서가 체중 감량 업계에 논란을 일으켰다고 했으므로 (b)가 정답이다.

prestigious 유수의, 권위 있는 **cause a stir** 논란을 일으키다 **weight loss** 체중 감량 **conventional** 종래의, 관습적인 **obesity** 비만 **conclusive** 결론적인 **replicate** 복제하다; 되풀이하다 **credibility** 신뢰도 **sobering** 냉정한, 심각하게 만드는 **in all likelihood** 아마, 십중팔구 **pointlessness** 무의미함 **encouraging** 고무적인 **appetite** 식욕

5

In Brazil, a retired circus chimpanzee has become the Picasso of simians. The 26-year-old chimpanzee, Jimmy, is drawing huge crowds to a Brazilian zoo to watch him paint. Much to everyone's surprise, Jimmy has been creating beautiful works of art every day for the three weeks he has been at Rio de Janeiro's Niteroi Zoo. For at least 30 minutes a day, Jimmy has been carefully dipping his brush into plastic paint containers before using bold brushstrokes to produce his art.

Q What is Jimmy doing to impress people these days?
(a) Sculpting with clay.
(b) Performing circus tricks.
(c) Painting beautiful pictures.
(d) Speaking with visitors to the zoo.

브라질에서 은퇴한 한 서커스 침팬지가 유인원계의 피카소가 되었습니다. 26살의 침팬지 지미가 그림 그리는 것을 보기 위해 엄청난 인파가 브라질의 한 동물원으로 몰려들고 있습니다. 놀랍게도 지미는 리우데자네이루의 니테로이 동물원에 있는 3주 동안 아름다운 예술 작품을 매일 만들어 내고 있습니다. 지미는 적어도 하루에 30분씩 플라스틱 물감통에 붓을 조심히 담갔다가 대담한 붓놀림으로 작품을 만들어 내고 있습니다.

Q 요즘 지미는 무슨 일로 사람들에게 깊은 인상을 주고 있는가?
(a) 점토로 조각하기.
(b) 서커스 묘기 부리기.
(c) 아름다운 그림 그리기.
(d) 동물원 방문객들과 이야기하기.

완전 해설

동물원의 한 특별한 침팬지에 대한 내용이다. 담화 뒷부분에서 지미가 하는 행위가 자세히 묘사되어 있는데, 물감통에 붓을 찍어 만들어 내는 작품은 그림을 그리는 행위일 것이므로 (c)가 정답이다. 서커스 출신의 침팬지이지만 묘기에 대해서는 언급되지 않았으므로 (b)는 적절하지 않다.

simian 유인원 **draw huge crowds** 엄청난 인파를 끌다 **to one's surprise** 놀랍게도 **dip** 담그다, 적시다 **bold** 대담한, 굵은 **brushstroke** 붓놀림 **sculpt** 조각하다 **clay** 점토, 찰흙

6

In my last talk, I covered Canada, another constitutional monarchy, but today I'd like to look at Monaco, which has been governed as a constitutional monarchy since 1911. In Monaco, the hereditary prince, who is today Prince Rainier III, is the head of state. Unlike other European monarchies, Monaco's sovereign is the actual—and not symbolic—head of state. The sovereign represents Monaco in its foreign relations and signs and ratifies treaties.

Q Which is correct according to the lecture?
(a) Other countries do not have foreign relations with Monaco.
(b) The only constitutional monarchy in the world is in Canada.
(c) European monarchies are all relatively the same.
(d) Monaco's head of state is its actual leader.

지난번에 저는 또 하나의 입헌군주국인 캐나다를 다뤘습니다. 오늘은 1911년 이래로 입헌군주국으로 통치되고 있는 국가인 모나코를 살펴보겠습니다. 모나코에서는 현재 레니에 3세인 황태자가 국가의 수반입니다. 다른 유럽의 군주국들과는 달리 모나코의 군주는 상징적이지 않은 실제적 국가 원수입니다. 국가의 수반은 외교 관계에서 모나코를 대표하며 조약에 서명하고 비준합니다.

Q 강의에 따르면 옳은 것은?
(a) 다른 국가들은 모나코와 외교 관계가 없다.
(b) 전세계에서 유일한 입헌군주국은 캐나다이다.
(c) 유럽의 군주국들은 비교적 모두 같다.
(d) 모나코의 국가 수반은 실질적인 지도자이다.

완전 해설

강의의 주제는 입헌군주국인 모나코 군주의 특징이다. 모나코의 국가 수반은 실제적인 국가 원수라고 했으므로 (d)가 정답이다. 국가 수반이 외교 관계에서 국가를 대표한다고 했으므로 (a)는 맞지 않고, 캐나다는 모나코와 함께 입헌군주국 중의 하나로 소개되었으며, 다른 유럽 군주국들과 모나코의 차이점이 언급되었으므로 (b)와 (c)는 담화 내용과 어긋난다.

constitutional 헌법의, 입헌의 **monarchy** 군주국 **govern** 통치하다 **hereditary** 세습의 **head of state** 국가 수반 **sovereign** 원수, 주권자 **represent** 대표하다 **foreign relations** 외교 관계 **ratify** 비준하다 **treaty** 조약

7

Osama bin Laden was killed on May 2, 2011 in his Abbottabad, Pakistan hideout after a firefight with American Navy SEALs and CIA paramilitary forces. After the team returned to Afghanistan with bin Laden's body, they encountered a new problem. Islamic tradition calls for a body to be buried within 24 hours, but finding a country willing to accept the remains of the world's most wanted terrorist would have been difficult, so bin Laden was buried at sea.

Q Which is correct according to the talk?
(a) The squad returned home after the operation.
(b) The Afghanistan government executed bin Laden.
(c) Osama bin Laden was buried in an Islamic country.
(d) Islamic people need to be buried within a day after dying.

오사마 빈 라덴은 2011년 5월 2일 파키스탄 아보타바드의 은신처에서 미국 해군 특수부대 네이비 실과 CIA의 준군사 부대와의 총격전 끝에 사살되었습니다. 대원들은 빈 라덴의 시신과 함께 아프가니스탄으로 돌아간 후 새로운 문제에 봉착하였습니다. 이슬람 전통에 따르면 시신은 24시간 내에 매장되어야 하는데, 전세계에서 지명 수배 중이었던 테러리스트의 유해를 기꺼이 받아주려는 나라를 찾기 어려웠기 때문입니다. 결국 빈 라덴은 바다에 수장되었습니다.

Q 담화에 따르면 옳은 것은?
(a) 분대는 작전 후 본국으로 돌아갔다.
(b) 아프가니스탄 정부는 빈 라덴을 처형하였다.
(c) 오사마 빈 라덴은 이슬람 국가에 매장되었다.
(d) 이슬람인들은 사망 후 하루 이내에 매장되어야 한다.

완전 해설

오사마 빈 라덴의 사살에 따른 시신 처리 문제에 대한 내용이다. 세부 사항을 비교해 보면 작전 후 대원들은 아프가니스탄으로 돌아갔고 빈 라덴은 수장되었다고 했으므로 (a), (c)는 맞지 않고, 빈 라덴은 미군들에 의해 사살된 것이므로 (b)도 오답이다. 이슬람 전통에 따르면 시신은 24시간 이내에 매장되어야 한다고 했으므로 (d)가 정답이다.

hideout 은신처 **firefight** 총격전 **paramilitary** 준군사 조직의 **forces** 병력 **encounter** 맞닥뜨리다 **remains** 유해 **most wanted** 지명 수배된 **be buried at sea** 수장되다 **squad** (군대의) 분대 **execute** 처형하다

8

The ancient Greeks are credited with having the world's first democracy over 2,400 years ago. Each year, 500 citizens were chosen from a list containing everyone's name in Athens. Those 500 citizens had to serve for one year as the lawmakers of ancient Athens. In addition, every citizen of Athens was required to vote on any new law that this body of 500 citizens created. The only catch was that women, children and slaves were not considered "citizens" and could therefore not vote.

Q Which is correct according to the lecture?
(a) All the power in ancient Athens was held by a small group of people.
(b) Women could not become a lawmaker but had a right to vote.
(c) Democracy was not truly realized until the 20th century.
(d) The world's earliest democracy was in Athens.

고대 그리스인들은 2천 4백여 년 전에 세계 최초의 민주주의를 가지고 있었습니다. 매년 아테네 모든 시민의 명단으로부터 500명이 선택되었습니다. 이 500명은 1년 동안 고대 아테네의 국회의원으로 재임해야 했습니다. 또한 아테네의 모든 시민은 이 500명의 시민단이 만든 새로운 법률에 대해 투표를 할 의무가 있었습니다. 유일한 문제점은 여성, 아이들, 노예는 '시민'으로 간주되지 않아 투표를 할 수 없었다는 사실입니다.

Q 강의에 따르면 옳은 것은?
(a) 고대 아테네의 모든 권력은 소수의 사람들이 장악하고 있었다.
(b) 여자들은 의원이 될 수는 없었지만 투표권은 있었다.
(c) 민주주의는 20세기까지 진정으로 실현되지 않았다.
(d) 세계 최초의 민주주의는 아테네에서 시작되었다.

완전 해설

고대 그리스 아테네의 민주정치에 대해 소개하는 글로, 도입부에서 최초의 민주주의가 고대 그리스에 존재했다고 했으므로 (d)가 정답이다. 여자들은 의원이 될 수도, 투표를 할 수도 없다고 했으므로 (b)는 오답이고, 고대 아테네에서 실현되었던 최초의 민주주의를 소개하고 있으므로 (c)도 맞지 않다.

ancient 고대의 **be credited with** ~의 공로가 인정되다 **democracy** 민주주의 **citizen** 시민 **lawmaker** 의원, 입법가 **vote on** (법안에) 투표하다 **catch** 문제점, 함정

9

Today, the Internet is more "real" than the real world for a growing number of people. As in-person meetings are replaced by online interactions, people's health is starting to suffer. In fact, a new study found people who spend a lot of time on the Internet are more likely to show signs of low self-esteem and depression. It did not matter whether they play games or chat online. What the researchers were unable to determine was how Internet use and depression interact.

Q What can be inferred from the talk?

(a) Low self-esteem and depression are the first two signs of Internet addiction.

(b) It is healthier to spend more time with others in person than online.

(c) More people meet their partner online today than in person.

(d) Online chats have completely replaced in-person conversations.

오늘날 점점 더 많은 사람들에게 인터넷은 실제 세계보다 더 '현실적인' 것이 되고 있습니다. 직접적인 만남이 온라인 대화로 대체되면서 사람들의 건강이 악화되고 있습니다. 실제로 한 연구에 따르면 인터넷에서 많은 시간을 보내는 사람들은 자존감이 낮거나 우울증에 더 잘 걸리는 것으로 나타났습니다. 게임을 하는지, 온라인 채팅을 하는지는 결과와 상관이 없었습니다. 연구자들이 밝혀내지 못한 것은 인터넷 사용과 우울증이 어떤 식으로 서로 작용하는지에 대한 점이었습니다.

Q 담화로부터 추론할 수 있는 것은?

(a) 낮은 자존감과 우울증은 인터넷 중독의 초기에 나타나는 두 가지 신호이다.

(b) 온라인보다는 다른 사람들과 직접 대면하여 많은 시간을 보내는 것이 건강에 더 좋다.

(c) 요즘은 직접 만나는 것보다 온라인을 통해서 배우자를 만나는 사람들이 더 많다.

(d) 온라인 채팅이 직접 만나서 하는 대화를 완전히 대체해 버렸다.

완전 해설

직접적인 만남이 온라인 대화로 대체되면서 사람들의 건강이 악화되고 있다고 했으므로 (b)가 정답이다. 인터넷 사용 시간이 긴 사람에게 낮은 자존감과 우울증이 더 나타나는 경향이 높다고 했지만 이를 인터넷 중독의 첫 신호라고 보기는 어려우므로 (a)는 맞지 않고, (c)는 언급되지 않았으며, (d)는 지나친 비약이다.

in-person 직접의, 대면의 **replace** 대체하다 **interaction** 상호작용 **show signs of** ~의 증상을 보이다 **self-esteem** 자존감 **depression** 우울증 **researcher** 연구자 **addiction** 중독

10

Treasury bills, or T-bills for short, are a short-term debt obligation backed by the American government with a maturity of less than one year, most commonly for 4 weeks, 13 weeks or 26 weeks. They do not pay interest prior to maturity; instead they are sold at a discount to create a positive yield to maturity. For example, someone who buys a 13-week T-bill priced at $9,800 will essentially receive an IOU from the U.S. government for $10,000 that it agrees to pay back in three months.

Q What can be inferred about T-bills?

(a) They can only be purchased by Americans.

(b) There are more than three maturity periods.

(c) They have an interest rate much lower than banks.

(d) They can be converted into a long-term debt obligation.

재무부 증권, 줄여서 T-bills는 미국 정부가 발행하는 만기 1년 이하의 단기 채권으로, 보통 4주, 13주, 또는 26주짜리입니다. 재무부 증권은 만기 전에 이자를 지급하지 않고, 대신 할인가로 판매되어 만기 시 수익이 발생하게 됩니다. 예를 들어, 만기 13주짜리 재무부 증권을 9천 8백 달러에 사는 사람은 실질적으로 미 정부로부터 3개월 후 1만 달러를 받는다는 차용증서를 받는 것과 같습니다.

Q 재무부 증권에 대해 추론할 수 있는 것은?

(a) 미국인만 구매할 수 있다.

(b) 세 가지 이상의 만기 기간 종류가 있다.

(c) 은행보다 이자율이 훨씬 낮다.

(d) 장기 채권으로 전환할 수 있다.

완전 해설

재무부 증권이 보통 4주, 13주, 또는 26주 만기로 발행된다고 했으므로 (b)가 정답이다. 구매 자격이나 이자율, 장기 채권 전환 가능 여부에 대해서는 언급되지 않았으므로 나머지 선택지는 모두 맞지 않다.

Treasury bills 재무부 증권(T-bills) **debt obligation** 채무, 증권 **back** 후원하다 **maturity** 만기 **pay interest** 이자를 지급하다 **yield** 수익 **IOU** 차용증서 **convert** 전환하다

UNIT 15 자연과학

청해 기초 완전 정복

Answers ⇒ 본책 P 108

1 (b) 2 (a) 3 (b)

1

(a) Many of you in this class are probably aware that age-related macular degeneration (AMD) is the leading cause of blindness in people over fifty. (b) And while there is no cure for AMD, there are two treatments for it which reduce the impact that macular degeneration has on one's sight. (c) Traditionally, the two drugs used to treat AMD have been Avastin and Lucentis, and scientists now say there may not be any difference in the efficacy of the two drugs.

(a) 대다수 학생 여러분은 아마 노화에 따른 시력 감퇴가 50세 이상의 가장 큰 실명 원인이라는 사실을 알고 있을 것입니다. (b) 그리고 AMD의 치료법은 없지만 시력 감퇴가 시력 자체에 미치는 영향을 줄이는 두 가지 처치가 있습니다. (c) 전통적으로 AMD를 치료하는 데 사용되는 두 가지 의약품은 아바스틴과 루센티스인데, 과학자들은 이 두 약품의 약효에 아무 차이가 없을지도 모른다고 말합니다.

완전 해설

(a)는 주제로 들어가기 위한 도입부이고, (b)에서 주제를 밝혔으며, (c)는 주제에 대한 구체적 정보를 추가하고 있다.

macular degeneration 시력 감퇴 **leading** 주요한
blindness 실명 **sight** 시력, 시야 **efficacy** 효과

2

(a) Today, we're going to examine the mystery of where all the water on Mars went. Evidence points to the fact that billions of years ago Mars may have actually had oceans. (b) Indeed, during its great variations in tilt, ice may have extended down to the tropics. (c) Both the European Space Agency's Mars Express probe and NASA's Phoenix lander and Mars Reconnaissance Orbiter have found evidence of the existence of ice below the surface.

(a) 오늘은 화성의 물이 모두 어디로 사라졌는지 그 수수께끼에 대해 살펴보겠습니다. 수십 억 년 전 화성에는 실제로 대양이 있었을 것이라는 증거가 있습니다. (b) 실제로, 화성의 기울기가 다양하게 변하는 과정에서 얼음이 적도 쪽까지 확장되었을 수도 있습니다. (c) 유럽 우주항공국의 화성 궤도 무인 탐사선과 NASA의 피닉스 착륙선 및 화성 탐사 위성은 지표 아래 얼음이 있다는 증거를 발견하였습니다.

완전 해설

서두에서 we're going to examine으로 주제를 제시하고 있으므로 (a)가 주제문이다.

3

Today, we will discuss what researchers at the University of North Carolina identified as a compound that could drastically reduce toxic side effects of irinotecan, a widely used cancer drug. The research could improve drug tolerance and anticancer treatment among cancer patients. Cancer patients have been taking irinotecan, or CPT-11, for years, but many suffer severe side effects, such as diarrhea, especially when taking heavy doses. Tests have now begun on patients and if proven successful this breakthrough could benefit millions of people, most notably those with colon cancer.

Q What can be inferred from the talk?

(a) Millions of people have died after taking heavy doses of CPT-11.

(b) The breakthrough might lessen diarrhea in people taking CPT-11.

(c) Researchers in the U.S. might have found a cure for colon cancer.

(d) Irinotecan is a harmless drug that does not battle cancer very well.

오늘은 노스캐롤라이나 대학의 연구진이 발견한 널리 쓰이는 암 치료제 이리노테칸의 유해한 부작용을 급격히 줄일 수 있는 화합물에 대해 이야기할 것입니다. 연구는 암 환자들 사이에서 약의 내성과 항암 치료를 개선해 줄 것입니다. 암 환자들은 수년간 이리노테칸 또는 CPT-11을 복용해 왔지만, 특히 다량 복용할 때 많은 사람들이 설사 등의 심한 부작용을 겪었습니다. 이제 환자들을 대상으로 테스트가 시작되었고 만일 성공한다면 수백만의 사람들, 특히 대장암 환자들에게 큰 도움이 될 것입니다.

Q 담화로부터 추론할 수 있는 것은?

(a) 수백만 명의 사람들이 CPT-11을 다량 복용하고 사망했다.

(b) 이 연구 성과는 CPT-11 복용 환자들의 설사를 완화시킬 수도 있다.

(c) 미국 연구원들이 대장암 치료제를 발견했을 수 있다.

(d) 이리노테칸은 암 투병에 큰 효과가 없는 무해한 약이다.

완전 해설

암 치료제 이리노테칸의 부작용을 줄이는 화합물에 대한 내용이다. 이리노테칸과 함께 언급된 CTP-11의 부작용 중 하나인 설사를 완화시켜 줄 것으로 기대된다고 했으므로 (b)가 정답이다.

compound 화합물 **drastically** 급격히 **toxic** 유독한
side effect 부작용 **improve** 개선시키다 **tolerance** 내성
anticancer treatment 항암 치료 **diarrhea** 설사 **dose** 복용량 **breakthrough** 돌파구, 중대한 발견 **colon** (대)장
lessen 완화하다, 줄이다 **battle** 싸우다

Answers

→ 본책 P 109

1 (c) 2 (a) 3 (c) 4 (d) 5 (d) 6 (d) 7 (a) 8 (a) 9 (d) 10 (d)

1

You might wonder why some birds have such beautiful feathers. After all, doesn't it make them more vulnerable to the attack of predators? In fact, these fancy feathers help it find a mate. Male houbara bustards, for example, use their beautiful feathers to attract females, and the one with the most beautiful tail will become the father of lots of young and pass along its genes. Over generations, this kind of bird's tail gets fancier and more colorful. Likewise, male musk deer use their tusks to fight each other. The winner gets the female. Over time its tusks get tougher and sharper.

Q What is the main idea of the lecture?
(a) All species of animals become stronger over time.
(b) Beauty can win out over strength in some cases.
(c) Only the strongest and most beautiful survive.
(d) Birds of the same feathers attract each other.

많은 사람들은 일부 새들이 왜 그토록 아름다운 깃털을 가졌는지 궁금할지도 모릅니다. 결국 그 깃털이 포식자들의 공격에 더 취약하게 만드는 것이 아닐까요? 사실 이 화려한 깃털은 그들이 짝을 찾는 데 도움을 줍니다. 예를 들면 수컷 후바라 버스타드 새는 암컷을 유인하는 데 아름다운 깃털을 이용하며, 가장 아름다운 꼬리깃을 가진 수컷은 많은 새끼들을 가져 자기 유전자를 퍼뜨릴 수 있습니다. 세대가 거듭되면서 이런 새의 꼬리깃은 점점 더 화려해지고 색상은 다채로워집니다. 마찬가지로 사향노루 수컷은 서로 싸우는 데 엄니를 이용합니다. 승자가 암컷을 차지합니다. 시간이 흐르면서 엄니는 더 튼튼해지고 날카로워집니다.

Q 강의의 주제는?
(a) 모든 종의 동물들은 시간이 흐르면 더 강해진다.
(b) 어떤 경우에는 아름다움이 힘을 이긴다.
(c) 가장 강하고 아름다운 자들만이 살아남는다.
(d) 같은 깃털을 가진 새들은 서로에게 이끌린다.

완전 해설
동물들이 경쟁을 통해 짝을 차지하는 기제에 대한 내용이다. 후바라 버스타드라는 새는 아름다운 깃털로, 사향노루는 강한 엄니를 이용하여 암컷을 차지해 세대를 이어간다고 했으므로 주제로는 (c)가 적절하다.
vulnerable 취약한 **predator** 포식자 **fancy** 화려한, 멋진 **mate** 짝, 배우자 **houbara bustard** 후바라 버스타드(남반구 사막지대에 사는 새) **pass along** 물려주다 **musk deer** 사향노루 **tusk** 엄니(송곳니가 발달한 것)

2

How big is the universe? The measurement used to determine the distance of objects very far away is called a light year. A light year is the distance that an unobstructed ray of light travels in a single year, which is approximately 9.46 trillion kilometers. Although light is the fastest way of transferring information, it is theoretically unattainable for any physical object. Thus, the only way to understand how big the universe is would be to observe light from as far as we can.

Q What is the lecture mainly about?
(a) Figuring out the size of the universe.
(b) Determining the origins of the universe.
(c) Understanding the physics of the speed of light.
(d) Explaining how the universe is technically expanding.

우주는 얼마나 클까요? 멀리 떨어져 있는 물체 간의 거리를 재는 데 사용되는 단위는 광년입니다. 1광년은 빛이 방해받지 않고 일년 동안 도달할 수 있는 거리로 약 9조 4천 6백 억 킬로미터입니다. 빛이 정보를 가장 빠르게 전달하는 방법이기는 하지만 이론적으로는 어떤 물리적 개체도 도달할 수 없는 속도입니다. 따라서 우주가 얼마나 큰지를 이해할 수 있는 유일한 길은 가능한 한 가장 먼 곳에서 빛을 관찰하는 것입니다.

Q 주로 무엇에 관한 강의인가?
(a) 우주의 크기 알아보기.
(b) 우주의 기원 규정하기.
(c) 빛의 속도 물리학 이해하기.
(d) 우주가 기술적으로 어떻게 팽창하는지 설명하기.

완전 해설
강의의 주제는 서두의 질문에 잘 드러나 있다. 이어지는 내용은 모두 우주의 크기를 알아내기 위한 방법과 개념 설명이므로 (a)가 주제로 알맞다. (b)와 (d)는 직접 언급되지 않았고, (c)는 관련되어 있기는 하지만 전체 주제로 보기는 어렵다.
universe 우주 **measurement** 측정 **object** 물체 **light year** 광년 **unobstructed** 방해받지 않는 **approximately** 대략, 어림잡아 **trillion** 조 **transfer** 전송하다 **theoretically** 이론적으로 **unattainable** 구할 수 없는 **observe** 관찰하다 **figure out** 알아내다 **determine** 결정하다 **origin** 기원 **physics** 물리학 **expand** 확장하다

3

One recent study has found that cellphone users in Europe and many other parts of the world may be susceptible to having their personal voice mail hacked—and perhaps even worse—due to outdated mobile network security. Karsten Nohl, a Berlin-based mobile security expert, looked at more than 30 mobile operators in both developed and developing nations. Surprisingly, he found that many cell phone operators provided weak defenses to protect consumers from illicit surveillance and identity theft.

Q What is the lecture mainly about?
(a) The increased use of mobile phones recently.
(b) Europe's trouble with protecting people's privacy.
(c) Cell phone vulnerability to hacking and security breaches.
(d) Poor mobile security in developing countries around the world.

최근 한 연구에 따르면 구식의 모바일 네트워크 보안 때문에 유럽과 다른 국가의 휴대 전화 사용자들이 개인 음성 메일을 해킹당하거나 그보다 더 심한 피해를 입을 수 있다고 합니다. 베를린의 모바일 보안 전문가 카르스텐 놀은 선진국과 개발도상국에서 30개 이상의 이동 전화 사업자를 연구하였습니다. 놀랍게도, 그는 많은 이동 전화 사업자들이 불법 감시나 신분 도용으로부터 소비자들을 보호하는 데 취약한 방어 수단을 제공하고 있다는 사실을 발견했습니다.

Q 주로 무엇에 관한 강의인가?
(a) 최근 늘어나는 이동 전화 사용.
(b) 유럽의 개인 사생활 보호의 어려움.
(c) 해킹과 보안 침해에 대한 휴대 전화의 취약성.
(d) 전세계 개발도상국의 취약한 모바일 보안.

완전 해설

이동 통신망 보안과 관련된 연구 결과를 소개하고 있다. 유럽과 다른 지역, 선진국과 개도국을 막론한 광범위한 지역의 통신 사업자를 자료로 보안의 취약성에 대해 이야기하고 있으므로 전체를 아우르는 내용은 (c)이다. 유럽 전체의 사생활 보호 문제라는 것은 지나친 비약이고, 선진국도 대상으로 포함되었으므로 (b), (d)는 오답이다.

susceptible 영향을 받기 쉬운, 취약한 **hack** 해킹하다 **outdated** 구식의, 낡은 **mobile operator** 이동 통신 사업자 **expert** 전문가 **developed nation** 선진국 **developing nation** 개발도상국 **defense** 방어 **illicit** 불법의 **surveillance** 감시 **identity theft** 신분 도용 **vulnerability** 취약함 **security breach** 보안 침해

4

While there was a steady decline in tooth decay in American children for about 40 years or so, that has been changing recently. In fact, the number of cavities of American children has gone up 28 percent over the last eight years. Today, kids will have at least one cavity by the time they reach grade two. One thing boys and girls can do to stop this trend is to drink a mixture of unsweetened cranberry juice and water on a regular basis.

Q What is the speaker's main point?
(a) There is nothing children can do to fight cavities.
(b) American children have fewer cavities than ever these days.
(c) Most American children will have several cavities by grade two.
(d) American kids have been getting more cavities in the last eight years.

40여 년간 미국 아동들의 충치가 꾸준히 감소해 오고 있었는데 그 추세가 최근에 변했습니다. 실제로, 미국 아동의 충치는 지난 8년간 28% 증가했습니다. 요즘 어린이들은 2학년이 될 무렵에 적어도 한 개의 충치를 갖게 됩니다. 이 경향을 막기 위해 아이들이 할 수 있는 한 가지는 무가당 크랜베리 주스와 물을 섞은 것을 정기적으로 마시는 것입니다.

Q 화자의 요지는?
(a) 어린이들이 충치와 싸우기 위해 할 수 있는 일은 없다.
(b) 오늘날 미국의 어린이들은 그 어느 때보다 충치가 더 적다.
(c) 대부분의 미국 어린이들은 2학년 때까지 충치를 몇 개씩 갖게 된다.
(d) 지난 8년 동안 미국 어린이들의 충치가 더 늘어나고 있다.

완전 해설

미국 아동들의 충치 현황에 대한 보고이다. 과거에는 충치가 줄어들다가 최근 몇 년 사이 늘어나고 있다고 했으므로 전체 요지로는 (d)가 적절하다. 충치 예방법이 강의 마지막에 소개되고 있으므로 (a)는 오답이고, 충치가 다시 증가하는 추세라고 했으므로 요즘 아이들이 충치가 가장 적다는 (b)는 내용과 상반되며, (c) 역시 언급되기는 했지만 화자의 요지로 보기 어렵다.

tooth decay 충치 **cavity** 구멍, 충치 **mixture** 혼합 **unsweetened** 무가당 **cranberry** 크랜베리 **on a regular basis** 정기적으로

5

Some of the earliest glass only got its color from impurities when the glass was made. For instance, "black bottle glass" was dark brown or green. Its color came from the iron impurities in the sand used to make the glass and the sulfur from the smoke of the burning coal used to melt the glass. In addition, glass can be colored by introducing minerals. An example of this is ruby glass, which was invented in 1679 through the use of gold chloride.

Q How did black bottle glass attain its color long ago?

(a) Using minerals and purified metal salts.
(b) Through a complicated melting process.
(c) By the use of minerals like gold chloride.
(d) From iron in the sand and sulfur.

초기의 유리는 만들어지는 과정의 불순물에서만 그 색이 나왔습니다. 예를 들어, '검은 병 유리'는 진한 갈색이나 초록색입니다. 그 색은 유리를 만드는 데 사용되는 모래의 철 성분과, 유리를 녹이는 데 사용되는 것으로, 석탄이 탈 때 나는 연기의 유황 성분에서 온 것입니다. 또한, 유리는 광물 성분을 첨가해서 색을 입힐 수도 있습니다. 한 예로 루비 유리는 1679년 염화금을 사용하여 처음 만들어졌습니다.

Q 오래전에는 검은 병 유리의 색을 어떻게 냈는가?
(a) 광물과 정화된 금속염을 이용하여.
(b) 복잡한 용해 과정을 통해.
(c) 염화금과 같은 광물을 이용하여.
(d) 모래의 철 성분과 유황 성분으로부터.

완전 해설

초창기에 유리의 색을 냈던 방법에 대한 강의이다. 검은 병 유리 색을 내는 방법을 묻고 있으므로, 모래의 철 성분과 석탄의 유황 성분에서 낸다고 한 (d)가 정답이다. 염화금을 통해 만들어진 것은 루비 유리이므로 (c)는 오답이다.

impurity 불순물 **sulfur** 유황 **coal** 석탄 **mineral** 광물 **gold chloride** 염화금 **attain** 획득하다 **purified** 정제된 **complicated** 복잡한 **melting** 용해

6

If your dog or cat has been outdoors, chances are they have fleas. Fleas are tiny insects that live on animal coats and bite the animals to feed off of their blood. When the pet comes inside, the fleas can then jump onto people and even onto carpets and sofas. Once inside, they can stay indoors biting humans and animals leaving flea bites, which are tiny red bumps and feel very itchy. If your dog or cat is scratching more than they usually do, you'd better check their fur for fleas.

Q Which is correct according to the talk?

(a) It is useless to clean regularly.
(b) Humans are immune to flea bites.
(c) Bugs only attack animals outdoors.
(d) Fleas survive both indoors and outdoors.

기르는 개나 고양이가 집 밖에서 생활한다면 벼룩이 있을 가능성이 높습니다. 벼룩은 동물의 털에 기생하며 피를 빨기 위해 숙주 동물을 무는 작은 곤충입니다. 애완동물이 집 안에 들어오면 벼룩은 사람들에게로 뛰어 내리거나 카펫이나 소파로도 옮겨갈 수 있습니다. 벼룩은 한 번 들어오면 안에 머물면서 사람들이나 동물들을 물어 자국을 남기는데, 작고 붉은 반점이 나타나며 매우 가렵습니다. 개나 고양이가 평소보다 몸을 자주 긁으면 벼룩이 있지 않은지 털을 확인하세요.

Q 담화에 따르면 옳은 것은?
(a) 정기적으로 청소를 하는 것은 소용이 없다.
(b) 사람들은 벼룩에 물리지 않는다.
(c) 벌레들은 야외에서만 동물을 공격한다.
(d) 벼룩은 실내외에서 다 생존한다.

완전 해설

애완동물로부터 벼룩이 옮겨져 물리는 과정을 설명하고 증상에 주의하라는 내용으로, 벼룩은 밖으로 나간 애완동물과 함께 실내로 들어와 상주하면서 사람과 동물을 문다고 했으므로 (d)가 정답이다.

outdoors 야외에서 **chances are** ~할 가능성이 있다 **flea** 벼룩 **insect** 곤충, 벌레 **coat** (동물의) 털 **feed off** ~를 먹다 **bump** 혹; 충돌 **itchy** 가려운 **scratch** 긁다 **immune to** ~에 영향을 받지 않는; 면역이 된

7

A Universal Serial Bus, or USB, is an external bus standard that supports data transfer. Not long ago, USB 3.0 replaced USB 2.0. The newest USB has increased the effective data transfer rate six-fold over its predecessor. What is more is that it provides more power when devices need it, and less power when devices do not need it. Furthermore, USB 3.0 is available either as an add-in card or as a chip embedded in the motherboard.

Q According to the lecture, which is correct about USB 3.0?

(a) It can be installed in two different ways.
(b) It always provides the same power to a device.
(c) It is six times more expensive than its predecessor.
(d) It supports data transfer at a slower rate than USB 2.0.

범용 직렬 버스(USB)는 데이터 전송을 지원하는 외부 버스 표준입니다. 얼마 전 USB 3.0이 USB 2.0을 대체하였습니다. 최신 USB는 데이터 전송 효율을 이전 모델보다 6배 증가시켰습니다. 더구나 최신 버전은 장치가 필요할 때는 더 많은 전력을, 필요하지 않을 때는 더 적은 전력을 공급합니다. 또한 USB 3.0은 부속 카드나 머더보드에 내장된 칩 중 어느 쪽으로도 사용 가능합니다.

Q 강의에 따르면 USB 3.0에 관해 옳은 것은?

(a) 두 가지 다른 방법으로 설치할 수 있다.
(b) 장치에 항상 같은 전력을 공급한다.
(c) 이전 버전보다 6배 비싸다.
(d) USB 2.0보다 데이터 전송이 더 느리다.

완전 해설

새로 출시된 USB 3.0을 이전 모델과 비교하고 있다. 주로 향상된 기능을 나열하고 있으며 부속 카드와 머더보드 칩이라는 두 가지 설치 방식이 소개되었으므로 (a)가 정답이다. 필요에 따라 전력량이 조절된다고 했으므로 (b)는 맞지 않고, 가격이 아니라 전송 효율이 6배로 증가한다고 했으므로 (c), (d)도 오답이다.

Universal Serial Bus 범용 직렬 버스(USB) **external** 외부의 **data transfer** 데이터 전송 **six-fold** 6배 **predecesso** 이전 버전; 전임자 **device** 장치 **add-in card** 부속 카드 **embed** 내장시키다, 끼워 넣다 **motherboard** 머더보드(회로 기판) **install** 설치하다

8

While named for the country, Canada geese are actually found all over North America, depending on the time of year. Canada geese stay primarily around much of Canada, Alaska and the northern United States in the summertime. Canada geese have been seen as far north as Greenland as well. However, every winter, most Canada geese migrate to warmer climates. Although some stay in southern Canada, the majority go to middle and southern parts of the U.S. or as far south as northern Mexico.

Q According to the lecture, which is correct about Canada geese?

(a) They fly as far south as Mexico.
(b) They are originally from Canada.
(c) They live primarily in the United States.
(d) They sometimes migrate to Greenland in winter.

캐나다 거위는 캐나다라는 국가명이 이름에 붙어 있지만 연중 시기에 따라 북미 전역에서 발견됩니다. 캐나다 거위는 하절기에 캐나다의 여러 지역, 알래스카, 그리고 미국의 북부 지방에서 주로 머뭅니다. 북쪽으로는 그린란드에서까지 볼 수 있습니다. 하지만 매년 겨울이 되면 대부분의 캐나다 거위들은 더 따뜻한 기후를 찾아 이동합니다. 일부는 남부 캐나다에 머물지만 대부분은 미국의 중남부로 가거나 더 남쪽으로 내려가 북멕시코까지 가기도 합니다.

Q 강의에 따르면 캐나다 거위에 관해 옳은 것은?

(a) 멀리 남쪽으로 멕시코까지 날아간다.
(b) 캐나다가 원산지이다.
(c) 주로 미국에서 산다.
(d) 겨울에는 때때로 그린란드까지 이동한다.

완전 해설

캐나다 거위의 생태에 대한 담화로, 그 이름과는 달리 다른 국가로 이동해서 머문다는 내용이다. 겨울에는 멀리 멕시코까지도 내려간다고 했으므로 (a)가 정답이다. 북미 전역에 분포하며 주로 어느 지역에 한정해서 사는 것이 아니므로 (c)는 맞지 않다. 그린란드까지 이동하는 시기는 하절기라고 했으므로 (d)도 오답이다.

name for ~의 이름을 따서 명명하다 **goose** 거위 **primarily** 주로 **summertime** 하절기 **migrate** 이주하다

9

Although it is forecast to grow 5 percent, to $67.2 billion next year, the video game industry has seen slumping sales of its core console game products. At the same time, social gaming companies such as Zynga have grabbed the attention of investors for their soaring growth. As a result, video game companies want to turn gamers from one-time purchasers into long-term subscribers, generating a steady and predictable revenue stream to boost business and protect against economic uncertainty.

Q What can be inferred from the talk?

(a) Zynga also produces video games for handheld game consoles.

(b) The video game industry will experience a fall in sales next year.

(c) Social gaming companies will record record-high profits next year.

(d) Investors are more interested in social gaming companies right now.

내년에 5% 성장하여 672억 달러 규모가 될 것으로 예측되지만 비디오 게임업계는 핵심 게임기 제품의 판매 부진을 겪어 왔습니다. 동시에 징가와 같은 소셜 게임업체는 치솟는 성장세로 투자자들의 주목을 끌고 있습니다. 그 결과, 비디오 게임 회사들은 게이머들이 한 번 구매하고 마는 대신, 장기적인 회원이 되도록 하여 꾸준하고 예측 가능한 수익 흐름을 창출해 비즈니스를 활성화하고 경제적 불확실성으로부터 보호하려고 합니다.

Q 담화로부터 추론할 수 있는 것은?

(a) 징가도 휴대용 게임기를 위한 비디오 게임을 생산한다.

(b) 비디오 게임업계는 내년에 하락세를 보일 것이다.

(c) 소셜 게임업체는 내년에 사상 최고의 수익을 올릴 것이다.

(d) 투자자들은 현재 소셜 게임업체에 더 흥미가 많다.

완전 해설

게임업계의 향방을 비디오 게임과 소셜 게임의 두 분야로 나눠 설명하는 담화로, 소셜 게임업계가 투자자들의 주목을 끌고 있다고 했으므로 (d)를 추론할 수 있다. 징가는 소셜 게임업체라고 소개했을 뿐 (a)는 판단 근거가 없고, 도입부에서 비디오 게임업계 전반은 내년에 성장세를 예측한다고 했으므로 (b)도 맞지 않다.

forecast 예측하다 **slumping** 폭락하는 **console** 게임기 **grab** 붙잡다 **investor** 투자자 **soaring** 치솟는 **one-time** 일회성의 **subscriber** 구독자 **generate** 창출하다 **steady** 꾸준한 **predictable** 예측 가능한 **revenue stream** 수익의 흐름 **boost** 신장시키다 **uncertainty** 불확실성 **handheld** 휴대용 **record-high** 사상 최고

10

For those in the northern hemisphere, the North Star is visible to the naked eye. It appears directly overhead and is roughly aligned with the Earth's axis of rotation. However, pole stars change through the ages because they experience a slow continuous drift through star fields. On the other end of the planet is the South Star. Although the southern hemisphere currently does not have a true "South Star," the closest thing to it which can be seen with the naked eye is Sigma Octantis.

Q What can be inferred from the lecture?

(a) Pole stars never change their position in the sky.

(b) There is currently no North Star visible to the naked eye.

(c) Pole stars experience something akin to continental drift.

(d) There was once a true South Star in the southern hemisphere.

북반구에 사는 사람들은 북극성을 육안으로 확인할 수 있습니다. 북극성은 바로 머리 위에 보이며 대략 지구의 회전축에 나란히 나타납니다. 하지만 극성들은 서서히 별 시야에 걸쳐 움직이기 때문에 세월이 흐르면서 계속 변합니다. 지구의 반대쪽에는 남극성이 있습니다. 지금은 남반구에 진정한 '남극성'이 없지만, 육안으로 볼 수 있는 가장 근접한 것은 팔분의자리 시그마 별입니다.

Q 강의로부터 추론할 수 있는 것은?

(a) 극성들은 하늘에서 절대로 위치를 바꾸지 않는다.

(b) 현재 육안으로 볼 수 있는 북극성은 없다.

(c) 극성들은 대륙 이동과 유사한 경험을 한다.

(d) 한때 남반구에 진정한 남극성이 있었다.

완전 해설

지구의 회전축과 나란한 지점에 위치한 극성에 대한 내용이다. 북극성과 남극성이 있으나 시간이 흐르면서 별들의 위치가 바뀔 수 있고, 현재는 남반구에 남극성이 존재하지 않는다고 했으므로 (d)가 정답이다. 극성들이 움직이기는 하지만 대륙 이동과 유사하다는 것은 지나친 추론이므로 (c)는 적절하지 않다.

hemisphere 반구 **the North Star** 북극성 **visible** 가시적인, 보이는 **naked eye** 육안 **overhead** 머리 위로 **align** 배열하다 **axis of rotation** 회전축 **pole star** 극성(극점에 나타나는 별) **drift** 이동, 표류 **Sigma Octantis** 팔분의자리 시그마별 **akin to** ~와 유사한 **continental** 대륙의

Actual TEST

Answers

⇒ 본책 P 111

1 (d)	2 (a)	3 (b)	4 (a)	5 (a)	6 (a)	7 (d)	8 (d)	9 (c)	10 (a)
11 (a)	12 (d)	13 (c)	14 (b)	15 (a)	16 (c)	17 (c)	18 (b)	19 (b)	20 (a)
21 (d)	22 (d)	23 (d)	24 (a)	25 (d)	26 (b)	27 (b)	28 (c)	29 (c)	30 (d)
31 (b)	32 (b)	33 (c)	34 (c)	35 (d)	36 (c)	37 (c)	38 (a)	39 (c)	40 (d)
41 (a)	42 (a)	43 (c)	44 (a)	45 (c)	46 (c)	47 (a)	48 (c)	49 (c)	50 (b)
51 (a)	52 (d)	53 (a)	54 (d)	55 (b)	56 (c)	57 (b)	58 (b)	59 (d)	60 (d)

1

W Thank you for inviting me to your party.
M ______________________

(a) Sure, I'd love to go.
(b) I'm pleased you liked it.
(c) Yes, everything is great.
(d) Glad that you could make it.

W 파티에 초대해 주셔서 고마워요.
M ______________________

(a) 물론이죠, 가고 싶어요.
(b) 마음에 드신다니 기뻐요.
(c) 네, 모든 것이 훌륭해요.
(d) 와주셔서 기뻐요.

완전 해설

초대에 대한 감사를 표했으므로 와줘서 오히려 자기가 기쁘다고 말하는 (d)가 상황에 어울리는 응답이다. (a)는 초대를 수락할 때 쓰는 표현이고, (b)는 선물을 주고 나서 상대가 이에 대해 감사를 표할 때의 응답으로 가능하다.

make it 시간에 맞춰 가다; 성공하다

2

M Will you come with me to the concert Saturday?
W ______________________

(a) I may just take you up on that offer.
(b) Of course not. You can trust me.
(c) Well, it was a great concert.
(d) You can say that again.

M 토요일 음악회에 함께 갈래요?
W ______________________

(a) 제안을 받아들일게요.
(b) 물론 아니에요. 저를 믿으세요.
(c) 글쎄요, 훌륭한 음악회였죠.
(d) 저도 그렇게 생각해요.

완전 해설

어떤 활동을 제안할 때 상대방은 제안을 받아들이거나, 이유를 들어 거절하는 등의 의사 표현을 할 수 있다. (a)가 제안을 받아들일 때 쓰는 표현으로 적절하다. (c)는 이미 음악회를 다녀온 후 느낌을 말하는 상황이며, (d)는 상대방의 말에 동의하는 표현이므로 적절하지 않다.

take A up on A를 받아들이다, 동의하다 **trust** 믿다
You can say that again. 전적으로 동감한다.

3

W How much do they charge for parking?
M ______________________

(a) I'd rather give it away for free.
(b) You're not going to believe me.
(c) For about a month, I guess.
(d) We only accept cash.

W 주차료를 얼마나 청구하나요?
M ______________________

(a) 나는 차라리 무료로 줘버리겠어요.
(b) 아마 믿지 못할 거예요.
(c) 한 달 가량일 거예요.
(d) 저희는 현금만 받습니다.

완전 해설

주차료가 얼마인지를 묻는 질문이다. 가장 일반적인 형태는 질문에 대한 해당 정보를 제공하는 것이지만 간접 응답도 답이 될 수 있다. (b)는 너무 비싸서 말해도 믿을 수 없을 거라며 주차료가 비싸다는 것을 우회적으로 암시하고 있으므로 적절한 응답이다.

charge 청구하다 **give away** ~를 나눠 주다 **accept** 받아들이다

5

W Would you be kind enough to participate in a poll?
M ______________________

(a) Well, only if it's quick.
(b) The phone is not for me.
(c) Sure, it is very kind of you.
(d) This is our annual opinion poll.

W 여론 조사에 참가해 주시겠습니까?
M ______________________

(a) 음, 빨리 끝난다면요.
(b) 그 전화는 제게 온 것이 아니에요.
(c) 물론이죠, 정말 친절하시군요.
(d) 이것은 저희 연례 여론 조사입니다.

완전 해설

부탁이나 요청에 대해서는 수락이나 거절이 기본 패턴이다. Would you be kind enough...?은 의문문의 형식이지만 질문이 아니라 부탁의 표현이다. (a)가 if를 써서 조건을 달아 수락하는 형태로 적절한 응답이다. (d)는 질문의 poll을 반복해 혼동을 주는 오답이다.

participate in ~에 참여하다 **poll** 여론 조사, 투표 **annual** 연례의 **opinion poll** 여론 조사

4

M Is Mr. Harris in right now?
W ______________________

(a) He's in a meeting at the moment.
(b) I'd like to make a collect call.
(c) Sorry, but I'm not at home.
(d) Let me leave a message.

M 해리스 씨 있나요?
W ______________________

(a) 지금 회의 중이신데요.
(b) 수신자 요금 부담으로 전화 걸고 싶습니다.
(c) 미안하지만 저 집에 없어요.
(d) 메시지를 남길게요.

완전 해설

가장 기본적인 전화 통화 패턴으로, 전화를 걸어 누군가를 찾는 물음에 지금 전화를 받을 수 없는 상황임을 설명하고 있는 (a)가 응답으로 적절하다. (b)와 (d)는 전화를 건 사람이 할 수 있는 말로 화자의 입장이 바뀐 오답이다.

at the moment 지금 **make a collect call** 수신자 요금 부담으로 전화 걸다 **leave a message** 메시지를 남기다

6

M You look fantastic in that green dress.
W ______________________

(a) Yeah, I really think it's my color.
(b) The salesperson didn't say so.
(c) It looks a little tight on you.
(d) I need to buy a new dress.

M 그 초록색 옷이 무척 잘 어울려요.
W ______________________

(a) 네, 이 색이 나한테 어울리는 것 같아요.
(b) 판매원은 그렇게 말하지 않았어요.
(c) 당신한테 좀 작아 보여요.
(d) 새 옷을 사야 해요.

완전 해설

남자가 여자의 옷차림을 칭찬하고 있으므로 감사의 표현이 나오는 것이 일반적이지만 상대방의 말에 동조하는 (a)도 가능한 응답이다.

fantastic 근사한, 환상적인 **salesperson** 판매원, 영업사원 **tight** 꼭 끼는

7

W Which line goes to Kensington High Street?
M ________________________

(a) You have to wait an hour.
(b) You can cross the street over there.
(c) The bus comes every 15 minutes.
(d) Take the Orange Line and head east.

W 어떤 노선이 켄싱턴 하이 스트리트로 가나요?
M ________________________

(a) 한 시간은 기다려야 해요.
(b) 저쪽에서 길을 건너세요.
(c) 버스는 15분마다 옵니다.
(d) 주황색 라인을 타고 동쪽으로 가세요.

완전 해설

자주 출제되는 길 묻기 상황이다. 어떤 노선을 타야 하는지 물었으므로 subway나 train을 짐작할 수 있다. (a)는 유사 상황을 연상시키지만 질문에 대해 적절하지 않고, (b) 역시 지하철 노선을 묻는 질문에 어울리지 않는다. 주황색 라인을 타라는 (d)가 응답으로 가장 적절하다.

line (지하철 · 기차의) 노선 **head** ~로 향하다

8

M Why are you learning Chinese?
W ________________________

(a) Honestly, it is quite demanding.
(b) I'm glad that you recognized it.
(c) I know it's not easy to learn.
(d) My new job requires it.

M 왜 중국어를 배우세요?
W ________________________

(a) 사실, 꽤 힘듭니다.
(b) 그걸 알아주시다니 기뻐요.
(c) 배우기 쉽지 않다는 건 알아요.
(d) 새 직장에 필요해서요.

완전 해설

중국어를 배우는 목적을 묻고 있으므로, 새로운 직장에 필요해서 배운다고 직접적인 이유를 설명하는 (d)가 정답이다. (a)의 demanding은 '어떤 과제나 업무가 힘든'이라는 뜻으로 challenging으로 바꿔 쓸 수 있다.

demanding 힘든, 까다로운 **recognize** 인정하다 **require** 요구하다

9

W Do we have some cake left from Layla's birthday party?
M ________________________

(a) Her birthday is next week.
(b) Sorry, but I don't eat sweets.
(c) I'm afraid we finished it already.
(d) I'm planning to bake a cake for her.

W 라일라의 생일 케이크가 좀 남았나요?
M ________________________

(a) 그녀의 생일은 다음 주예요.
(b) 미안하지만 저는 단것을 먹지 않아요.
(c) 아쉽지만 이미 다 먹었어요.
(d) 그녀에게 케이크를 구워 주려고요.

완전 해설

생일 케이크가 남았는지를 물었으므로 이미 생일이 지난 상황이다. 따라서 (a), (d)는 시제가 모두 어색하다. (b)는 대화에서 나온 케이크와 단것(sweets)의 연상을 이용한 오답이다. I'm afraid (유감이지만) 뒤에 부정적 내용이 와 이미 다 먹어서 남아 있지 않다고 말하는 (c)가 적절하다.

sweets 단것 **bake** (과자 · 빵 등을) 굽다

10

M What if Mr. Jackson doesn't want me for the job?
W ________________________

(a) Relax, you'll find a job somewhere.
(b) But he's looking for career advice.
(c) I don't like my company, either.
(d) Not at all. He'll love it.

M 잭슨 씨가 그 일자리에 나를 원하지 않으면 어쩌지?
W ________________________

(a) 괜찮아. 어디선가 일자리를 찾을 수 있을 거야.
(b) 하지만 그는 경력에 대한 조언을 구하고 있어.
(c) 나도 내 회사를 좋아하지는 않아.
(d) 전혀. 그는 그걸 무척 좋아할 거야.

완전 해설

What if는 '~라면 어떻게 될까'하고 가정할 때 쓰는 표현이다. 일자리를 얻지 못하게 되는 상황에 대해 우려하고 있으므로 위로와 격려를 하는 (a)가 알맞다. 대화에서 일을 찾고 있는 사람은 잭슨 씨가 아니라 화자이므로 (b)는 맞지 않고, (d)는 Don't worry. He'll love you로 바꿔 쓰면 정답으로 가능하다.

job 직업, 일자리 **look for career advice** (구직자가) 직업 상의 조언을 구하다

11

W Why don't you stay a little longer?
M ______________________

(a) Sorry, I have to be at my parents' place now.
(b) I'd love to but I don't have any other plans.
(c) Yes, it was a really wonderful party.
(d) You should have left earlier.

W 좀 더 머물지 그래요?
M ______________________

(a) 미안합니다만 지금 부모님 댁에 가야 해서요.
(b) 그러고 싶지만 다른 계획이 없네요.
(c) 네, 정말 훌륭한 파티였어요.
(d) 더 일찍 떠났어야 했어요.

완전 해설

Why don't you...?는 의문문의 형태이지만 권유할 때 쓰는 표현이다. 사과와 함께 제안을 거절하는 이유를 설명하는 (a)가 정답이다. (b)는 but의 앞뒤 내용이 모순되어 부적절하고, (c)와 (d)는 문맥에 맞지 않는 응답이다.

wonderful 훌륭한, 뛰어난 **should have p.p.** ~했어야 했다

12

M When does this book need to be back?
W ______________________

(a) It's only three dollars per day.
(b) There's a late fee for overdue books.
(c) You can keep it for an extra two days.
(d) All books should be returned within a week.

M 이 책은 언제까지 반납해야 하나요?
W ______________________

(a) 하루에 단 3달러입니다.
(b) 늦게 반납한 책에 대해서는 연체료가 있어요.
(c) 추가로 이틀 더 가지고 있을 수 있습니다.
(d) 모든 책은 일주일 내에 반납해야 합니다.

완전 해설

책의 반납 기한을 묻고 있으므로 일주일 이내라고 대답하는 (d)가 적절하다. (a)는 대여료를, (b)는 연체 관련 규정을, (c)는 추가 기한을 이야기하고 있으므로 질문에 대한 답이 될 수 없다.

late fee 연체료 **overdue** 기한이 지난 **extra** 추가의 **return** 반납하다

13

W Your grandfather doesn't look like he used to.
M ______________________

(a) Many people say I look exactly like him.
(b) No wonder he's still so passionate about life.
(c) Yeah, his health has been deteriorating recently.
(d) Thanks, he's been doing pretty well since the operation.

W 너희 할아버지가 예전 같지 않으신 것 같아.
M ______________________

(a) 많은 사람들이 내가 할아버지를 꼭 닮았대.
(b) 할아버지가 아직까지 삶에 대해 그토록 열정적인 것도 당연해.
(c) 응, 요새 건강이 악화되고 있어.
(d) 고마워, 수술 후 꽤 좋아지셨어.

완전 해설

할아버지가 예전 같지 않아 보이신다는 말에는 우려의 감정이 내포되어 있으므로 이에 동조하는 (c)가 응답으로 적절하다. (a)의 look like는 '닮았다'라는 뜻이지만 여자의 말에서는 '~인 것처럼 보이다'라는 의미로 쓰였음에 유의한다.

exactly 꼭, 정확히 **no wonder** ~도 당연하다 **passionate** 열정적인 **deteriorate** 악화되다 **operation** 수술

14

M The new play is a big hit.
W ______________________

(a) That's a big disappointment.
(b) I can see why. It's brilliant.
(c) I heard you the first time.
(d) No, I haven't seen it.

M 새 연극이 엄청 인기야.
W ______________________

(a) 그거 큰 실망인데.
(b) 그럴 만하지. 훌륭하니까.
(c) 처음에 알아들었어.
(d) 아니, 나는 아직 안 봤어.

완전 해설

상연 중인 연극의 성공에 대해 이야기를 나누고 있으므로 동조하는 (b)가 적절한 응답이다. (a)는 화자와의 관련성이 제시되어 있지 않은 상태에서는 억지스러운 답변이고, (d)는 No가 없다면 가능하다.

hit 대성공 **disappointment** 실망 **brilliant** 멋진, 훌륭한

15

W Remember to close the window before you leave.
M ______________________

(a) Don't worry, I will.
(b) I already ate, though.
(c) Thanks for doing that.
(d) Sorry I forgot to clean them.

W 떠나기 전에 창문 닫는 걸 잊지 마세요.
M ______________________

(a) 걱정 마세요, 그럴게요.
(b) 하지만 이미 먹었어요.
(c) 그렇게 해주셔서 고마워요.
(d) 죄송하지만 창문 닦는 걸 잊었어요.

완전 해설

Remember to라는 표현을 써서 창문을 닫아 주길 당부하고 있는 상황으로, 그렇게 하겠다고 말하는 (a)가 정답이다. (b), (c)는 내용과 상관없는 오답이고, (d)는 창문을 잊지 말고 닫으라는 당부에 할 수 있는 응답이 아니다.

remember to ~할 것을 기억하다

16

M What are you doing, Laura? Are you busy?
W Ugh. I'm wiping up the mess I made.
M What happened? It looks like a river.
W ______________________

(a) It turned white.
(b) You're really messy.
(c) I spilled some soda.
(d) It already happened.

M 뭐하고 있어, 로라? 바빠?
W 아, 어질러 놓은 걸 닦고 있어.
M 대체 무슨 일이야? 아주 한강이네.
W ______________________

(a) 그것이 하얗게 변했어.
(b) 너 정말 지저분하구나.
(c) 탄산 음료를 쏟았어.
(d) 이미 일어난 일이야.

완전 해설

wiping up, river 등의 표현으로 보아 액체를 흘려서 닦고 있는 상황이므로 탄산 음료를 쏟았다고 하는 (c)가 알맞다. (a)는 문맥에서 추론하기 힘든 내용이고, (b)는 남자가 할 수 있는 말이다.

wipe up 닦다, 치우다 **mess** 난장판, 곤경 **messy** 지저분한 **spill** 흘리다, 쏟다

17

M Where are you heading?
W To the post office. Do you need anything like stamps?
M No, thanks. What are you doing there?
W ______________________

(a) I thought you needed some stamps.
(b) I'm not going back till this evening.
(c) I have to send some packages.
(d) I need to buy some stationery.

M 어디 가니?
W 우체국 가는데. 우표나 뭐 필요한 거 있어?
M 아니, 괜찮아. 거기서 뭐 하려고?
W ______________________

(a) 네가 우표가 필요한 줄 알았어.
(b) 오늘 저녁까지는 돌아가지 않아.
(c) 소포를 부쳐야 해.
(d) 문구류를 좀 사야 해.

완전 해설

우체국에 간다는 여자에게 남자가 가는 목적을 묻고 있다. 따라서 소포를 부치러 간다는 (c)가 응답으로 적절하다. (b)는 목적을 물은 것에 대한 답으로 적절하지 않고, (d)는 우체국이라는 장소와 어울리지 않는다.

stamp 우표 **package** 소포 **stationery** 문구류

18

M We should call a plumber. The toilet's broken.
W Relax. I can fix it.
M How do you know anything about plumbing?
W ______________________

(a) No, it isn't my job, either.
(b) Actually, my dad taught me.
(c) I don't know anything about him.
(d) There are plums in the refrigerator.

M 배관공을 불러야겠어. 변기가 고장 났어.
W 진정해. 내가 고칠 수 있어.
M 배관에 대해 어떻게 알아?
W ______________________

(a) 아니, 그것도 내 일이 아니야.
(b) 실은 아버지께서 가르쳐 주셨어.
(c) 나는 그에 대해 아무것도 몰라.
(d) 냉장고에 자두가 있어.

완전 해설

변기 고치는 법을 어떻게 알았는지 물었으므로 아버지께 배웠다고 말하는 (b)가 알맞다. (a)와 (c)는 문맥에 맞지 않고, (d)는 배관(plumbing)과의 유사 발음(plums)을 이용한 오답이다.

plumber 배관공 **broken** 고장 난 **fix** 수리하다 **plumbing** 배관 (작업) **plum** 자두 **refrigerator** 냉장고

19

M What are you buying?
W I'm looking for a new jacket for winter.
M Take the escalator to the second floor.
W ______________________

(a) I don't like the outdoors.
(b) Thank you for your help.
(c) It looks great on you!
(d) But I need a jacket.

M 뭘 사려고 하세요?
W 겨울용 새 재킷을 찾고 있어요.
M 에스컬레이터를 타고 2층으로 올라가세요.
W ______________________

(a) 저는 야외를 좋아하지 않아요.
(b) 도와주셔서 고마워요.
(c) 당신한테 잘 어울려요!
(d) 하지만 재킷이 필요합니다.

완전 해설

겨울 재킷을 찾고 있는 여자에게 남자가 길을 안내해 주고 있다. 에스컬레이터를 타고 올라가라는 안내에 대해 감사를 표하는 (b)가 정답이다. (c)는 옷을 사기 위해 입어 보는 상황에서 가능한 표현이고, 앞에 나온 정보를 불필요하게 되풀이한 (d)도 문맥에 맞지 않다.

outdoors 야외

20

W What time are we meeting Ann for dinner?
M At 7 o'clock. We agreed to meet at the restaurant.
W We'd better hurry up then.
M ______________________

(a) I'll go get the car.
(b) She'll be there at 6.
(c) I already know what to order.
(d) She's going to be here any minute.

W 앤이랑 저녁 식사는 몇 시인가요?
M 7시요. 식당에서 만나기로 했어요.
W 그럼 서두르는 게 좋겠네요.
M ______________________

(a) 가서 차를 가져올게요.
(b) 그녀는 6시에 올 거예요.
(c) 벌써 주문할 것을 정했어요.
(d) 그녀가 곧 여기로 올 거예요.

완전 해설

약속 시간을 확인하고 그 장소로 이동하려는 상황으로, 여자가 서두르자고 했으므로 차를 가져오겠다고 한 (a)가 적절한 응답이다. (c)는 일반적으로 식당에서 주문할 때 할 수 있는 말이고, 만날 장소가 식당이라고 했으므로 (d)도 적절하지 않다.

hurry up 서두르다 **order** 주문하다 **any minute** 곧

21

W Do you have any other questions?
M No, everything is clear. I'll take it.
W Excellent. I just need you to sign here.
M ______________________

(a) I hope you enjoy your new car, sir.
(b) Unfortunately, I left the papers at home.
(c) I need more time to think about it, though.
(d) I can't believe I'm now officially a car owner!

W 다른 질문 있나요?
M 아니요, 모든 것이 확실합니다. 그걸로 할게요.
W 좋습니다. 여기 서명해 주세요.
M ______________________

(a) 새 차를 잘 타시기 바랍니다.
(b) 유감스럽게도 서류를 집에 두고 왔어요.
(c) 그래도 좀 더 생각할 시간이 필요해요.
(d) 이제 정말 제 차가 생긴 거군요!

완전 해설

대화 내용으로 미루어 어떤 물건을 구매하기로 결정하고 서명하는 상황으로, 그것을 갖게 되어 감격을 표하는 (d)가 가장 적절하다. I'll take it은 구매를 결정했다는 표현이므로 좀 더 생각할 시간이 필요하다는 (c)는 문맥에 맞지 않다.

clear 명확한 **excellent** 뛰어난 **sign** 서명하다 **papers** 서류 **officially** 공식적으로

22

M I heard Bloor Cinema is showing *Citizen Kane*.
W I've been meaning to check it out.
M Let's go see it on Saturday.
W ______________________

(a) My favorite genre is musicals.
(b) I'm not that interested in it.
(c) I already saw it last week.
(d) That sounds like a plan!

M 블로어 시네마에서 〈시민 케인〉을 상영 중이래.
W 그거 한번 보려고 생각 중이었는데.
M 토요일에 보러 가자.
W ______________________

(a) 내가 제일 좋아하는 장르는 뮤지컬이야.
(b) 나는 그리 흥미가 없어.
(c) 지난주에 이미 봤어.
(d) 좋은 생각이야!

완전 해설

상영 중인 영화를 보러 가자고 제안하는 내용이다. (a)는 연상 어휘(genre)를 이용한 오답이고, 여자가 영화를 보려고 했다고 했으므로 (b), (c)는 대화 내용과 모순된다. 따라서 제안을 수락하는 (d)가 정답이다.

citizen 시민 **mean to** ~할 작정이다 **check out** ~을 확인하다 **genre** 장르 **sound like** ~처럼 들리다

23

M It doesn't say how much this iron is.
W It's $50, marked down from $60.
M That's more than I wanted to spend.
W ______________________

(a) This one only costs $60, though.
(b) I have something similar at home.
(c) You could always spend a little more.
(d) We have some less expensive models.

M 이 다리미는 가격이 안 써져 있네요.
W 60달러에서 할인해서 50달러입니다.
M 제가 쓰려던 액수보다 더 비싸네요.
W ______________________

(a) 하지만 이건 60달러밖에 안 해요.
(b) 집에 비슷한 게 있어요.
(c) 언제든지 좀 더 쓰실 수 있어요.
(d) 더 저렴한 모델도 몇 가지 있습니다.

완전 해설
상점에서 물건을 사려는 고객과 점원과의 대화로, 가격이 비싸다는 말에 더 저렴한 물건을 권하는 (d)가 적절하다. 할인된 가격이 50달러라고 했으므로 (a)는 맞지 않고, (b)와 (c)는 점원이 할 수 있는 말이 아니다.
iron 다리미 **mark down** 가격을 인하하다 **similar** 비슷한

24

M Did you see the documentary on fast food last night?
W No. What channel was it on?
M It was on Discovery Channel. It was really interesting.
W ______________________

(a) Too bad I missed it.
(b) I discovered it myself.
(c) The show was on channel 4.
(d) You must watch the program.

M 어젯밤 패스트푸드에 관한 다큐멘터리 봤어요?
W 아니요. 어느 채널에서 했어요?
M 디스커버리 채널요. 정말 흥미로웠어요.
W ______________________

(a) 그걸 놓치다니 정말 아쉽네요.
(b) 나는 그걸 직접 발견했어요.
(c) 그 프로그램은 4번 채널에서 했어요.
(d) 그 프로그램을 꼭 보셔야 해요.

완전 해설
남자가 시청한 다큐멘터리에 대한 대화로, 내용이 무척 흥미로웠다는 말에 여자가 보지 못한 아쉬움을 표현하는 (a)가 적절한 응답이다.
documentary 다큐멘터리 **discover** 발견하다

25

W What smells so good in here?
M I just baked an apple pie.
W Will I get to try a slice?
M ______________________

(a) That is a piece of cake.
(b) No thanks, I am already full.
(c) Yes, it was absolutely delicious.
(d) Sorry, but I'm bringing it to a party.

W 이 좋은 냄새는 뭐야?
M 방금 애플 파이를 구웠어.
W 한 쪽 먹어 봐도 돼?
M ______________________

(a) 누워서 떡 먹기지.
(b) 고맙지만 나는 이미 배가 불러.
(c) 응, 진짜 맛있었어.
(d) 미안하지만 파티에 가져갈 거야.

완전 해설
갓 구운 파이를 먹어 봐도 되는지 물었으므로 수락하거나 간접적인 이유를 들어 거절하는 응답이 가능하다. 사과와 함께 파티에 가져갈 거라서 먹으면 안 된다는 (d)가 정답이다. a piece of cake는 '매우 쉽다(as easy as pie)'라는 뜻의 관용 표현이다.
slice 쪽, 조각 **a piece of cake** 누워서 떡 먹기

26

W Why the long face?
M I just got some sad news. I still can't believe it, actually.
W I'm sorry to hear that. What happened?
M ______________________

(a) I missed a credit card payment.
(b) My grandmother passed away.
(c) My uncle won the lottery.
(d) I'm getting married.

W 왜 그렇게 우울한 얼굴을 하고 있어요?
M 방금 슬픈 소식을 들었거든요. 실은 아직도 믿을 수 없어요.
W 유감이네요. 무슨 일인데요?
M ______________________

(a) 신용 카드 결제일을 놓쳤어요.
(b) 할머니께서 돌아가셨어요.
(c) 삼촌이 복권에 당첨되었어요.
(d) 저 결혼해요.

완전 해설
남자에게 좋지 않은 소식이 있어 여자가 위로하고 있는 상황이다. (a)는 슬픈 소식으로 보기에는 적절하지 않고, (c)와 (d)는 좋은 일이므로 축하를 받아야 할 상황이다. 따라서 할머니께서 돌아가셨다고 하는 (b)가 가장 적절한 응답이다.
long face 울적한 얼굴 **payment** 결제 **pass away** 사망하다 **win the lottery** 복권에 당첨되다

27

M How's your new job going?
W It's busy, but I like the people I work with.
M Good. It can be terrible if you don't like your coworkers.
W ______________________

(a) I can't wait to meet them.
(b) I couldn't agree with you more.
(c) Yes, they really get on my nerves.
(d) My colleagues are looking forward to it.

M 새 일자리는 어때요?
W 바쁘기는 하지만 같이 일하는 사람들이 좋아요.
M 잘됐네요. 동료들이 마음에 들지 않으면 끔찍하죠.
W ______________________

(a) 그들을 빨리 만나보고 싶어요.
(b) 전적으로 동감이에요.
(c) 네, 그들이 정말 신경에 거슬려요.
(d) 제 동료들은 그것을 기대하고 있어요.

완전 해설

새 직장의 동료들이 마음에 들지 않으면 끔찍할 거라는 남자의 말에 맞장구치는 (b)가 적절한 응답이다.

coworker 동료 **I couldn't agree with you more.** 전적으로 동감한다. **get on one's nerves** 신경을 건드리다 **colleague** 직장 동료 **look forward to** ~를 고대하다

28

M Something came for you in the mail.
W Finally! I've been expecting this for weeks.
M What did you get? Is it something you purchased?
W ______________________

(a) No, they arrived on time.
(b) It sure is slow these days.
(c) It's the belt I ordered online.
(d) I need to pay the shipping charge.

M 당신 앞으로 온 우편물이 있어요.
W 드디어 왔군요! 몇 주 동안이나 기다리고 있었어요.
M 뭘 받았는데요? 구매한 물건인가요?
W ______________________

(a) 아니에요, 제시간에 도착했어요.
(b) 요즘 정말 느리다니까요.
(c) 온라인으로 주문했던 벨트예요.
(d) 배송료를 내야 해요.

완전 해설

우편물로 받은 것이 무엇인지 물었으므로 이에 대해 구체적으로 알려 주는 (c)가 정답이다. (a)와 (d)는 배송과 관련하여 쓰일 수 있지만 질문에 어울리지 않는 응답이다.

expect 기대하다 **purchase** 구입하다 **on time** 제시간에 **shipping charge** 배송료

29

M Have you left the house yet?
W Not yet. Why do you ask?
M Could you bring me my sneakers? I think they're in the hall closet.
W ______________________

(a) I'm not at home right now.
(b) I don't have them with me.
(c) I'll grab them on the way out.
(d) No, these are the shoes I want to wear.

M 아직 집에서 출발 안 했어요?
W 아직요. 근데 왜요?
M 제 운동화 좀 갖다 줄래요? 신발장에 있을 거예요.
W ______________________

(a) 지금 집에 없어요.
(b) 제가 갖고 있지 않아요.
(c) 나가는 길에 가져갈게요.
(d) 아니요, 제가 신고 싶던 신발이에요.

완전 해설

남자가 여자에게 물건을 갖다 달라고 부탁하는 상황으로, 가져가겠다고 수락하는 (c)가 어울린다. 여자는 집에서 아직 출발하지 않았다고 했으므로 (a)는 맞지 않다.

sneakers 운동화 **hall** 현관 마루 **closet** 장, 옷장 **grab** 움켜쥐다, 붙잡다 **on the way out** 나가는 길에

30

W Do you have a table for two now?
M The restaurant is full. Would you like to wait?
W How long will the wait be?
M ______________________

(a) You can wait at the bar.
(b) It's one o'clock right now.
(c) I can seat you right away.
(d) It'll be about twenty minutes.

W 두 사람 앉을 테이블이 있나요?
M 만석입니다. 기다리시겠습니까?
W 얼마나 기다려야 하나요?
M ______________________

(a) 바에서 기다리시면 됩니다.
(b) 지금은 한 시입니다.
(c) 지금 바로 자리를 안내해 드릴 수 있습니다.
(d) 20분 정도 될 겁니다.

완전 해설

식당에 자리가 있는지 확인하는 상황으로, 자리가 다 차서 기다려야 한다고 하자 대기 시간을 묻고 있다. 따라서 그에 대한 구체적인 정보를 주는 (d)가 응답으로 적절하다. (a), (b)는 질문에서 묻지 않은 정보를 주고 있고, (c)는 식당이 만석이라고 한 대화 내용과 모순된다.

wait 기다리다; 대기 (시간) **seat** 자리를 안내하다

31

W You've reached Lamda Communications.
M Hi, I can't connect to the Internet.
W What's the phone number on the account?
M I think it's listed under 415-343-9832.
W The power's down right now. It should be back soon.
M All right. Thank you for your help.

Q What is the man mainly doing?
(a) Ordering Internet for his home.
(b) Inquiring about a failed service.
(c) Complaining about his phone connection.
(d) Requesting the installation of a power line.

W 람다 커뮤니케이션즈입니다.
M 안녕하세요. 인터넷 연결이 안 돼서요.
W 계정 전화번호가 어떻게 되십니까?
M 415-343-9832로 등록되어 있을 거예요.
W 지금 전력이 나갔습니다. 곧 들어올 거예요.
M 알겠습니다. 도와주셔서 감사합니다.

Q 남자가 주로 하고 있는 것은?
(a) 집에 인터넷 연결 주문.
(b) 서비스 문제에 대해 문의.
(c) 전화 연결에 대해 불평.
(d) 전원선 설치 요청.

완전 해설

남자가 전화를 걸어 인터넷 연결 문제에 대해 문의하고 있으므로 (b)가 정답이다. 이미 설치되어 있는 인터넷의 연결 문제이므로 (a)는 답이 될 수 없고, (c)와 (d)는 단어 반복을 통해 혼동을 주는 오답이다.

connect 연결하다 **account** 계좌, 계정 **down** (기계 따위가) 고장 나서 **inquire** 문의하다 **request** 요구하다 **installation** 설치 **power line** 전력선, 송전선

32

W What do you feel like watching?
M I've heard that *Hunting Spree* is good.
W That's too violent. Let's watch *True Heart*.
M Isn't that the one with Hugh Hefner? I can't stand him.
W How about *Happy Toes*, then? It's about penguins.
M I like animals. Yeah, let's go see that one.

Q What are the man and woman mainly doing?
(a) Making plans for a date.
(b) Choosing a movie to watch.
(c) Discussing violence in films.
(d) Debating the best types of movies.

W 뭘 보고 싶어요?
M 〈헌팅 스프리〉가 괜찮다고 들었어요.
W 그건 너무 폭력적이에요. 〈트루 하트〉를 봐요.
M 휴 헤프너 나오는 거 아닌가요? 그 사람은 못 봐주겠어요.
W 그럼 〈해피 토즈〉 어때요? 펭귄에 대한 거예요.
M 동물 좋아해요. 그걸 보러 가요.

Q 두 사람이 주로 하고 있는 것은?
(a) 데이트 계획 잡기.
(b) 관람할 영화 선택.
(c) 영화의 폭력에 대해 논의.
(d) 가장 좋아하는 종류의 영화에 대해 논의.

완전 해설

두 사람이 다양한 영화에 대한 이야기를 나누며 마지막 부분에서 그 중 하나를 정해 보러 가자는 표현이 나오므로 함께 볼 영화를 선택하는 상황이라고 할 수 있다. 따라서 (b)가 정답이다. (a)는 두 사람의 관계를 암시하는 표현이 없어 데이트인지 알 수 없으므로 적절하지 않다.

spree 흥청거림 **violent** 폭력적인 **stand** 참다, 견디다 **debate** 논의하다, 논쟁하다

33

W Do you know if we have any glue? I need some for my school project.
M Did you look in the desk drawers?
W Yeah, there's none there.
M Then I guess we're all out.
W Can you give me a lift to the store?
M Give me just ten minutes.

Q What are the speakers mainly talking about?
(a) A school project.
(b) Asking for a ride.
(c) Getting some glue.
(d) The contents of the drawers.

W 접착제 있어? 학교 과제하는 데 필요해서.
M 책상 서랍 봤어?
W 응, 거기 없던데.
M 그러면 다 쓴 것 같은데.
W 상점까지 태워다 줄 수 있어?
M 10분만 기다려 줘.

Q 주로 무엇에 관한 대화인가?
(a) 학교 과제.
(b) 태워 줄 것을 요청.
(c) 접착제 구하기.
(d) 서랍의 내용물.

완전 해설
과제에 쓸 접착제를 찾고 있는 여자를 남자가 도와주고 있는 상황이다. 접착제가 다 떨어져 함께 사러 가자는 것이 대화의 주된 내용이므로 (c)가 가장 적절하다. 나머지 선택지들은 모두 지엽적이므로 답이 될 수 없다.
glue 접착제 **drawer** 서랍 **give a lift** 차에 태워 주다 **ride** 타고 가기 **content** 내용(물)

34

W Are you excited to go to Belgium?
M Sure. I can't wait to eat the fries there.
W Don't miss out on the chocolate, either.
M I'm going to gain so much weight!
W Try the mussels. They're not so fattening.
M Except when you have them with fries!

Q What is the woman mainly talking about?
(a) Tourist attractions in Europe.
(b) Worrying about gaining weight.
(c) Trying specialty food overseas.
(d) Touring a foreign country with friends.

W 벨기에로 여행가는 것 신나지?
M 물론이야. 거기 가서 빨리 감자 튀김을 먹고 싶어.
W 초콜릿도 꼭 먹어.
M 체중이 엄청 늘 거야!
W 홍합을 먹어 봐. 그건 살이 찌지 않아.
M 감자 튀김과 같이 먹지 않으면 그렇겠지!

Q 여자가 주로 이야기하고 있는 것은?
(a) 유럽의 관광 명소.
(b) 체중 증가에 대한 걱정.
(c) 해외에서 특산품 먹어 보기.
(d) 친구들과의 외국 여행.

완전 해설
남자와 여자가 벨기에 여행에 관해 이야기하고 있는데 그곳에서 먹을 수 있는 음식에 대한 내용이 주를 이루고 있으므로 (c)가 정답이다. 체중 증가에 대해 걱정하는 것은 남자이므로 (b)는 맞지 않고, (d)는 포괄적이라서 답이 될 수 없다.
Belgium 벨기에 **fries** 감자 튀김 **miss out on** 놓치다, 실패하다 **gain** 얻다 **mussel** 홍합 **fattening** 살이 찌게 하는 **tourist** 관광객 **attraction** 명소 **specialty** 특산품; 전공 **overseas** 해외로, 해외에서

35

W Have you noticed that Bob is cranky lately?
M Yeah, he's up for a promotion and stressed out.
W Fine, but he shouldn't take it out on us.
M I couldn't agree with you more.
W Should we say something to him?
M I'll tell his secretary this afternoon.

Q What are the speakers mainly talking about?
(a) Bob's secretary.
(b) Working conditions.
(c) Getting a promotion.
(d) A colleague's behavior.

W 밥이 요새 좀 신경이 날카롭지 않아?
M 응, 승진 후보에 올라 있어서 스트레스를 많이 받거든.
W 그래, 하지만 그걸 우리한테 풀면 안 되잖아.
M 맞는 말이야.
W 그에게 한마디 해줄까?
M 내가 오후에 그의 비서한테 얘기할게.

Q 화자들이 주로 이야기하고 있는 것은?
(a) 밥의 비서.
(b) 근무 조건.
(c) 승진하는 것.
(d) 동료 직원의 행동.

완전 해설

동료가 승진을 앞두고 있어 신경이 날카로운 것에 대해 두 사람이 불만을 표하고 있으므로 (d)가 정답이다. (a)와 (c)는 대화 중에 언급되었지만 내용과는 상관없고, (b)는 전혀 언급되지 않았다.

cranky 까다로운, 짜증을 내는 **up for** 입후보하여 **promotion** 승진 **take it out on** ~에게 화풀이하다 **secretary** 비서 **colleague** 동료 **behavior** 행동

36

W How's the apartment search going?
M I found a place. I move in on the 1st.
W Congratulations! Where are you moving to?
M I found a one-bedroom apartment near Broadway and 78th Street.
W That's a lot closer to the office. Do you need help moving in?
M I'm hiring movers, but thank you for offering.

Q What are the speakers mainly talking about?
(a) Living close to the office.
(b) Searching for a new apartment.
(c) Plans to move into a new place.
(d) Hiring workers to help with a move.

W 아파트 찾는 건 어떻게 되고 있어요?
M 찾았어요. 1일에 이사해요.
W 축하해요! 어디로 이사하세요?
M 브로드웨이와 78번가 근처의 원룸 아파트를 찾았어요.
W 사무실까지 훨씬 더 가깝네요. 이사하는 것 도와드릴까요?
M 이사 업체를 고용했어요. 말씀만이라도 감사합니다.

Q 화자들이 주로 이야기하고 있는 것은?
(a) 사무실 근처에 살기.
(b) 새 아파트 찾기.
(c) 새 집으로 이사 갈 계획.
(d) 이사를 도울 일꾼들 고용.

완전 해설

남자의 새로 구한 아파트와 이사 계획에 대한 대화로, 전체를 포괄하는 것은 (c)이다. 아파트를 이미 찾았으므로 (b)는 맞지 않고, (a), (d)는 대화 중에 언급되었을 뿐, 주된 화제로 볼 수 없다.

search 탐색 **move in** 이사 가다 **hire** 고용하다 **mover** 이사 업체 **offering** 제안

37

W Sorry I'm late! Streetcar problems again.
M You should take the subway.
W But I don't live near a subway line.
M But streetcars are becoming more unreliable.
W I know. They break down all the time.
M I can't believe the city is considering a fare hike.

Q Which is correct according to the conversation?
(a) The woman is usually on time.
(b) The fare for streetcars has gone up.
(c) Streetcar breakdowns are more frequent.
(d) The woman will take the subway from now on.

W 늦어서 미안해요! 전차가 또 말썽이었어요.
M 지하철을 타세요.
W 하지만 지하철 역 근처에 살지 않아서요.
M 전차는 점점 더 믿을 수가 없어요.
W 맞아요. 항상 고장이죠.
M 시에서 요금 인상을 고려하고 있다니 믿을 수가 없어요.

Q 대화에 따르면 옳은 것은?
(a) 여자는 항상 제시간에 온다.
(b) 전차 요금이 인상되었다.
(c) 전차 고장이 더 잦다.
(d) 여자는 앞으로 지하철을 탈 것이다.

완전 해설

여자가 지각한 상황에서 나누는 대화로, 전차가 점점 더 믿을 수 없다고 했으므로 고장이 더 잦다는 (c)가 옳은 진술이다. 전차가 또 말썽이라는 여자의 말에서 전에도 늦었을 거라고 짐작할 수 있으므로 (a)는 맞지 않고, 요금 인상은 고려 중인 상황이지 아직 오른 것은 아니므로 (b)도 적절하지 않다. 여자가 앞으로 지하철을 탈 것이라는 언급은 없으므로 (d) 역시 오답이다.

streetcar 전차 **unreliable** 믿을 수 없는 **break down** 고장 나다 **fare hike** 요금 인상 **on time** 시간을 어기지 않고, 정각에 **frequent** 잦은, 빈번한

38

W Did you hear the news about Sam?
M Yeah, it's too bad.
W These are tough economic times, but the company had to let someone go.
M I'm sure he'll be able to find another job soon.
W I don't know. Not too many places are hiring right now.
M At least he got a decent settlement package.

Q Which is correct about Sam according to the conversation?
(a) He was laid off lately.
(b) He already found another job.
(c) He recently received a promotion.
(d) He is planning to leave the company.

W 샘에 관한 소식 들었어요?
M 네, 정말 안됐어요.
W 요즘 경제적으로 힘든 시기지만 회사에서는 누군가를 내보내야 했어요.
M 그는 금방 다른 일자리를 찾을 수 있을 거예요.
W 잘 모르겠어요. 지금 채용하고 있는 업체가 많지 않아요.
M 최소한 그는 상당한 퇴직 수당을 받았잖아요.

Q 대화에 따르면 샘에 대해 옳은 것은?
(a) 그는 최근에 해고되었다.
(b) 그는 이미 다른 일자리를 찾았다.
(c) 그는 최근에 승진했다.
(d) 그는 회사를 떠날 계획이다.

완전 해설

동료 직원이 퇴직한 상황에 대한 대화로, 경제 상황이 좋지 않아 회사에서 그를 내보냈다고 했으므로 (a)가 정답이다. 다른 일자리를 곧 찾을 거라는 말로 보아 아직 일자리를 찾은 것은 아니므로 (b)는 맞지 않고, 이미 퇴직한 상태이므로 (d)도 답이 될 수 없다.

tough 힘든 **let A go** A를 해고하다 **decent** 상당한 **settlement** 정착, 해결 **lay off** 정리 해고하다

39

W Hi, this blender I bought here isn't working.
M What exactly seems to be the problem?
W The blades won't turn anymore.
M Do you have your receipt with you?
W Yes, right here. Can you fix it?
M We have to send it out and there'll be a fee.

Q Which is correct according to the conversation?
(a) The man will fix the blender.
(b) Repair services are free of charge.
(c) The blender does not work properly.
(d) The woman is returning the blender.

W 안녕하세요. 여기서 산 이 믹서기가 작동이 되지 않아요.
M 정확히 뭐가 문제인가요?
W 날이 돌아가지 않아요.
M 영수증을 갖고 계신가요?
W 네, 여기 있어요. 고칠 수 있나요?
M 다른 곳으로 보내야 하는데 수리비가 있을 겁니다.

Q 대화에 따르면 옳은 것은?
(a) 남자가 믹서기를 고칠 것이다.
(b) 수리는 무료이다.
(c) 믹서기가 제대로 작동하지 않는다.
(d) 여자가 믹서기를 반품하고 있다.

완전 해설

여자가 믹서기 수리를 의뢰하고 있는 상황으로, 믹서기가 제대로 작동되지 않는다는 (c)가 정답이다. 접수를 받아 다른 곳으로 보낸다고 했으므로 (a)는 맞지 않고, 수리비가 있을 거라고 했으므로 (b)도 오답이며, 수리하는 것이지 반품하는 것은 아니므로 (d) 역시 답이 될 수 없다.

blender 믹서기 **blade** (칼 · 도구 등의) 날 **receipt** 영수증 **fix** 고치다 **fee** 요금 **repair** 수리 **free of charge** 무료의 **properly** 제대로, 적절하게 **return** 반품하다

40

W Where'd you get your tennis racket?
M I got it used on Edslist for only $50.
W I never thought to buy a used one.
M This racket normally goes for $150.
W Maybe I could sell some things on Edslist.
M People buy almost anything from that site.

Q Which is correct according to the conversation?
(a) The man sells items on Edslist.
(b) The man wants to buy a tennis racket.
(c) The woman is selling her tennis racket.
(d) The woman is interested in using Edslist.

W 그 테니스 라켓은 어디서 샀어요?
M 에즈리스트에서 중고로 단돈 50달러에 샀어요.
W 중고를 살 생각은 못했어요.
M 이 라켓은 보통 150달러까지 해요.
W 에즈리스트에 내가 뭔가 팔 수도 있겠군요.
M 사람들은 그 사이트에서 거의 뭐든지 사요.

Q 대화에 따르면 옳은 것은?
(a) 남자는 에즈리스트에서 물건을 판다.
(b) 남자는 테니스 라켓을 사고 싶어 한다.
(c) 여자는 그녀의 테니스 라켓을 팔고 있다.
(d) 여자는 에즈리스트 이용에 관심이 있다.

완전 해설

남자가 구입한 테니스 라켓의 구입처에 대해 이야기를 나누고 있다. 남자가 에즈리스트라는 중고품 사이트에서 물건을 구입했다고 했지만 판매하고 있다는 말은 없고, 라켓은 이미 구입했으므로 (a), (b)는 오답이다. 여자가 그 사이트에 뭔가 팔 수도 있겠다고 말한 것으로 보아 사이트 이용에 흥미를 보인다고 하는 (d)가 옳은 진술이다.

tennis racket 테니스 라켓 **used one** 중고품 **go for** ~의 값어치가 있다

41

M Is Mark's play opening tonight?
W Yes, it's at 8:30. Are you going?
M Hmm. I have dinner with a client at 7.
W There's an intermission at 9:15.
M That means I could try and make it for the second half.
W Yeah, if I were you, I would do that.

Q How does the woman suggest the man solve the problem?
(a) To attend the play after dinner.
(b) To go to the play before dinner.
(c) To apologize to Mark in advance.
(d) To move the dinner to another day.

M 마크의 연극이 오늘 밤 개막하나요?
W 네, 8시 반에요. 가려고요?
M 음, 7시에 고객과 저녁을 먹기로 했어요.
W 9시 15분에 중간 휴식이 있어요.
M 2부부터 볼 수도 있다는 거네요.
W 네, 저라면 그렇게 하겠어요.

Q 여자는 남자에게 어떻게 문제를 해결하라고 제안하는가?
(a) 저녁 식사 후에 연극을 관람할 것.
(b) 저녁 식사 전에 연극을 보러 갈 것.
(c) 마크에게 미리 사과할 것.
(d) 저녁 식사 약속을 다른 날로 옮길 것.

완전 해설

남자가 중요한 일정이 겹쳐 여자와 의논하는 상황으로, 중간 휴식이 있으니 고객과의 저녁 식사 후 2부라도 연극을 보라고 권하고 있으므로 (a)가 정답이다.

client 고객 **intermission** 중간 휴식 **second half** 2부, 후반전 **apologize** 사과하다 **in advance** 미리

42

W Greg, what are you doing for your science fair project?
M I'm testing the effects of music on plants. I've already started.
W Jeez. I still need to come up with something to do.
M There's not that much time left, you know.
W I'm thinking of doing an experiment on humans.
M Sounds interesting.

Q What can be inferred from the conversation?
(a) The woman has not started her project yet.
(b) The man has already completed his project.
(c) The man will get a good grade on his project.
(d) The woman and man are doing a project together.

W 그레그, 과학 박람회 프로젝트에 뭘 출품할 거예요?
M 음악이 식물에 미치는 효과를 테스트하려고요. 이미 시작했어요.
W 이런. 나는 아직 뭘 할지 생각해야 해요.
M 시간이 얼마 남지 않았어요.
W 인간에 대한 실험을 할까 생각 중이에요.
M 재미있을 것 같네요.

Q 대화로부터 추론할 수 있는 것은?
(a) 여자는 프로젝트를 아직 시작하지 않았다.
(b) 남자는 이미 자신의 프로젝트를 완료했다.
(c) 남자는 프로젝트에서 좋은 점수를 받을 것이다.
(d) 여자와 남자는 프로젝트를 함께 하고 있다.

완전 해설

여자가 뭘 할지 생각해야 한다고 했으므로 (a)를 추론할 수 있다. 남자가 프로젝트를 시작했다고 했지만 완료 여부는 알 수 없으므로 (b)는 답이 될 수 없고, (c)도 대화 내용만으로는 추론 근거가 부족하다. 서로 다른 주제를 정하는 것으로 보아 (d)도 적절하지 않다.

science fair 과학 박람회 **Jeez** 이런, 어머나 **come up with** 고안하다, 생각해내다 **experiment** 실험 **complete** 완료하다 **grade** 성적; 학년

43

W I don't think I can put the flowers out.
M Right. There are bees everywhere.
W We could put them away from the guests.
M OK. Let's place them over by the lilac tree.
W How about the empty space on the tables?
M Let's put some candles there.

Q What can be inferred from the conversation?
(a) The event will move indoors.
(b) Some guests are allergic to flowers.
(c) The guests will not be near the lilac tree.
(d) The man and woman are preparing for a wedding.

W 꽃을 내놓으면 안 될 것 같아.
M 맞아. 온 사방에 벌이 있어.
W 꽃들을 손님들한테서 떨어진 곳에 놓을까 봐.
M 그래. 라일락 나무 옆에 놓도록 하자.
W 그러면 테이블 위의 빈 공간은 어떻게 하지?
M 거기에 초를 좀 놓자.

Q 대화로부터 추론할 수 있는 것은?
(a) 행사는 실내로 옮겨질 것이다.
(b) 일부 손님들은 꽃 알레르기가 있다.
(c) 손님들은 라일락 나무 가까이에 있지 않을 것이다.
(d) 남자와 여자는 결혼식을 준비하고 있다.

완전 해설

화자들은 행사를 준비하면서 꽃의 위치 변경에 대해 이야기하고 있다. 꽃 때문에 벌이 몰려 들자 손님들로부터 떨어진 곳으로 꽃을 옮기자고 했으므로 (c)가 추론 가능하다. 대화 상황만으로는 화자들이 준비하는 행사가 결혼식인지 알 수 없으므로 (d)는 답이 될 수 없다.

put out ~을 내놓다 **put away** ~를 치우다 **lilac tree** 라일락 나무 **indoors** 실내로 **allergic to** ~에 알레르기가 있는

44

W Jerry, how did it go last night?
M I think dinner went really well.
W Did you make arrangements for a second date?
M I just told Maria I'd call her.
W I'd wait another day to call her. You don't want to seem too eager.
M Maybe you're right.

Q What can be inferred from the conversation?
(a) The man went on a date last night.
(b) Maria is not interested in the man.
(c) The woman is the man's mother.
(d) The man will call Maria tonight.

W 제리, 어젯밤은 어땠어요?
M 저녁 식사는 아주 좋았어요.
W 두 번째 데이트를 하기로 약속했나요?
M 마리아에게 제가 전화하겠다고 했어요.
W 저 같으면 하루 있다가 전화하겠어요. 너무 매달리는 것처럼 보이고 싶지 않잖아요.
M 그럴지도 모르겠네요.

Q 대화로부터 추론할 수 있는 것은?
(a) 남자는 어젯밤에 데이트를 했다.
(b) 마리아는 남자에게 관심이 없다.
(c) 여자는 남자의 어머니다.
(d) 남자는 오늘 밤에 마리아에게 전화할 것이다.

완전 해설

남자가 데이트를 한 후 여자에게 그 경과를 이야기하고 있다. 여자가 남자에게 어젯밤 데이트가 어땠는지 물었으므로 (a)를 추론할 수 있다. 남자가 여자의 조언을 듣고 따를지의 여부는 대화 내용만으로는 알 수 없으므로 (d)는 답이 될 수 없다.

arrangement 약속, 주선 **eager** 갈망하는, 열심인 **go on a date** 데이트하러 가다

45

W I can't open your file on my computer.
M Do you have Rimoly Reader installed?
W No, can you send me the file in a different format?
M I could, but it would be better if you got the program.
W OK. Where can I get it from?
M You can download it on the Internet.

Q What can be inferred from the conversation?
(a) The man is a computer software expert.
(b) The man will send the woman the program.
(c) The woman will install a program on her computer.
(d) The woman is against downloading from the Internet.

W 제 컴퓨터에서 당신 파일을 열 수가 없어요.
M 리몰리 리더기가 설치되어 있나요?
W 아니요. 파일을 다른 형식으로 보내 줄래요?
M 그래요. 하지만 그 프로그램을 가지고 있는 게 좋을 것 같은데요.
W 좋아요. 어디서 구할 수 있나요?
M 인터넷에서 다운받을 수 있어요.

Q 대화로부터 추론할 수 있는 것은?
(a) 남자는 컴퓨터 소프트웨어 전문가이다.
(b) 남자가 여자에게 프로그램을 보내 줄 것이다.
(c) 여자는 자신의 컴퓨터에 프로그램을 설치할 것이다.
(d) 여자는 인터넷에서 다운받는 것을 반대한다.

완전 해설

여자가 컴퓨터에서 파일을 열 수 없어 그 해결 방법에 대해 이야기하고 있다. (a)는 추론 근거가 없고, 남자가 여자에게 인터넷에서 다운받으라고 했으므로 (b)도 맞지 않다. 프로그램을 설치하는 게 좋을 것 같다는 남자의 조언에 여자가 동의하고 있으므로 (c)를 추론할 수 있다.

install 설치하다 **format** 형식, 서식 **download** 다운받다, 내려받다 **software** 소프트웨어 **expert** 전문가 **be against** ~에 반대하다

46

Romance languages are spoken across Europe and include Italian, Spanish, French, and Portuguese. The most distinctive trait they share in common is that they were all born from Latin. Consequently, the four languages share a great deal of vocabulary and even similar pronunciation. Therefore, speakers of these languages can often comprehend individual words when talking with each other. However, there are eclectic differences between the languages in a way that can be compared to a family. While several family members can look alike, they can have radically different personalities.

Q What is the main idea of the talk?
(a) Europe is home to most Romance languages.
(b) Latin is the source language for Romance languages.
(c) Romance languages have common ties but unique differences.
(d) There is nothing inherently romantic about Romance languages.

로망스어는 유럽 전역에서 쓰이며, 이탈리아어, 스페인어, 프랑스어, 포르투갈어가 이에 포함됩니다. 이 언어들에 공통되는 가장 뚜렷한 특징은 모두 라틴어에서 유래했다는 것입니다. 따라서 이 네 언어는 어휘의 상당 부분이 같으며 발음도 유사합니다. 따라서 이 언어들의 사용자들은 서로 이야기할 때 개별 단어들을 이해하기도 합니다. 하지만 언어 간에는 가족에 비유될 수 있는 방식의 선택적인 차이가 있습니다. 가족 구성원들은 닮아 보이지만 성격은 근본적으로 다를 수 있습니다.

Q 담화의 주제는?
(a) 유럽은 대부분의 로망스어의 고향이다.
(b) 라틴어는 로망스어들의 원천 언어이다.
(c) 로망스어들은 공통된 관계를 가지고 있지만 독특한 차이점이 있다.
(d) 로망스어에는 근본적으로 로맨틱한 점이 없다.

완전 해설

로망스어의 특징을 간략히 소개하는 강의 내용이다. 처음에는 로망스어를 정의하고 공통점을 소개한 후, However 뒤에서 나름의 차이가 있음을 밝히고 있다. 따라서 전체를 아우르는 주제로는 (c)가 적절하다.

Romance language 로망스어 **Portuguese** 포르투갈어 **distinctive** 뚜렷한, 독특한 **trait** 특성 **share** 공유하다 **pronunciation** 발음 **comprehend** 이해하다 **eclectic** 절충적인 **radically** 근본적으로 **personality** 성격, 특성 **ties** 유대 관계 **inherently** 본원적으로

47

Hybrid Motors Co. has announced that it will buy back its new Bolt from any owner who claims to be afraid their electric car will catch fire. In an exclusive interview with *The Times*, Hybrid Motors CEO Bill Waits insisted that the cars are safe. He added, however, the company will purchase the Bolts back anyway because it wants to maintain high customer satisfaction. Three fires have broken out in Bolts after side-impact crash tests done by the European Union.

Q What is the main idea of the report?
(a) Hybrid Motors will buy back one of its models from customers.
(b) The Hybrid Motors CEO will step down as a result of a scandal.
(c) Bill Waits made a critical mistake with his marketing strategy.
(d) The new Bolt has been deemed unsafe by the European Union.

하이브리드 모터스 사는 자신의 전기 자동차에 불이 날까 봐 두려워하는 차주들로부터 신형 볼트를 되사겠다고 발표했습니다. 하이브리드 모터스 사의 최고 경영자인 빌 웨이츠는 〈타임스〉와의 독점 인터뷰에서 자사 자동차들은 안전하다고 말했습니다. 하지만 회사의 높은 고객 만족도를 유지하기 위해 볼트를 다시 사들이겠다고 덧붙였습니다. EU에서 볼트를 측면 충돌 테스트한 후 지금까지 세 건의 화재가 발생하였습니다.

Q 보도의 주제는?
(a) 하이브리드 모터스 사는 모델 중 하나를 고객들로부터 되살 것이다.
(b) 하이브리드 모터스 최고 경영자는 스캔들로 사임할 것이다.
(c) 빌 웨이츠는 마케팅 전략에서 결정적 실수를 범했다.
(d) 신형 볼트는 EU에서 안전하지 않은 것으로 여겨진다.

완전 해설

한 자동차 업체의 제품 리콜과 관련된 보도로, 회사가 고객들로부터 해당 모델의 자동차를 되살 것이라는 (a)가 정답이다. (b)와 (c)는 담화에서 제시되지 않은 정보이고, (d)는 추론은 가능하지만 담화의 주제로 보기는 어렵다.

exclusive 독점의 **customer satisfaction** 고객 만족 **break out** 발발하다 **side-impact crash test** 측면 충돌 테스트 **step down** 사임하다 **critical** 결정적인 **marketing strategy** 마케팅 전략 **deem** 간주하다

48

Hi, Renee. This is Harriet Marshall calling you from Anna's Bridal. I checked on that dress you asked about and the designer said she could have ready it in time for your wedding. It'll be tight for her so she needs a deposit from you as soon as possible to get started on the work. I can take a credit card deposit over the phone. Then I can give the designer your measurements for the dress.

Q What is the message mainly about?
(a) Planning a wedding.
(b) Scheduling a viewing.
(c) Requesting confirmation for work.
(d) Getting measurements for a dress.

안녕하세요, 르네 씨. 안나 웨딩의 해리엇 마셜입니다. 요청하신 드레스에 대해 확인해 보았는데 디자이너가 결혼식에 맞춰 준비해 드릴 수 있다고 합니다. 일정이 촉박하므로 바로 일을 시작하려면 되도록 빨리 디자이너에게 선금을 지불하셔야 합니다. 선금은 전화를 통해 신용카드로 지불하실 수 있습니다. 그러면 제가 디자이너에게 드레스를 만드는 데 필요한 치수를 전달하겠습니다.

Q 주로 무엇에 대한 메시지인가?
(a) 결혼식 계획하기.
(b) 관람 일정 정하기.
(c) 작업 확정 요청.
(d) 드레스 치수 재기.

완전 해설

웨딩숍에서 고객에게 보낸 메시지로, 드레스를 맞추기 위해 고객의 확답을 구하는 내용이다. 작업을 시작하기 전에 선금을 지불할 것을 요청하고 있으므로 (c)가 정답이다.

bridal 신부의 **in time** 시간에 맞춰 **tight** (예산 · 일정 등이) 빠듯한; 꼭 끼는 **deposit** 선금, 보증금 **credit card** 신용카드 **measurement** 치수 **viewing** 관람 **confirmation** 승인, 확정

49

Today's World Cup match was not to be missed. France beat Brazil 1-0 in an exciting match that had fans glued to their seats. Star player Jacques Chegal scored a goal in the second half to help France win Group C. Chegal fired in the game-winning goal with his left foot into the right corner of the net with three minutes left in the game. They move on to play against England in the final.

Q What is the main idea of the talk?
(a) Brazil won Group C.
(b) A World Cup champion was decided.
(c) France won an important soccer game.
(d) The first game of the World Cup was played.

오늘 월드컵 경기는 놓칠 수 없는 시합이었습니다. 프랑스가 브라질을 1대 0으로 이긴 팬들이 자리를 뜨지 못할 만큼 흥미진진한 경기였습니다. 스타 플레이어 자크 슈걸이 후반전에 골을 넣어 프랑스가 C조에서 승리하는 데 일조했습니다. 슈걸은 게임 종료를 3분 남겨 놓고 왼발로 골대 오른쪽에 골을 터뜨려 게임을 승리로 이끌었습니다. 그들은 결승전에서 잉글랜드와 시합을 할 것입니다.

Q 담화의 주제는?
(a) 브라질이 C조에서 우승했다.
(b) 월드컵 챔피언이 결정되었다.
(c) 프랑스가 중요한 축구 경기에서 승리했다.
(d) 월드컵의 첫 게임이 치러졌다.

완전 해설

스포츠 경기 결과를 보도하는 내용이다. 프랑스와 브라질의 축구 경기에서 프랑스가 이긴 내용을 소개하고 있으므로 (c)가 정답이다. 챔피언이 결정되었는지와 첫 시합인지는 밝혀지지 않았으므로 (b), (d)는 맞지 않다.

match 시합 **miss** 놓치다 **beat** 패배시키다 **glue** 고정시키다 **score a goal** 득점하다 **game-winning** 게임을 승리로 이끈, 결정적인 **final** 결승전

50

People think that you get pimples if you don't wash your face enough, but too much washing can irritate your skin. This will then create more pimples. The key is to wash your skin with a gentle cleanser. Exfoliation will also prevent acne. Exfoliation is the removal of dead skin cells. It is important to get rid of dead skin cells because they can clog your pores and produce more acne. After cleansing, use an exfoliator once a week to keep your pores clean.

Q What is the talk mainly about?
(a) Genetic causes of acne.
(b) How to best prevent pimples.
(c) What creates dead skin cells.
(d) The most famous cleansers to fight acne.

사람들은 얼굴을 충분히 씻지 않으면 여드름이 난다고 생각하지만 너무 많이 씻는 것도 피부에 자극을 줄 수 있습니다. 그럴 경우 여드름이 더 많이 생깁니다. 중요한 것은 부드러운 세안제로 피부를 씻는 것입니다. 각질 제거도 여드름을 예방해 줍니다. 각질 제거는 죽은 피부 세포를 제거해 주는 것입니다. 죽은 세포는 모공을 막아 여드름이 더 심해지므로 제거해 주는 것이 중요합니다. 세안 후에는 각질 제거제를 이용하여 일주일에 한 번씩 모공을 청결하게 유지해 주십시오.

Q 무엇에 관한 담화인가?
(a) 여드름의 유전적 요인.
(b) 최선의 여드름 예방법.
(c) 죽은 피부 세포를 생성하는 요인.
(d) 여드름을 퇴치하는 가장 유명한 세안제.

완전 해설

여드름을 방지할 수 있는 방법들을 나열하고 있으므로 (b)가 정답이다. 부드러운 세안제로 씻는 것이 좋다고 했지만 특정 세안제에 대한 언급은 없으므로 (d)는 오답이다.

pimple 여드름 **irritate** 자극하다 **gentle** 부드러운 **cleanser** 세안제 **exfoliation** 각질 제거 **prevent** 예방하다 **acne** 여드름 **removal** 제거 **skin cell** 피부 세포 **get rid of** ~을 없애다 **clog** 막다 **pore** 모공 **genetic** 유전적인

51

The heaviest organ in the human body, the liver is also one of the largest. The main functions of the liver include removing toxins from the body, processing nutrients from food, building proteins, and making bile. Thus, if someone develops hepatitis, or inflammation of the liver, the liver struggles to perform these vital functions, which can ultimately lead to a decline in one's health. The good news for humans is that the liver is an immensely resilient organ.

Q What is the lecture mainly about?
(a) The main functions of a human organ.
(b) The consequences of liver inflammation.
(c) The importance of nutrition for one's health.
(d) Organs removing toxins from the human body.

인체에서 가장 무거운 장기인 간은 가장 큰 장기 중 하나이기도 합니다. 간의 주요 기능에는 체내의 해독 작용, 음식물의 영양소 처리, 단백질 생성 및 쓸개즙 형성이 있습니다. 따라서 간염에 걸리거나 간에 염증이 생기면 간은 이러한 필수 기능을 수행하기 힘들게 되어, 결국 건강 악화로 이어지게 됩니다. 인류에게 기쁜 소식이라면 간은 엄청난 재생력을 지닌 기관이라는 사실입니다.

Q 무엇에 관한 강의인가?
(a) 한 신체 기관의 주요 기능.
(b) 간에 생긴 염증의 결과.
(c) 개인 건강에 있어서 영양의 중요성.
(d) 체내의 해독 작용을 하는 기관들.

완전 해설

인체 장기 중 간의 주요 기능과 특징을 소개하고 있으므로 (a)가 정답이다. 나머지 선택지들은 부분적으로만 언급된 오답이다.

organ 장기 **liver** 간 **function** 기능 **remove** 제거하다 **toxin** 독소, 독성 **process** 처리하다 **nutrient** 영양소 **protein** 단백질 **bile** 담즙, 쓸개즙 **hepatitis** 간염 **inflammation** 염증 **struggle to** ~하는 데 고군분투하다 **vital** 필수적인 **decline** 쇠퇴, 감소 **immensely** 엄청나게 **resilient** 회복력 있는, 재생되는 **consequence** 결과 **nutrition** 영양

52

Attention, passengers. Your baggage is being held up due to a mechanical failure. The luggage carousels are not functioning at the moment. Technicians have been alerted and will fix the problem as soon as possible. In the meantime, baggage handlers are manually transporting all your luggage. If you checked your bags on Jetwell Airways flight 353 from Miami, please come to the customer service desk. We will have your bags for you there. We apologize for the inconvenience.

Q What is the announcement mainly about?
(a) Canceling a flight due to a breakdown.
(b) Suggesting an alternate flight route.
(c) Filing a report on missing baggage.
(d) Apologizing for a delay in service.

승객 여러분께 알려 드립니다. 기계 고장으로 인해 수하물 운송이 잠시 지연되고 있습니다. 수하물 컨베이어가 현재 작동하지 않습니다. 기술자들에게 알려서 최대한 빨리 문제를 해결할 것입니다. 그 동안은 화물 처리 인력이 화물을 직접 운반할 것입니다. 마이애미에서 출발한 제트웰 항공 353편에 짐을 부치신 승객분들은 고객 서비스 데스크로 오시기 바랍니다. 그곳에 짐을 보관해 두겠습니다. 불편을 끼쳐 죄송합니다.

Q 무엇에 관한 안내 방송인가?
(a) 고장으로 인한 비행 취소.
(b) 대체 항공 노선 제안.
(c) 분실 수하물 신고 처리.
(d) 서비스 지연에 대한 사과.

완전 해설

공항에서 승객들에게 수하물 운송 서비스가 지연되고 있다는 것을 안내하고 있는 내용이므로 (d)가 정답이다.

baggage 수하물 **be held up** 묶여 있다, 정체되다 **mechanical** 기계의 **failure** 고장, 오류 **luggage** 수하물 **carousel** 회전 컨베이어 **function** 작동하다 **technician** 기술자 **alert** 고지하다 **in the meantime** 그동안에 **handler** 취급하는 사람 **manually** 수동으로, 직접 **transport** 운반하다 **alternate** 대체의 **route** 노선 **file a report** 신고하다 **missing** 분실된 **delay** 지연

53

Vinipro is important to our local economy. The company employs thousands of workers and attracts vital businesses to our area. However, not everything Vinipro does helps our community. They have been dumping waste into our rivers and streams. We need to take a stand against this pollution. Generating money for our economy is important, but nothing is more crucial to us than our health. Please sign this petition to help make a difference.

Q What is the speaker asking people to do?
(a) To stop a company from polluting bodies of water.
(b) To volunteer to clean up rivers and streams.
(c) To protest at the company headquarters.
(d) To contribute money to support a cause.

비니프로는 지역 경제에 있어 중요합니다. 이 회사는 수천 명의 직원을 고용하고 필수적인 산업들을 우리 지역으로 유치하고 있습니다. 하지만 비니프로가 하는 모든 일이 지역 사회에 도움이 되는 것은 아닙니다. 비니프로 사는 강과 하천에 폐기물을 방류하고 있습니다. 우리는 이 오염에 맞서야 합니다. 지역 경제를 위해 부를 창출하는 것도 중요하지만 건강보다 더 중요한 것은 없습니다. 변화를 이루기 위한 이 탄원서에 서명해 주시기 바랍니다.

Q 화자가 사람들에게 요청하고 있는 것은?
(a) 회사가 수질을 오염시키는 것을 막는 것.
(b) 강과 하천을 청소하는 데 지원하는 것.
(c) 회사 본사에서 시위하는 것.
(d) 대의를 지지하기 위해 돈을 기부하는 것.

완전 해설

한 회사가 강과 하천에 폐기물을 방류하여 수질 오염을 일으키는 것에 대한 항의 탄원서에 서명해 달라는 내용이다. 따라서 (a)가 정답이다. 오염에 맞서야 한다고 했지만 시위에 대한 언급은 없으므로 (c)는 답이 될 수 없다.

local 지역의 **attract** 유치하다 **vital** 필수적인 **community** 지역 사회 **dump** 버리다 **take a stand against** ~에 반대 입장을 취하다 **pollution** 오염 **generate** 생성하다 **crucial** 중요한 **petition** 탄원(서) **make a difference** 변화를 이루다 **volunteer** 자원하다 **protest** 시위하다 **headquarters** 본사 **contribute** 기부하다 **cause** 대의, 명분

54

Welcome to the annual Education and Alternative Learning Conference. We have a very exciting program for you all in the upcoming days. You will have the opportunity to listen to guest speakers, participate in workshops, and network with others in the education field. The itinerary is in your welcome packets, which can be obtained at the front desk. If you require more information, please come to the back of the room. I will be more than happy to assist you.

Q What should people do if they have questions?
(a) Go to the information booth.
(b) Visit the front desk.
(c) Sit in on lectures.
(d) See the speaker.

교육 및 대안 학습 연례 회의에 오신 것을 환영합니다. 향후 며칠 동안 여러분 모두를 위한 흥미로운 프로그램이 마련되어 있습니다. 초청 연사의 연설, 워크숍 참가, 교육 분야 종사들과의 만남 등이 준비되어 있습니다. 일정표는 안내 데스크에서 나눠 드리는 환영 패키지에 들어 있습니다. 더 자세한 정보를 원하시면 회의장 뒤편으로 와주시기 바랍니다. 제가 기꺼이 여러분을 도와 드리겠습니다.

Q 질문이 있는 사람들은 어떻게 해야 하는가?
(a) 안내소로 갈 것.
(b) 안내 데스크로 갈 것.
(c) 강의를 들을 것.
(d) 화자를 만날 것.

완전 해설

교육 일정에 대한 안내 방송으로, 자세한 정보를 원하는 사람들은 화자가 기꺼이 도와주겠다고 했으므로 (d)가 정답이다. 안내 데스크에서는 일정표가 있는 환영 패키지를 나눠 준다고 했으므로 (b)는 답이 될 수 없다.

annual 연례의 **alternative** 대안, 양자택일 **conference** 회의, 학회 **upcoming** 다가올 **guest speaker** 초청 연사 **network with** ~와 인맥을 쌓다 **field** 분야 **itinerary** 일정표 **assist** 돕다 **information booth** 안내소 **sit in on** ~을 참관하다

55

Max Weber, who lived from 1864 to 1920, was quite arguably the most influential social theorist of the 20th century. Along with Karl Marx and Emil Durkheim, Weber was also a principal architect of modern social science, establishing it as a distinct field of inquiry. Indeed, Weber's vast contributions gave birth to new academic disciplines like sociology and public administration, while also having a significant impact on law, economics, political science, and religious studies.

Q According to the lecture, which is correct about Max Weber?

(a) He was an architect early in his career.

(b) He helped influence law and political science.

(c) He worked alongside Karl Marx and Emil Durkheim.

(d) He was solely responsible for establishing modern social science.

1864년에서 1920년까지 생존한 막스 베버는 틀림없이 20세기의 가장 영향력 있는 사회 이론가였습니다. 칼 마르크스와 에밀 뒤르켐과 더불어 베버 역시 현대 사회과학의 주요 창시자로서 사회과학을 독립된 연구 분야로 확립시켰습니다. 실제로 베버의 폭넓은 기여로 사회학이나 행정학과 같은 신생 학문 분야가 탄생하였으며, 법학, 경제학, 정치학 및 종교 연구에도 큰 영향을 미쳤습니다.

Q 강의에 따르면 막스 베버에 대하여 옳은 것은?

(a) 경력 초기에 그는 건축가였다.

(b) 법학과 정치학에 영향을 미쳤다.

(c) 칼 마르크스나 에밀 뒤르켐과 함께 연구하였다.

(d) 단독으로 현대 사회과학을 확립한 사람이었다.

완전 해설

사회 이론가 막스 베버의 이력과 그의 공적을 소개하고 있다. 법학, 경제학, 정치학 및 종교와 같은 다양한 분야에 영향을 미쳤다고 했으므로 (b)가 정답이다. architect는 '건축가'라는 의미이지만 담화에서와 같이 추상적인 의미로 '설계자, 기획자'라는 뜻으로도 쓰인다.

arguably 거의 틀림없이 **social theorist** 사회 이론가 **principal** 주요한 **architect** 설계자; 건축가 **inquiry** 연구, 조사 **contribution** 기여, 공헌 **discipline** 학문 분과 **sociology** 사회학 **public administration** 행정학 **alongside** ~와 함께 **solely** 유일하게

56

It might be hard to believe, but a 1 percent credit card interest rate is actually more appealing psychologically to consumers than a 0 percent interest rate. A new study found that consumers are often confounded by the concept of zero. One explanation is that consumers tend to be more sensitive to relative rather than absolute differences. That is why a 1 percent interest rate looks good, for example, since its interest rate is 20 times less than 20 percent. Many consumers simply have a tough time comparing a 20 percent interest rate to a 0 percent interest rate.

Q Which is correct according to the talk?

(a) Consumers prefer a 0 percent interest rate most.

(b) A 1 percent interest rate looks similar to a 20 percent interest rate.

(c) Relative differences are easier for consumers to understand.

(d) It is hard for average consumers to compare interest rates.

믿기 어려울지 모르지만 실제로 1%의 신용카드 이자율이 0%보다 소비자들에게 심리적으로 더 매력적입니다. 새로운 연구에 따르면 소비자들은 0이라는 개념에 종종 혼란을 느낀다고 합니다. 한 가지 가능한 설명은 소비자들이 절대적 차이보다는 상대적 차이에 더 민감한 경향이 있다는 사실입니다. 예를 들어 1%는 20%보다 20배 더 적기 때문에 더 좋아 보이는 것입니다. 많은 소비자들이 이자율 20%와 0%를 비교하는 것에 어려움을 느낍니다.

Q 담화에 따르면 옳은 것은?

(a) 소비자들은 0% 이자율을 가장 선호한다.

(b) 1% 이자율은 20%와 비슷해 보인다.

(c) 소비자들은 상대적 차이를 더 쉽게 이해한다.

(d) 일반적인 소비자들은 이자율을 비교하기가 힘들다.

완전 해설

사람들이 0%보다 오히려 1%의 이자율에 더 끌리는 심리 현상을 설명하고 있다. 다른 숫자와 비교했을 때 차이를 느끼기 어렵기 때문에 0의 개념보다 1을 더 작게 느낀다는 것이 요지이므로 (c)가 정답이다.

credit card 신용카드 **interest rate** 이자율 **appealing** 매력적인 **psychologically** 심리적으로 **consumer** 소비자 **confounded** 혼란스러운 **relative** 상대적인 **absolute** 절대적인 **have a tough time -ing** ~하는 것이 어렵다 **compare** 비교하다

57

Attention all shoppers! Take advantage of our sale on corn today. The regular price is three ears for a dollar, but for the next hour you can get five ears for a dollar. You don't want to miss out on this offer on fresh corn. I repeat: For the next hour, corn will be five for a dollar. You must check out before the hour is up to take advantage of this special deal. Thank you and enjoy shopping at Metro Foods today.

Q Which is correct according to the announcement?
(a) Corn products are 50 percent off.
(b) The sale price is 20 cents per ear of corn.
(c) The store has spontaneous sales every day.
(d) The corn must be purchased an hour from now.

고객 여러분께 알립니다! 오늘 옥수수 할인 기회를 이용하세요. 정상 가격은 세 자루에 1달러지만, 앞으로 한 시간 동안은 1달러에 다섯 자루를 드립니다. 신선한 옥수수를 구입할 수 있는 이 기회를 놓치지 마세요. 다시 한번 말씀드립니다. 앞으로 한 시간 동안 옥수수 다섯 자루를 1달러에 드립니다. 시간이 다 되기 전에 이 특별한 기회를 이용하세요. 감사드리며 오늘 메트로 푸드에서 즐거운 쇼핑 되시기 바랍니다.

Q 안내 방송에 따르면 옳은 것은?
(a) 옥수수 제품은 50% 할인된다.
(b) 할인 가격은 옥수수 한 자루당 20센트이다.
(c) 매장에서는 매일 즉석 세일을 한다.
(d) 옥수수는 앞으로 한 시간 내에 구매해야 한다.

완전 해설

식료품 매장에서 옥수수 세일을 안내하고 있다. 할인가가 1달러에 다섯 자루, 즉 자루 한 개당 20센트이므로 (b)가 정답이다. 할인 기회를 이용하라고 권유하는 안내 방송이지 반드시 구입해야 한다는 것은 아니므로 (d)는 답이 될 수 없다.

regular price 정상 가격 **ear** (옥수수의) 자루 **miss out on** ~을 놓치다 **deal** 거래 **spontaneous** 자발적인, 충동적인 **purchase** 구매하다

58

I really have to thank Marlon Berantino. He did more than make a great movie that gained praise from audiences and critics alike. His movie also helped revive my own career. I was an old, washed-up actor before he cast me in the lead role. Before I appeared in the movie, my house was quiet. Now, my agent is calling me every two minutes with a new film offer. In fact, I've already committed to working with Marlon on his next project.

Q What will be talked about next?
(a) Awards that Berantino has won.
(b) Marlon Berantino's upcoming movie.
(c) The challenge of getting good parts in films.
(d) A description of roles the speaker has been offered.

저는 진심으로 말론 베란티노에게 감사드려야 합니다. 그는 관객들과 비평가들 모두의 칭송을 받은 위대한 영화를 제작한 것 이상을 해주었습니다. 그의 영화는 저의 경력을 되살리는 데도 일조하였습니다. 그가 저를 주연으로 캐스팅해 주기 전까지 저는 늙고 한물간 배우에 지나지 않았습니다. 제가 영화에 출연하기 전에 저희 집은 적막했습니다. 지금 제 매니저는 새 영화 출연 제의 건으로 2분마다 저와 통화하고 있습니다. 사실 저는 이미 말론의 다음 프로젝트를 함께 하기로 약속했습니다.

Q 다음에 이어질 내용은?
(a) 베란티노가 받은 상들.
(b) 말론 베란티노의 다음 영화.
(c) 영화에서 좋은 배역을 맡는 것의 어려움.
(d) 화자가 제안받았던 역할들에 대한 설명.

완전 해설

배우인 화자가 자신이 출연했던 영화의 감독과 자신의 인연을 소개하고 있다. 담화 마지막 부분에서 그 감독의 다음 영화를 함께 하기로 했다고 했으므로 그 영화에 대해 이야기할 것이라는 (b)가 정답이다. (d)의 자신의 역할에 대한 설명은 영화 소개를 한 이후에 나올 내용으로 가능하다.

praise 칭찬 **audience** 관객 **critic** 비평가 **alike** 둘 다, 똑같이 **revive** 되살리다 **career** 경력 **washed-up** 못 쓰게 된 **lead role** 주역 **commit to** ~을 약속하다 **award** 상 **upcoming** 다가오는 **challenge** 난제, 도전 **description** 설명, 묘사

59

There was a time when criminals just threatened people for their money. Now, they're using distraction tactics to rob unsuspecting victims. These crooks are squirting people with things like dirty water and ketchup. There have been a string of incidents in which the criminals trail a person after leaving the ATM. One person will silently squirt the victim while the other suspect points out the stain. They will appear to help the victim with the stain but really they are pick-pocketing the person.

Q What can be inferred about the suspects from the talk?
(a) They are armed and dangerous.
(b) They have been caught by the police.
(c) They do not have prior criminal records.
(d) They target people around bank machines.

범죄자들이 단순히 돈을 위해 사람들을 위협하던 시절이 있었습니다. 이제 그들은 순진한 피해자들의 주의를 산만하게 하여 금품을 갈취하는 수단을 씁니다. 이 사기꾼들은 사람들에게 더러운 물이나 케첩 같은 것들을 묻힙니다. 그들은 현금 인출기를 떠난 사람들을 따라가면서 일련의 시나리오를 진행합니다. 한 사람이 피해자에게 몰래 뭔가를 묻히면 다른 용의자는 그 얼룩에 대해 지적합니다. 그들은 피해자를 돕는 척하지만 사실은 소매치기를 하고 있는 것입니다.

Q 담화로부터 용의자들에 대해 추론할 수 있는 것은?
(a) 무장해서 위험하다.
(b) 경찰에 붙잡혔다.
(c) 이전의 전과 기록이 없다.
(d) 현금 인출기 주변에서 사람들을 노린다.

완전 해설

신종 소매치기 수법에 대해 설명하고 있는 내용이다. 용의자들은 피해자의 주의를 다른 곳으로 돌리는 수법을 이용하여 현금 인출기에서 돈을 인출한 사람들을 따라가면서 범행을 저지른다고 했으므로 (d)를 추론할 수 있다. 무장에 대한 내용은 없으므로 (a)는 맞지 않고, (b)와 (c)는 담화에서 언급되지 않은 내용이다.

distraction 주의 산만, 방심 **tactic** 전술 **rob** 강탈하다 **unsuspecting** 의심하지 않는 **victim** 희생자 **crook** 사기꾼 **squirt** 분출시키다, 뿜다 **a string of** 일련의 ~ **incident** 사건 **trail** 뒤를 따라가다 **suspect** 용의자 **stain** 얼룩 **pick-pocket** 소매치기하다 **armed** 무장한 **criminal record** 전과 기록

60

Our next speaker is Larry Becker, a partner at the law firm of Woolman, Becker & Davis. He specializes in immigration law. Because of his hard work in the field, he's helped pass important state legislation. He's here today to raise awareness about immigration issues. He's also come to ask for your support in passing a new bill. This bill will help new immigrants receive healthcare. Please help me welcome Larry Becker to the stage.

Q What will Larry Becker talk about?
(a) The success of his law firm.
(b) Immigration patterns in the state.
(c) The difficulty of passing legislation.
(d) Healthcare for those new to the country.

다음 연사는 울먼 로펌 베커 앤 데이비스의 파트너인 래리 베커입니다. 베커 씨는 이민법 전문입니다. 그는 자기 분야에서 열심히 노력하여 중요한 주 법안을 통과시키는 데 공헌했습니다. 오늘 이 자리에서는 이민 관련 사안에 대한 인식을 제고시켜 주실 것입니다. 또한 새로운 법안 통과에 대한 여러분의 지지를 호소하기 위해 오셨습니다. 이 법안은 새로운 이민자들이 의료 보호를 받을 수 있게 할 것입니다. 모두 래리 베커를 환영해 주시기 바랍니다.

Q 래리 베커는 무엇에 대해 이야기할 것인가?
(a) 자신의 로펌의 성공.
(b) 주의 이민 패턴.
(c) 법안 통과의 어려움.
(d) 새로 이민 온 사람들에 대한 의료 보호.

완전 해설

래리 베커라는 연사를 소개하는 담화로, 그가 누구이며 무엇에 대해 이야기할 것인지가 언급되었다. 이민자 의료 보호 법안에 대한 지지를 호소하기 위해 왔다고 했으므로 관련 내용인 (d)를 이야기를 할 것으로 추론할 수 있다.

partner 동업자 **law firm** 법률 사무소 **specialize in** ~를 전문으로 하다 **immigration** 이민 **legislation** 입법, 법률 **raise awareness about** ~에 대한 인식을 제고하다 **bill** 법안 **healthcare** 의료 보호

Memo

Memo

How to TEPS 200만부 돌파

TEPS

텝스 청해 중급편

Listening